高职高专新能源汽车专业“1+X”课证融通新形态教材

新能源汽车安全作业规范与维护保养

（彩色版配实训工单）

主　编　吴海东　周广春　樊永强
副主编　包科杰　孟　磊　扈佩令
参　编　刘　成　史燕妮　吴立明
丁新桥　胡廷伟　张　博

机械工业出版社
CHINA MACHINE PRESS

本书是“岗课赛证”模式下的典型工作任务式教材，包含5个项目、16个学习任务。本书系统介绍了电动汽车的高压电安全防护、检测仪器设备的使用、动力电池系统检查与维护、驱动电机系统检查与维护、高压附件系统检查与维护等内容；随书配有“实训工单”分册。

本书配套课程资源包括课程标准、教案、教学课件PPT、全套电子版实训工单、微课视频资源。由于篇幅有限，书中提供了5份典型实训工单，同时提供工单对应的微课二维码供读者参考，其余资源详见网址：http://jxxt.qcgjgz.com。

本书可作为高职高专新能源汽车专业及汽车“1+X”证书培训教材，也可供学习电动汽车保养、维修及诊断等知识和技能的汽车从业人员参考。

图书在版编目（CIP）数据

新能源汽车安全作业规范与维护保养：彩色版配实训工单 / 吴海东，周广春，樊永强主编．—北京：机械工业出版社，2022.5（2024.8重印）
高职高专新能源汽车专业“1+X”课证融通新形态教材
ISBN 978-7-111-70941-1

Ⅰ.①新…　Ⅱ.①吴…　②周…　③樊…　Ⅲ.①新能源－汽车－安全技术－高等职业教育－教材　Ⅳ.①U469.7

中国版本图书馆CIP数据核字（2022）第097251号

机械工业出版社（北京市百万庄大街22号　邮政编码100037）
策划编辑：齐福江　　　　　　责任编辑：齐福江
责任校对：张　征　王明欣　　封面设计：张　静
责任印制：常天培

固安县铭成印刷有限公司印刷

2024年8月第1版第3次印刷
184mm × 260mm · 12印张 · 289千字
标准书号：ISBN 978-7-111-70941-1
定价：59.00元

电话服务
客服电话：010-88361066
010-88379833
010-68326294

网络服务
机　工　官　网：www.cmpbook.com
机　工　官　博：weibo.com/cmp1952
金　　书　　网：www.golden-book.com
机工教育服务网：www.cmpedu.com

丛书编委会

前　言

党的二十大报告提出绿色发展理念，要求积极稳妥推进碳达峰碳中和。新能源汽车是我国实现绿色发展，达成双碳目标的战略性新兴产业。在党的二十大精神指引下，国家相关部门陆续出台新能源汽车及其上下游产业链的扶持政策。工业和信息化部 、国家发展改革委、生态环境部印发《工业领域碳达峰实施方案》提出，大力推广节能与新能源汽车，强化整车集成技术创新，提高新能源汽车产业集中度。国务院办公厅印发的《新能源汽车产业发展规划（2021—2035 年）》指出，发展新能源汽车是我国从汽车大国迈向汽车强国的必由之路，是应对气候变化、推动绿色发展的战略举措。

在相关产业政策的推动下，我国新能源汽车产业快速发展，新能源汽车市场占有率屡创新高。为满足职业院校新能源汽车专业课程建设及教学实际需要，艾伦科技（广州）有限公司、广州市汽车服务业协会等组织编写了本系列教材及对应课程资源。教材以工作任务为引领，对接岗位能力的需求，形成可测可评的教学内容，以便实施课堂一体化教学；实训工单配套对应每个工作任务，按接受任务、收集信息、制定计划、任务实施、过程检查、反馈总结六个步骤展开，并设置考核标准量化技能考核点，以便学生掌握基本技能。

本书顺应“三教改革”要求，特别强调适岗性、自主性和新颖性，具体表现在：

1）融入“课程思政”元素。为落实“立德树人”的根本任务，在课程设计中有机融入思政元素、劳动教育等内容，强调培育学生自主学习的能力素养、精益求精的工匠精神和爱岗敬业的劳动态度。

2）突出“岗课赛证”相融合。为贴近新能源汽车技术服务岗位职业技能（新能源汽车保养、维修及诊断等），所有检测数据均来源于实车真实数据，而非模拟或仿真数据；并且参照教育部颁发的新能源汽车专业教学标准和智能新能源 1+X 证书相关要求，对接新能源汽车技术服务赛项赛点，力求做到“岗课赛证”相融合。

3）“微课”主导教学过程。为突出以学生为中心、以能力为本位的教育理念，所附实训工单都配有对应的微课二维码，分别链接每一个典型工作任务的规范操作视频，便于学生自主学习。

为了确保教材的编写质量，本书由具有一线工作经验的企业技术骨干和具备双师素质的“双高”校教师团队编写。广东轻工职业技术学院吴海东、武汉市交通学校周广春、广东省城市技师学院樊永强担任主编，襄阳汽车职业技术学院包科杰、杭州技师学院孟磊、南昌汽车机电学校扈佩令担任副主编，参加编写人员有安徽职业技术学院刘成、杭州技师学院史燕妮、上饶职业技术学院吴立明、武汉软件工程职业学院丁新桥、福建省龙岩华侨职业中专学校胡廷伟、乌鲁木齐市职业中等专业学校张博。

本书配套课程资源包括课程标准、教案、教学课件 PPT、全套电子版实训工单、微课视频资源，可登录网站 http://jxxt.qcgjgz.com 获取。由于篇幅有限，配套的“实训工单”分册只对主要项目提供典型任务工单。“实训工单”配套视频及教材咨询请联系康先生，电话（微信）18620062017。

本书可作为高职高专新能源汽车专业的教学用书，也可供新能源汽车技术学习及培训使用。

编　者

目 录

项目一　高压电安全防护

项目导入

一位新能源汽车维修技师在维修过程中，因违章操作导致了触电事故，此时你应该如何及时去帮助他？

教学目标

知识目标

1）认知高压电危害。
2）熟悉高压电安全防护装备检查与使用。
3）熟悉高压触电急救。
4）熟悉高压电上、下电操作流程。

能力目标

1）能正确检查高压电安全防护装备。
2）能正确使用高压电安全防护装备。
3）能正确施行高压触电急救方法。
4）能正确完成高压电上、下电操作流程。

一　高压电对人体的危害

1. 电流对人体的危害

人碰到带电的导线，电流通过人体称为触电，如图 1-1 所示。触电时，电流会对于人体和内部组织造成不同程度的损伤。电流通过人体内部，对人体伤害的严重程度与通过人体电流的大小、通电时间、电流途径、频率及个体的健康状况密切相关。

图 1-1　人体触电

（1）电击

电击是电流对人体内部组织的伤害，为最危险的触电伤害，85% 以上的触电死亡事故是由电击造成的，此时，容易在人体中产生“生物学效应”，破坏人体内部细胞的正常工作，主要表现为使人体产生刺激和兴奋行为，如心脏颤动、肺部呼吸异常等。当电流通过人体肌肉组织时，会引起肌肉收缩，如图 1-2 所示。

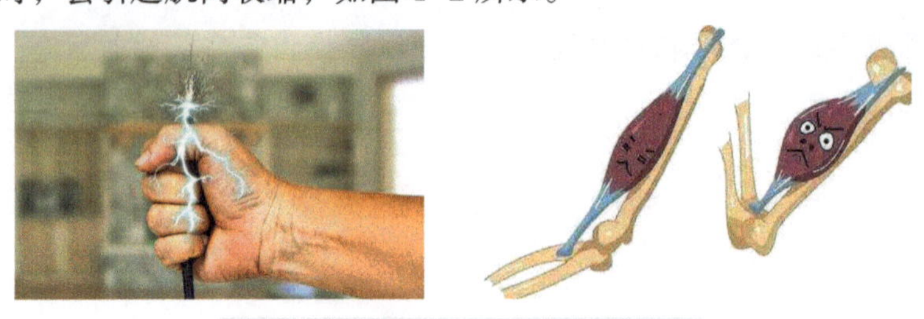

图 1-2　电流通过人体肌肉组织的反应

由于电流引起神经细胞激动，使人体中枢神经系统发出不同的指令，从而产生不同的人体反应；同时，由于人体的正常生理工作需要持续的微弱生物电，使人体保持一定的生物规律，而通过人体的外电流会破坏这种生物规律，产生诸如“心律不齐”等问题，如图 1-3 所示。

（2）电伤

电伤是电流的热效应、化学效应、光效应等对人体造成的伤害，尽管电伤的危险性较电击危险性低，但往往会导致身体上的残缺伤害和身体受损印记，如图 1-4 所示，因此绝不能忽视。

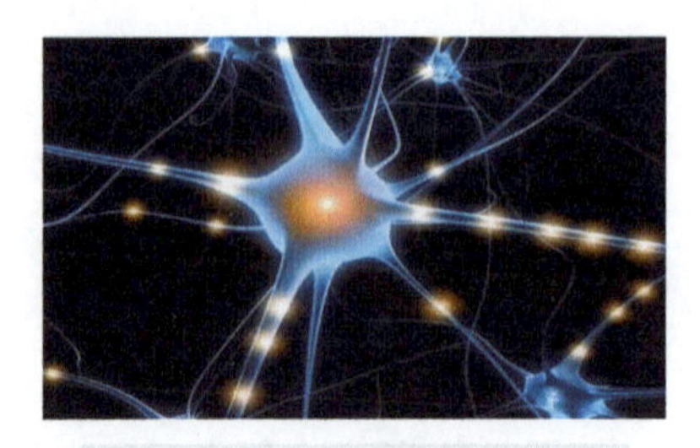

图 1-3　电流引起神经细胞激动

图 1-4　电伤的危险性

2. 电压的危害

当人体发生触电时，对人体产生危害的主要是通过人体的电流。当通过人体的电流在5mA以下时，一般只产生麻木的感觉，没有生命危险。通过人体的电流取决于电压与人体电阻，干燥情况下人体手与手之间的电阻可达1080Ω，故一般25V以上的交流电、60V以上的直流电都具有危险性。各国对安全电压的规定不尽相同，以GB 4943.1–2011《信息技术设备　安全　第1部分：通用要求》(对应IEC 60950–1:2005)为例，规定交流电峰值电压 < 42.4V或直流电电压 < 60V为安全电压。

从规定的安全电压可以看出，交流电压比直流电压更低，说明交流电比直流电更加危险。我们通常说交流电的电压时，是指其电压有效值，以有效值为25V的正弦交流电与60V的直流电为例，如图1–5所示。有效值为25V的正弦交流电的峰–峰值电压为有效值的$2\sqrt{2}$倍，约为2.82倍，即峰–峰值电压为25×2.82=70.5V。可见，有效值为25V的正弦交流电实际峰–峰值电压比60V的直流电压还要高，触电时通过人体时的电流也更大，故危害更大。

此外，通过人体的交流电流容易使肌肉组织和心室发生颤动，从而使心脏不能够产生有效的收缩和舒张，保证全身的供血，也就是功能性的心脏停跳，危及生命。当交流电的频率与心跳频率相近时，对心脏造成的危害更大。

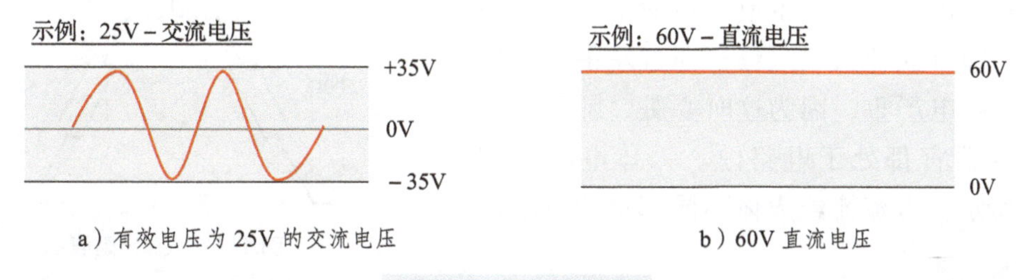

a）有效电压为25V的交流电压　　b）60V直流电压

图1–5　安全电压范围

3. 电流的危害

有约5mA的电流通过人体时，就可视作是“电气事故”，会产生麻木感，但仍可以安全导走电流；体内通过的电流达到约10mA时，到达了导出电流的极限，人体开始收缩，无法再导走电流，电流的滞留时间也相应地增加；30~50mA交流电的长时间滞留会导致呼吸停止以及心室纤维性颤动；经过人体的电流到达约80mA时，被认为是“致命值”，见表1–1。

表1–1　流过人体的电流人体产生的反应

流过人体的电流 /mA	人体的反应
0.6~1.5	手指开始感觉发麻
2~3	手指感觉强烈发麻

（续）

流过人体的电流 /mA	人体的反应
5~7	手指肌肉感觉痉挛，手指感觉灼热和刺痛
8~10	手指关节与手掌感觉痛，手已难以脱离电源
20~25	手指感觉剧痛，迅速麻痹，不能摆脱电源，呼吸困难
50~80	呼吸麻痹，心房开始震颤、强烈灼痛，呼吸困难
90~100	呼吸麻痹，持续 3s 后或更长时间后，心脏麻痹或心房停止跳动

4. 高压电与人体伤害

电流通过头部可使人昏迷；通过脊髓可能导致瘫痪；通过心脏会造成心跳停止，血液循环中断；通过呼吸系统会造成窒息。

因此，从左手到胸部是最危险的电流路径；从手到手、从手到脚也是很危险的电流路径；从脚到脚是危险性较小的电流路径。一旦电流由一手进入，另一手或一足通出，电流通过心脏，即可立即引起室颤；通过左手触电比通过右手触电严重，因为这时心脏、肺部、脊髓等重要器官都处于电路内。人体电阻值如图 1-6 所示，电流流经人体不同部位的电阻值见表 1-2。

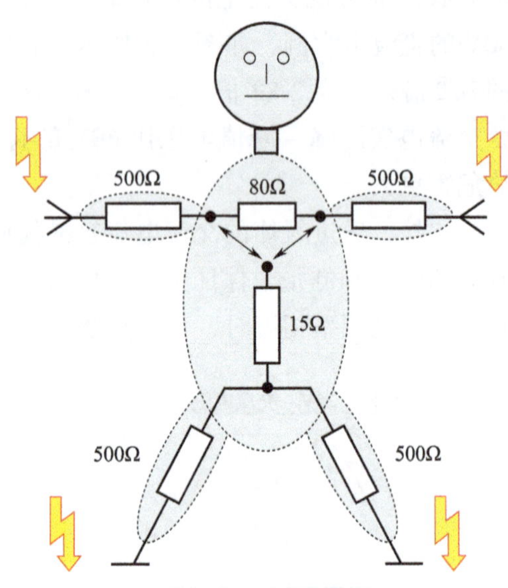

图 1-6　人体电阻值

表 1-2　电流流经人体不同部位的电阻值

电流路径	人体近似电阻 /Ω
手—手	1080
手—双脚	765
双手—双脚	515
双手—胸部	270

人体电阻的大小取决于衣服、皮肤湿度，体内电流路径的长度和类型等因素。有电流流过的身体部位处衣服越厚、越干，电阻值越大。如果皮肤上有水或雪，那么身体电阻就会降低。如果身体内电流经过的路径较短，那么电阻就要比电流流过较长路径时小。

人体有害电流的严重程度表示各触电接触持续时间的触电危险。从电流强度达到约 30mA 时开始存在死亡危险，触电接触持续时间的危险范围如图 1-7 所示，对应各类强度范围 1~4 的伤害见表 1-3。

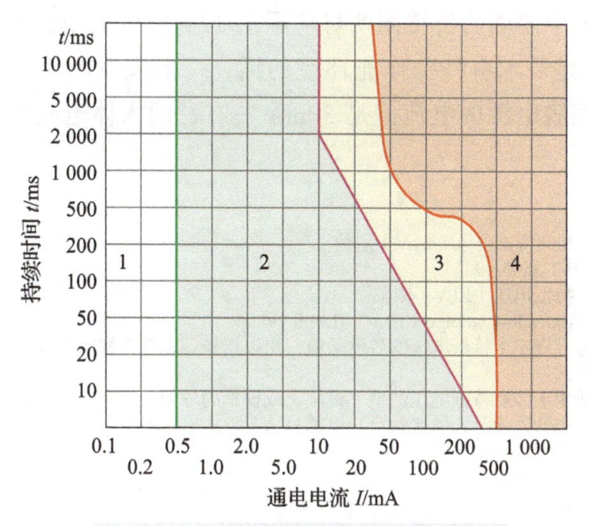

图 1-7　各触电接触持续时间的触电危险

表 1-3　对应各类强度范围的伤害

强度分类	强度范围 1	强度范围 2	强度范围 3	强度范围 4
触电反应	无作用，与接触持续时间无关感知极限	0.5~2mA：感知到电流 3~5mA：开始感知到疼痛 10~20mA：释放阈值范围 电流的流通通常对人体无害	肌肉痉挛 呼吸困难 心律失常 一般预计不会造成永久性器官损伤	心脏纤颤 心跳停止 呼吸停止 死亡危险！

当一个 288V 直流电压穿过人体后，可以通过欧姆定律粗略计算出通过人体的电流：人体电流 $I = U/R = 288\text{V}/1\,080\Omega = 0.27\text{A}$；0.27A，也就是 270mA，将这个电流值参照图 1-8 可以发现，如果在心脏的滞留时间达到 10~15ms，那么就会致命。

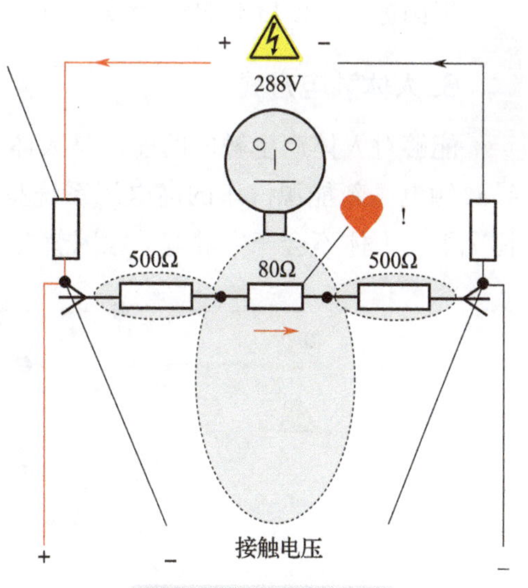

图 1-8　电流值参照图

人体皮肤的电阻值为 0.1~1MΩ，但在有些情况下也可能降为零，尤其是当皮肤潮湿或者有伤口时，阻值会明显下降。

5. 安全电压的标准

国标 GB/T 3805-2008《特低电压（ELV）限值》（图 1-9）中规定，安全电压值的等级有 42V、36V、24V、12V、6V 五种，同时还规定当电器电压采用了超过 24V 时，必须采取防止直接接触带电体的保护措施。

例如：特别危险的环境中使用的手持电动工具应采用 42V 特低电压；有电击危险的环境中使用的手持照明灯和局部照明灯应采用 36V 或 24V 特低电压；金属容器内、特别潮湿处等特别危险的环境中使用的手持照明灯应采用 12V 特低电压；水下作业等场所应采用 6V 特低电压。如果不是要求有特殊作业环境的话，一般安全电压是指 36V，这是因为在工频电流中，人身能摆脱电源的电流值是 30mA 左右，而人体电阻在干燥的环境中一般在 1000~2000Ω 范围内。

GB/T 3805-2008特低电压（ELV）限值
标准号：GB/T 3805-1993
中文标题：特低电压（ELV）限值
英文标题：Extra-low voltage（ELV）-Limit values
文摘：本标准规定了特低电压的各种限值，用以指导正确选择和应用与电击防护有关的电压限值。
本标准适用于涉及特低电压的电气设施（或设施的一部分）和电气设备。
本标准不包括医疗时人体接触可导电部分情况下的电压限值。
发布日期：2008-01-22
实施日期：2008-09-01
开本页数：11
中标分类号：K09
发布单位：中华人民共和国国家质量监督检验检疫总局、中国国家标准化管理委员会

GB/T 3805-2008代替GB-T3805-1993
GB/T 3805-2008特低电压（ELV）限值
Extra-low voltage（ELV）—Limit values
自2008-09-01起执行

图 1-9 国标安全电压

据国标 GB 4943.1-2001 等效于 IEC/EN 60950 可知，安全电压：< AC42.4V 或 DC60V。

6. 人体触电方式

能够对人体产生触电的前提是人体与触电源之间形成了回路，有电流流经人体后才会导致触电。新能源汽车的高电压系统是与车身之间隔离的，因此，在图 1-10 所示的这种情况下，人体不会产生触电，原因就在于人体没有与直流电源之间形成回路。

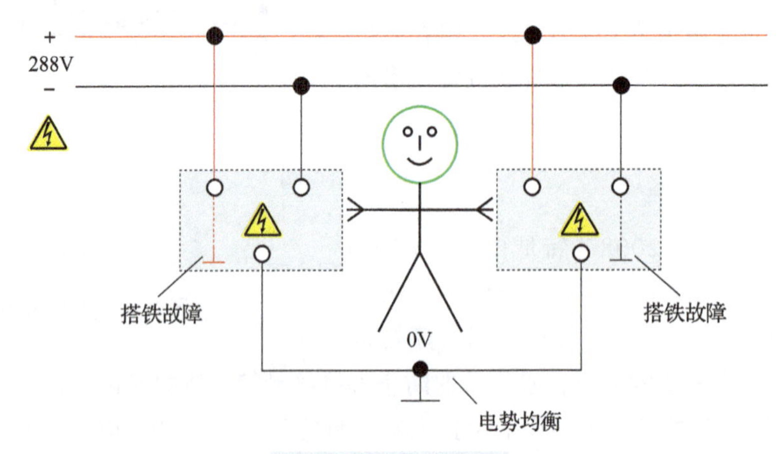

图 1-10 非触电情况

当新能源汽车的高电压部件发生对车身搭铁故障时，如图 1-11 所示，人体在同样的情况下就有可能发生触电事故。

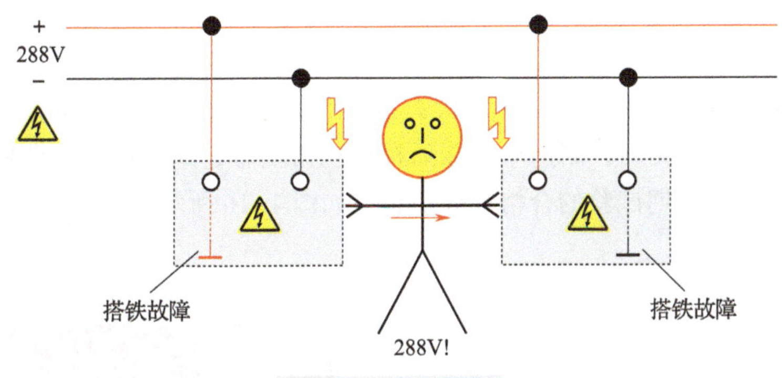

图 1-11　触电情况

在实际工作中，维修人员应该避免因操作而导致自己与电压系统形成回路，例如图 1-12 所示的这种触电方式是大多数维修人员能够理解的。

但是在图 1-13 所示的两种间接触电形式却是很容易被维修人员所忽视的。

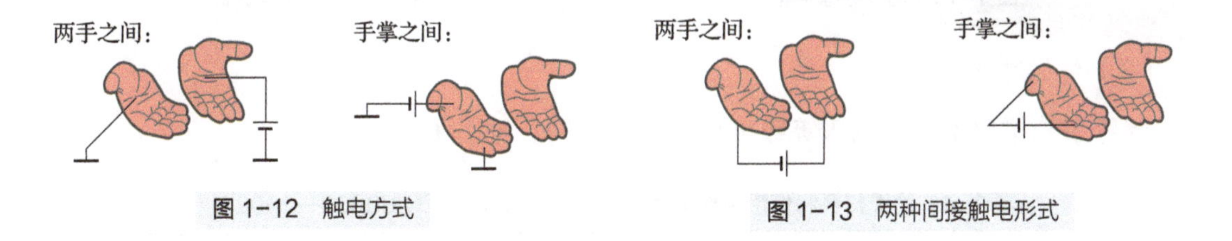

图 1-12　触电方式

图 1-13　两种间接触电形式

二　高压电安全防护装备检查与使用

新能源汽车的非高压部件（如制动系统、悬架系统和车身系统）进行维修时，不需要专业的安全防护措施。对高压系统中的高压组件进行维修时，就必须采用特殊的防护措施。在劳动保护方面，要注意以下要点。

1）必须遵守有关安装和健康防护的说明和规定。

2）必须使用现有防护装备。

3）必须按规定使用装备（工具、车辆）。

4）如果发现装备损坏，则必须自己按专业要求排除。如果不能排除，则必须向上级通报。

1. 绝缘手套

绝缘手套是起电器绝缘作用的一种带电作业用手套，它可以使人的两手与带电体绝缘，防止人手触及同一电位带电体或同时触及不同电位带电体而触电，如图 1-14 所示。

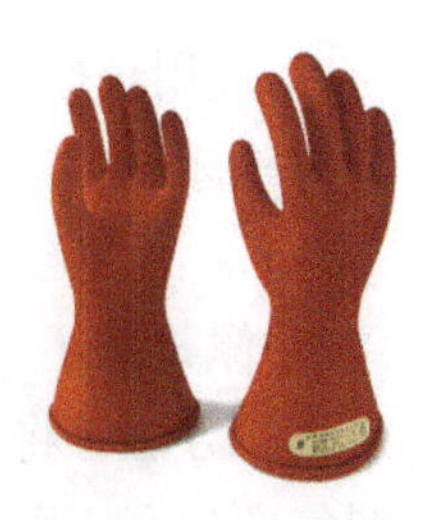

图 1-14　绝缘手套

（1）绝缘手套分类

绝缘手套所用的原料可分为天然橡胶和合成橡胶两大类，如图 1–15 所示。

（2）绝缘手套标记

根据国家标准规定，绝缘手套的每只手套上必须有明显且持久的标记，内容包括标记符号、使用电压等级 / 类别、制造单位或商标、规格型号、周期试验日期栏、检验合格印章、贴有经试验单位定期试验的合格证等信息，如图 1–16 所示。

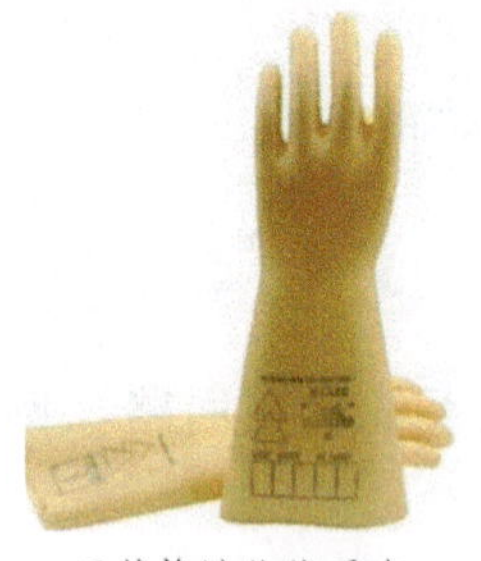

天然橡胶绝缘手套

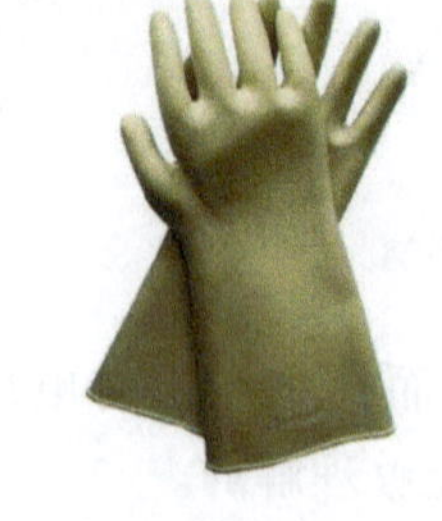

丁基合成橡胶绝缘手套

图 1–15　两种绝缘手套

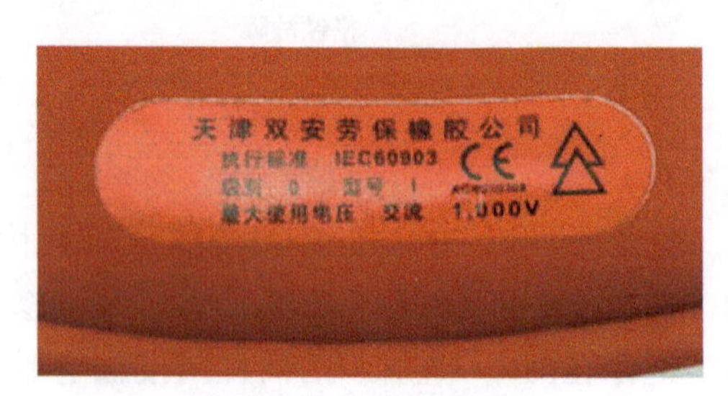

图 1–16　绝缘手套标记

（3）绝缘手套等级

绝缘手套按照不同的电压等级可分为多个级别，见表 1–4。

表 1–4　绝缘材料制作带电作业用绝缘手套的级别（IEC 60903—2002）

绝缘材料制作带电作业用绝缘手套的级别（IEC 60903—2002）				
级别	试验验证电压 AV/DC/kV	最低耐受电压 /kV	最大泄漏电流 /mA	最大使用电压 AC/DC/kV
00	2.5/10	5	≤ 14	0.5/0.75
0	5/20	10	≤ 16	1/1.5
1	10/40	20	≤ 18	7.5/11.25
2	20/50	30	≤ 20	17/25.5
3	30/60	40	≤ 22	26.5/39.75
4	40/70	50	≤ 24	36/54

（4）绝缘手套的使用要求

1）使用经检验合格的绝缘手套的检验每 6 个月一次，如图 1–17a 所示。

检验标准：高压绝缘手套试验电压是 9kV，泄漏电流是 9mA；低压绝缘手套试验电压是 2.5kV，泄漏电流是 5mA。

2）佩戴前还要对绝缘手套进行气密性检查，如图 1–17b 所示。

具体方法：将手套从口部向上卷，稍用力将空气压至手掌及指头部分检查上述部位有无漏气，如有，则不能使用。

3）使用时注意防止尖锐物体刺破手套。

4）绝缘手套使用前应进行外观检查。当发现有发黏、裂纹、破口（漏气）、气泡、发脆等损坏时，禁止使用。

5）进行设备验电、放电操作、装拆搭铁线等工作应戴上绝缘手套。

6）使用绝缘手套时应将上衣袖口套入手套筒口内，如图 1-17c 所示。

7）使用后注意存放在干燥处，并不得接触油类及腐蚀性药品等，如图 1-17d 所示。

a）合格证

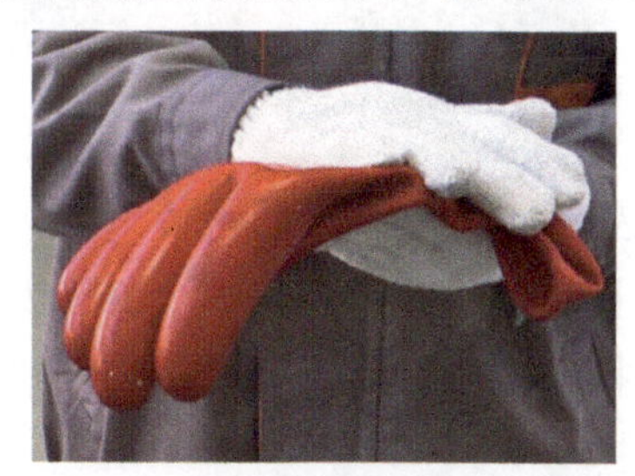

b）检查气密性

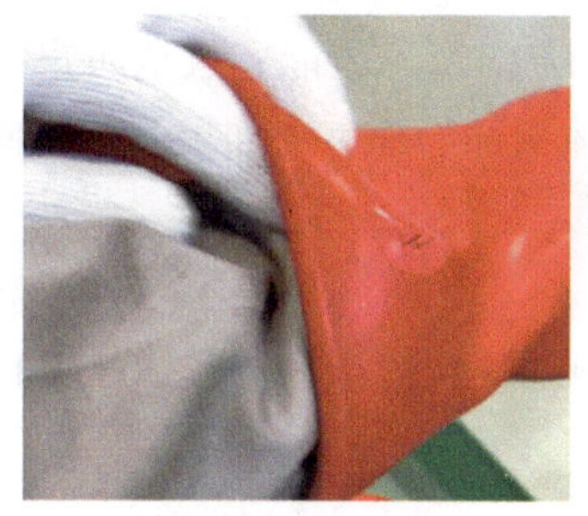

c）戴上绝缘手套

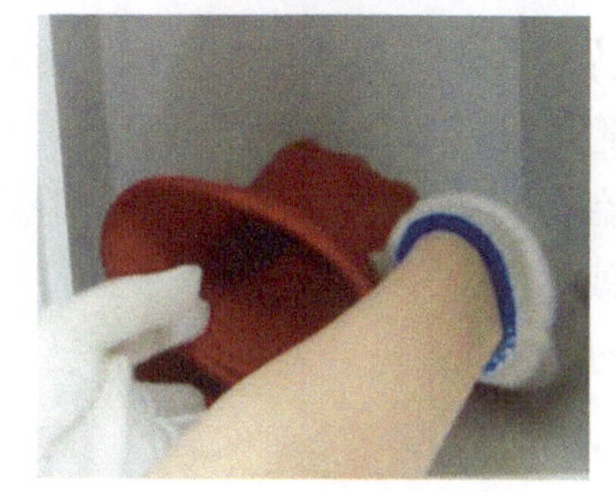

d）存放在干燥处

图 1-17　绝缘手套的使用

2. 护目镜

护目镜是电动汽车维修工作中必不可少的一种防护工具，如图 1-18 所示。

图 1-18　护目镜

这是由于在高压部件接触时会发出电弧光，其热度高、亮度大，会对眼睛直接造成伤害。

（1）电弧光对眼睛的伤害

当电弧光照射到眼睛上时，如图 1-19 所示，会造成眼球表面细胞组织的损伤，使表层细胞脱落，损害眼睛表层的保护膜，眼睛会感到像刀割一样的疼痛，进而会有流眼泪、睁不开眼、怕光等症状，特别是在晚上，疼痛会加重。

（2）佩戴护目镜的注意事项

1）选择护目镜应根据脸型判断其规格大小，如图 1-20 所示。

2）护目镜可通过调节头带，从而调整与面部的合适程度。

3）选用的护目镜要选用经产品检验机构检验合格的产品。

4）镜片磨损粗糙、镜架损坏会影响操作人员的视力，应及时进行调换。

图 1-19　电弧光

图 1-20　佩戴护目镜

5）护目镜要专人使用，以防止传染眼疾。

6）焊接护目镜的滤光片和保护片要按规定作业需要进行选用和更换。

7）防止重摔、重压，防止坚硬的物体摩擦镜片和面罩。

3. 安全帽

安全帽作为一种个人头部防护用品，如图 1-21 所示，能有效地防止和减轻操作人员在生产作业中遭受坠落物体或自己坠落时对人体头部的伤害，如果佩戴和使用不正确，则会导致安全帽在受到冲击时起不到防护作用。

安全帽佩戴规范：

1）戴安全帽前应将帽后调整带按自己头型调整到适合的位置，然后将帽内弹性带系牢，如图 1-22 所示。

图 1-21　安全帽

图 1-22　安全帽佩戴规范

2）缓冲衬垫的松紧由调整带调节，人的头顶和帽体内顶部的空间垂直距离一般在 25 ~ 50mm，至少不要小于 32mm 为好。

3）不要把安全帽歪戴，也不要把帽檐戴在脑后方。

4）安全帽的下颏带必须扣在颌下，并系牢，松紧要适度。

5）在现场作业中，不得将安全帽脱下搁置一旁，或当坐垫使用。

6）平时使用安全帽时应保持整洁，不能接触火源，不要任意涂刷油漆。

4. 维修工服

维修工服不仅是维修技师所穿的衣服，在给电动汽车操作人员提供安全保障的同时，还能反映员工的精神风貌，体现企业的文化内涵，提升企业形象，如图 1–23 所示。

图 1–23　维修工服

维修工服的选取：

1）面料选择应当选择防静电、耐摩擦的面料，如图 1–24a 所示。

2）工服要求是收口的，下摆、袖口、裤腿都是可以扣起来，能有效减小衣服卡入车辆缝隙中的概率，提高作业安全性，如图 1–24b 所示。

3）工服色泽以较深为宜，如图 1–24c 所示。

a）防静电面料

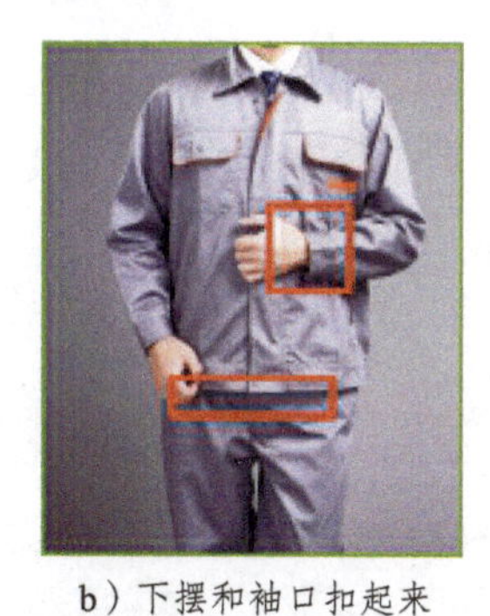

b）下摆和袖口扣起来

c）藏蓝色工装

图 1–24　维修工服的选取

5. 绝缘鞋

绝缘安全鞋（靴）的作用是使人体与地面绝缘，防止电流通过人体与大地之间构成通路，对人体造成电击伤害，把触电时的危险降低到最小程度；此外，它还能防止试验电压范围内的跨步电压对人体造成危害。根据耐压范围，有 20kV、6kV 和 5kV 几种绝缘鞋，使用时必须根据作业范围进行选择，如图 1–25 所示。

图 1–25　绝缘鞋

绝缘鞋使用注意事项：

1）主要技术参数：实验电压 6kV、泄漏电流 ≤ 1.8mA、时间 1min 不击穿。

2）产品为 6kV 牛革面绝缘鞋，适用于工作环境 1kV 以下使用。

3）穿用电绝缘鞋时，其工作环境应保持鞋面干燥。

4）产品应严禁与锐器、高温、酸、碱类或其他腐蚀性物品接触，凡鞋帮鞋底有腐蚀、破损之处，均不能再以电绝缘鞋使用。

5）应存放在干燥通风的仓库内，防止霉变。堆放时离开地面、墙壁 0.2m 以上。

6）储存期超过 24 个月的绝缘安全鞋必须进行预防性电性能检验。

三 高压触电现场救护

触电后的急救流程

1. 急救措施

援救电气事故中受伤人员时，应谨记：

1）你自身的安全是第一位的。

2）绝对不要去触碰仍然与电压有接触的人员。

3）如果可能，马上将电气系统断电（关闭点火开关或者马上拔出维修接头）。

4）用不导电的物体（木板、扫帚把等）把事故受害者或者导电物体移开，如图1-26所示。

图 1-26　急救措施

2. 触电后的急救流程

触电后的急救流程如图 1-27 所示。

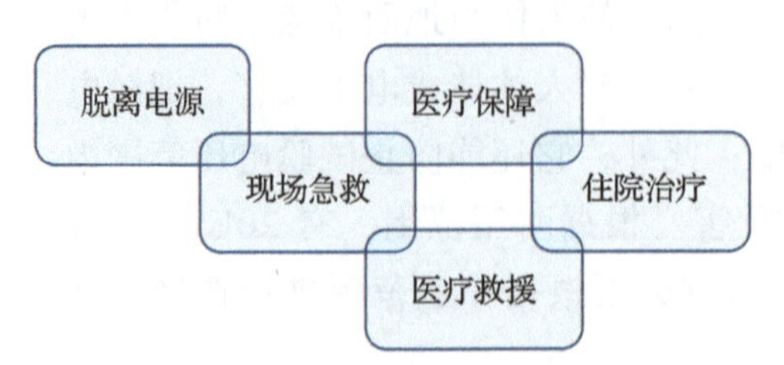

图 1-27　触电后的急救流程

第一步：进行环境评估，确认环境安全。

第二步：判断意识，呼叫患者（双侧耳旁呼唤）、轻拍肩部，确认意识丧失。

第三步：立即呼救，寻求帮助。呼救内容：如 × ×，快来抢救病人，请通知抢救小组，准备好除颤仪和急救车。

第四步：快速判断呼吸和颈动脉搏动 5~10s。查看胸部有无起伏，确认呼吸停止或无效呼吸，记时间，判断呼吸同时摸颈动脉搏动：食、中指并拢，指尖触及患者气管正中（相当于喉结的部位）旁开两指，无搏动，立即行胸外心脏按压。

第五步：让患者仰卧，身体无扭曲；解衣裤，充分暴露胸部。

3. 心肺复苏

高压触电以后，会短时间让人体心脏骤停，恰当的、第一时间心肺复苏，可以成功挽救 80% 以上的触电人员的生命。

心肺复苏是指对早期心跳呼吸骤停的患者，通过采取人工循环、人工呼吸、电除颤等方法，帮助其恢复自主心跳和呼吸。它包括三个环节：基本生命支持、高级生命支持、心脏骤停后的综合管理。

（1）胸外按压

只要判断心脏骤停，应立即进行胸外按压，以维持重要脏器的功能。

步骤 1：患者仰卧位于硬质平面上，患者头、颈、躯干平直无扭曲，如图 1–28 所示。

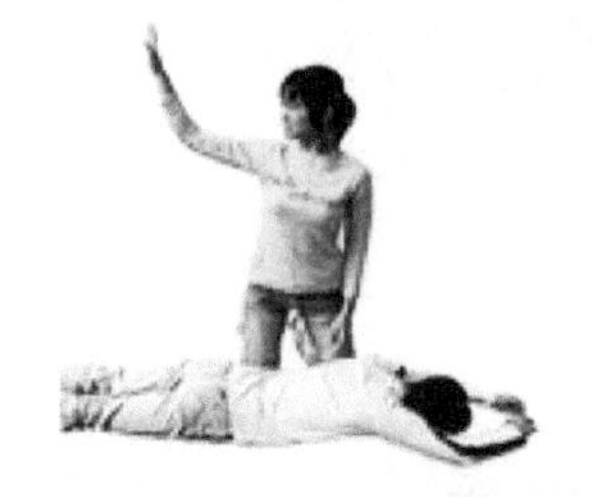
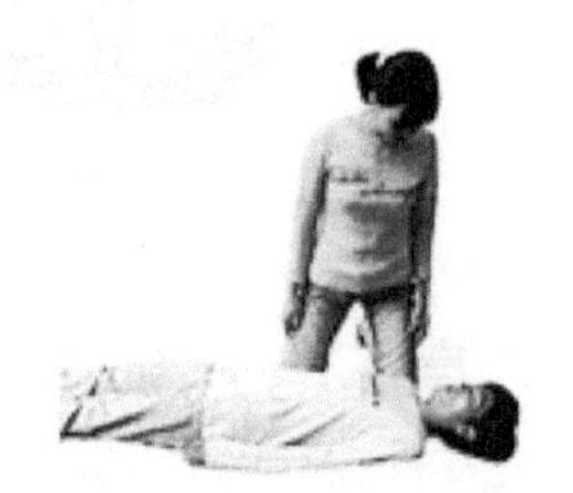

图 1–28　胸外按压步骤 1

步骤 2：按压胸骨中下 1/3 交界处或两个乳头与前正中线交界处，如图 1–29 所示。

步骤 3：按压时上半身前倾，双肩正对患者胸骨上方，一只手的掌跟放在患者胸骨中下部，然后两手重叠，手指离开胸壁，双臂绷直，以髋关节为轴，借助上半身的重力垂直向下按压。每次抬起时掌根不要离开胸壁，并应随时注意有无肋骨或胸骨骨折，如图 1–30 所示。

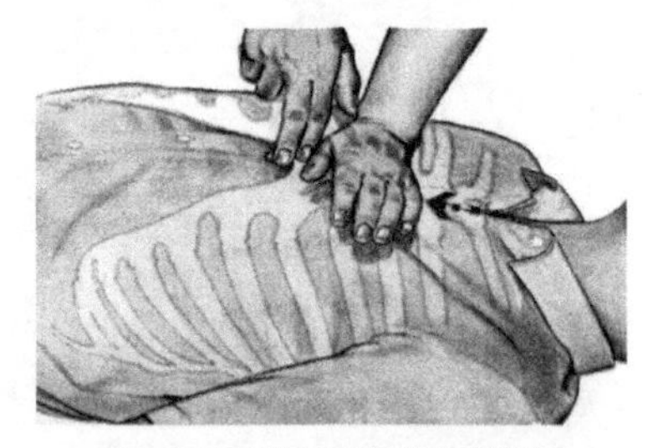

图 1–29　胸外按压步骤 2

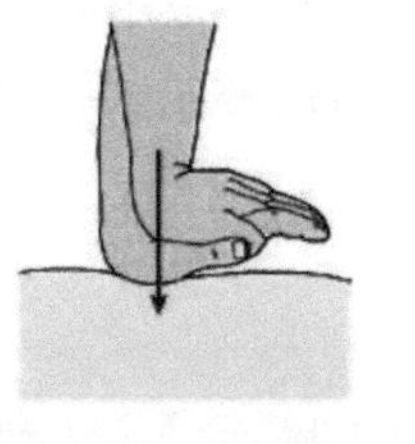
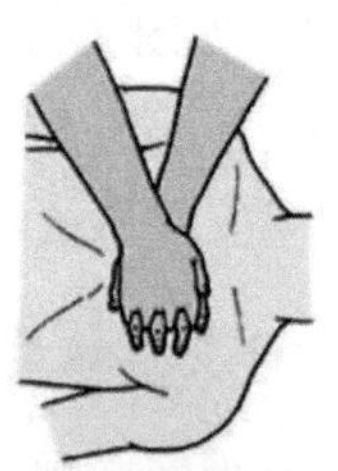

图 1–30　胸外按压步骤 3

注意： 一手的掌根部放在按压区，另一手掌根重叠放于手背上，使第一只手的手指脱离胸壁，以掌跟向下按压。按压频率：至少 100 次 /min。按压幅度：至少 5cm 或者胸廓前后径的 1/3。压下与松开的时间基本相等，压下后应让胸廓充分回弹。

（2）开放呼吸道与人工呼吸

去除呼吸道内的异物：开放呼吸道应先去除呼吸道内的异物。如无颈部创伤，清除口腔中的异物和呕吐物时，可一手按压开下颌，另一手用食指将固体异物钩出，或用指套或手指缠纱布清除口腔中的液体分泌物。

仰头 - 抬颌法：用一只手按压伤病者的前额，使头部后仰，同时另一只手的食指及中指珞于下颌骨的骨性部分向上抬颌，使下颌尖、耳垂连线与地面垂直，如图 1–31 所示。

双下颌上提法（颈椎损伤时）：将肘部支撑在患者所处的平面上，双手放珞在患者头部两侧并握紧下颌角，同时用力向上托起下颌。如果需要进行人工呼吸，则将下颌持续上托，用拇指把口唇分开，用面颊贴紧患者的鼻孔进行口对口呼吸，如图 1–32 所示。

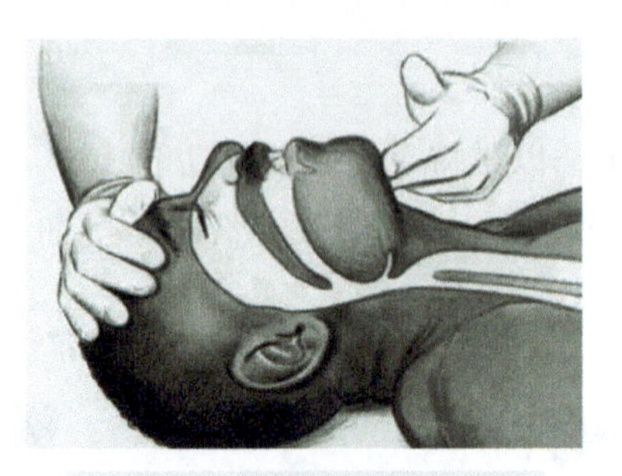

图 1–31　去除呼吸道内的异物

图 1–32　人工呼吸

四 高压电上下电操作

高压安全上电操作流程

高压安全下电操作流程

1. 新能源汽车维修作业工位要求

新能源汽车涉及高压的部分有整车橙色线束、动力电池包、高压配电箱、车载充电器、驱动电机控制器总成、空调驱动器总成、电动压缩机总成、电加热芯体（PTC）、空调配电盒、漏电传感器等。为确保维修人员的人身安全，避免违规操作引发安全事故，要求服务店设置专用维修工位，如图 1–33 所示，采用安全隔离措施（使用警戒栏隔离），并树立高压警示牌，以警示相关人员，避免发生安全事故。

图 1–33　新能源汽车维修作业工位

2. 维修作业人员要求

新能源汽车维修必须双人操作，一人操作，一人监督，要严格遵守操作规程，如图 1–34 所示。

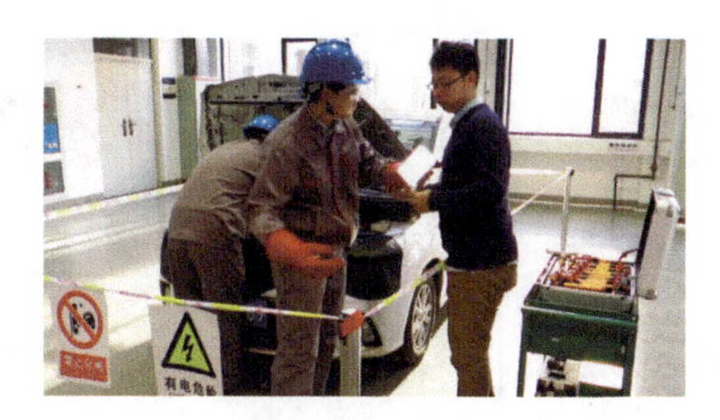

图 1-34　维修作业人员要求

1）维修作业人员：具备纯电动、混合动力对应车型维修资质的维修作业人员，或对纯电动、混合动力结构和控制原理非常熟悉的技师，负责对车辆检测、维修保养工作，具体如下。

①常规保养作业。

②非高压部分检测、维修。

③高压回路检测、维修。

2）监护人：具备纯电动、混合动力对应车型维修资质的维修技师或对纯电动、混合动力车辆结构和控制原理非常熟悉。监护人工作职责为监督维修的全过程，具体如下。

①监督维修人员、绝缘工具套装的使用、防护用品佩戴、备件安全保护、维修安全警示牌等是否符合要求。

②检查手动维修开关的接通和断开（装有时）/ 检查车辆电源接通和断开。

③负责对检查或维修过程中的安全维修操作规程进行检查，监护人要按安全检测和维修操作规程指挥操作，检测人员在做完一个操作后要告知监护人，监护人要在作业流程单上作标记。

④监护人要认真负起责任，确保检测过程的安全，避免发生安全责任事故。

3）高压回路检测、维修作业除专业老师或维修技师外必须配备一名监护人。

4）新能源车型维修技师需具备以下资质：国家认可的《特种作业操作证（电工）》；《初级（含）以上电工证》等职业资格证书。

3. 新能源维修作业工具要求

1）常用防护工具如图 1-35 所示。

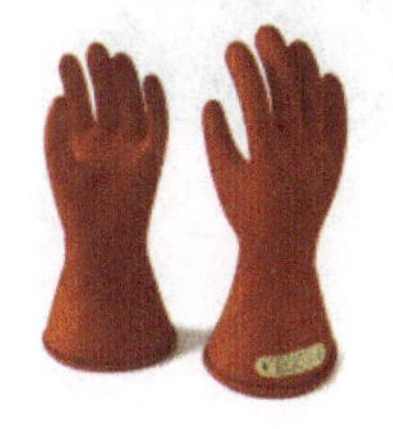 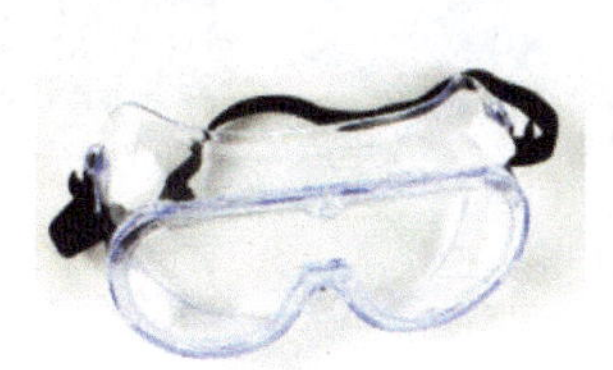  

图 1-35　常用防护工具

2）常见绝缘维修工具如图 1-36 所示。

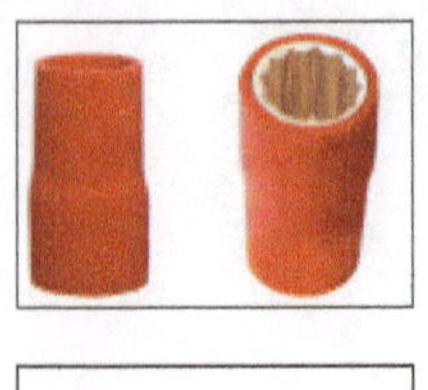
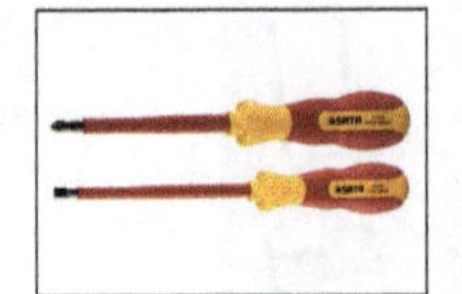
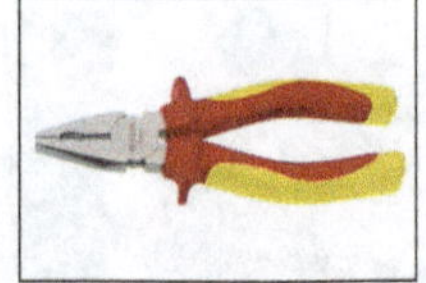
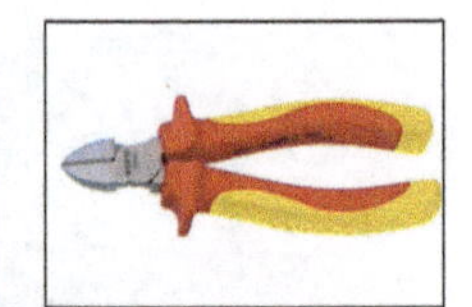
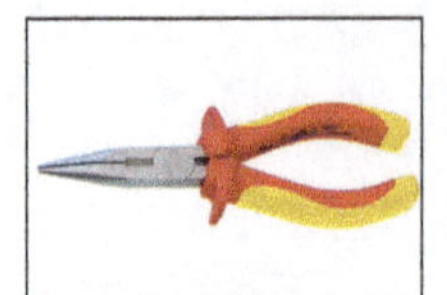
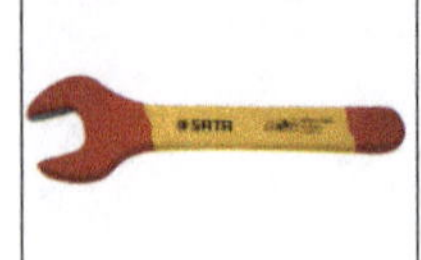
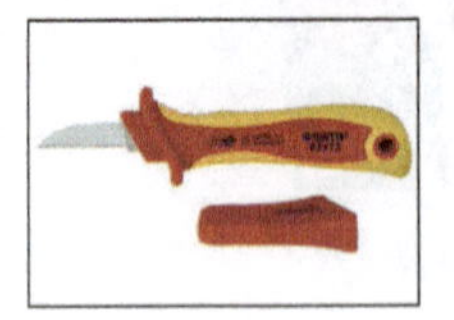

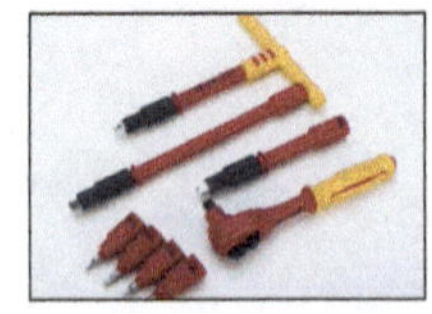

图 1-36　常见绝缘维修工具

4. 新能源高压断电流程

步骤 1：作业前现场环境检查。

1）设立隔离柱，布置警戒线，隔离间距保持在 1~1.5m，如图 1-37 所示。

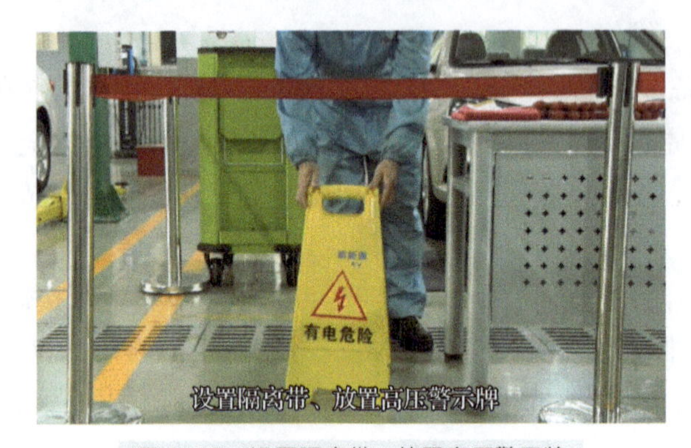

图 1-37　设置隔离带、放置高压警示牌

2）张贴标注有“高压危险”“有电危险”“禁止合闸”等的警示牌，防止他人误碰。

3）检查维修工位绝缘地垫是否破损脏污，若破损或脏污严重，则停止维修作业，及时清理或更换绝缘地垫。

步骤 2：作业前防护用具检查（图 1-38）。

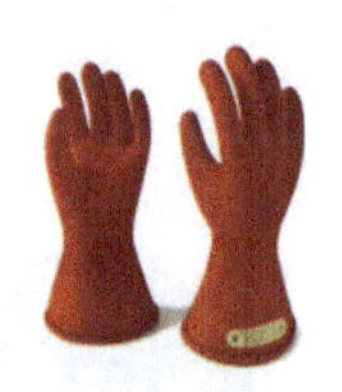

图 1-38　作业前防护用具检查

1）检查绝缘手套外观是否龟裂老化，气密性是否良好。

2）检查护目镜镜面是否有划痕裂纹，佩戴是否松弛失效。

3）检查安全帽外观有无破损，佩戴时必须紧固锁扣。

4）检查绝缘鞋外观是否良好，是否有开胶断底等现象，如果有，则予以更换。

步骤 3：作业前仪表工具检查。

1）将维修工具车及工具放置在车辆左前方位置，检查三件套等防护套是否齐全。

2）检查绝缘万用表测试线束及表笔是否破损折断，功能按钮是否正常显示。

3）检查绝缘工具外观绝缘层是否破损严重，工具数量是否有缺失。

4）检查放电工装测试线束及表笔是否破损折断，功能是否正常。

5）测试绝缘地垫绝缘电阻，测试绝缘地垫五个方位的绝缘阻值是否大于或等于 2.0GΩ，若绝缘阻值不合格，则禁止维修作业。

步骤 4：关闭点火开关，钥匙安全存放。

关闭车辆点火开关，将车钥匙锁入维修柜，或交由实操人员保管，保证他人无法接触。按照对角线方向，分别在前、后车轮上位置安装车轮挡块。

步骤 5：断开蓄电池负极。

低压蓄电池负极断开后需绝缘处理，并等待 5min 以上。

步骤 6：拆卸检修开关并安全存放。

拆除后排座椅及地板胶，佩戴绝缘手套，使用绝缘工具拆卸检修开关遮板固定螺栓，拆下检修开关。将检修开关锁入维修柜安全存放。并在拆除后的相应位置放置标有“有电危险”的警示牌。

步骤 7：断开动力电池输出高压插件。

拆卸动力电池输出高压插件，对高压电源侧进行验电、放电操作后，需对高压端进行绝缘处理。

5. 新能源高压上电流程

步骤 1：检查新能源汽车高压插件是否损坏。

步骤 2：检查高压插件是否连接完整，未连接的需连接高压插件。

步骤 3：连接低压蓄电池负极。

步骤 4：连接诊断仪。

步骤 5：打开点火开关，查看仪表是否能够正常上电。

步骤 6：读取新能源整车系统是否存在故障。

五　项目实施

实施准备

安全防护：做好车辆安全防护与隔离（车辆挡块、警示隔离带、高压危险警示牌）。

个人防护：绝缘鞋、绝缘帽、绝缘手套、护目镜。

工具设备：数字万用表、解码器、放电工装。

实训车辆：吉利 EV450。

辅助资料：护垫三件套、汽车内饰护套。

任务一 高压电危害及安全防护

1. 接收任务

你了解高压电对人体的危害吗？你能够识别高压电范围吗？你是否掌握高压安全防护状态的检验与正确的使用方法？

2. 收集信息

1）触电时，让人体受伤的是________而不是________。

A. 电压　　B. 电流

2）据国标GB 4943—2001（等效于EN 60950或IEC 60950）可知，安全电压范围：________。

A. ＜ AC 42.4V 或＜ DC 60V

B. ＜ DC 42.4V 或＜ AC 60V

C. ＞ AC 42.4V 或＜ DC 60V

D. ＞ DC 42.4V 或＜ AC 60V

3）经过人体的电流到达约________mA 时，被认为是“致命值”。

A. 10　　B. 50　　C. 80　　D. 200

4）使用经检验合格的绝缘手套的检验每 6 个月一次。　□对　□错

5）护目镜是电动汽车维修工作中必不可少的一种防护工具，这是由于在高压部件接触时会发出电弧光，热度高、亮度大，会对眼睛直接造成伤害。　□对　□错

3. 任务实施

1）检查绝缘手套的气密性。

2）检查绝缘手套的最大使用电压。

3）检查耐磨手套外观的损伤。

4）检查护目镜外观的损伤。

5）检查安全帽外观的损伤。

6）检查绝缘鞋外观的损伤。

7）个人防护用具佩戴。

8）整理恢复场地。

4. 过程检查

5. 反馈总结

任务二 高压触电现场救护

1. 接收任务

若在新能源维修过程中，发生触电事故，需要你对模拟人进行触电急救，并讲解其中的关键点和注意事项，你该怎样进行急救？

2. 收集信息

1）当发现有人触电时，首先应当（ ）。

A. 使触电者脱离电源　　B. 直接用手拖拽伤员

C. 判断触电者的受伤害情况　　D. 拨打 120 急救电话

2）如果触电者触及断落在地上的带电高压导线，且尚未确定线路无电，救护人员在未做好安全措施前，不能接近断线点至（ ）范围内，以防止跨步电压伤人。

A. 1 ~ 2m　　B. 3 ~ 5m　　C. 5 ~ 7m　　D. 8 ~ 10m

3）下列说法中正确的是（ ）。

A. 断电源剪线时，应站在绝缘物体上

B. 救护人不得使用金属和其他潮湿的物品作为救护工具

C. 在使触电者脱离电源时，救护人必须用两只手操作，以防触电

D. 剪断电线要分相，一根一根地剪断，并尽可能站在绝缘物体或干木板上

4）如果触电人的伤害情况很严重，无心跳、无呼吸时，应采用人工呼吸和胸外按压两种方法急救。　□对　□错

5）任何药物都不能代替人工呼吸和胸部按压抢救。人工呼吸和胸部按压是基本的急救方法，是第一位急救方法。　□对　□错

3. 任务实施

1）脱离电源。

2）启动心肺复苏急救流程。

3）启动除颤仪的急救使用。

4）整理恢复场地。

4. 过程检查

5. 反馈总结

任务三 高压电上下电操作

1. 接收任务

新能源汽车存在故障，实训老师安排你完成下电操作标准流程与上电操作标准流程，你是否能够完成这项任务？

2. 收集信息

作业项目	操作步骤	备注
场地防护	□ 检查设置隔离栏 □ 设置安全警示牌 □ 检查灭火器压力值（水基、干粉） □ 安装车辆挡块 □ 安装车外三件套，安装位置必须正确 □ 操作中翼子板布、格栅布不得自行脱落 □ 车内四件套（方向盘、座椅、脚垫、变速杆）	
设备准备	□ 检查绝缘测试仪 □ 检查万用表 □ 检查诊断仪 □ 检查绝缘垫	
个人防护	□ 检查绝缘手套的密封性 □ 检查绝缘防护手套的耐压等级 □ 检查防护电池电解液酸碱性手套外观的损伤 □ 检查护目镜外观的损伤 □ 检查安全帽外观的损伤 □ 穿戴绝缘鞋（进入工位前提前穿戴好）	

3. 任务实施

作业项目	操作步骤	备注
高压下电 操作流程	□ 连接诊断仪 □ 车辆通电 □ 确认车辆是否存在故障码 □ 关闭点火开关 □ 将钥匙放置于安全位置 □ 测量蓄电池电压 □ 断开蓄电池负极 □ 静止等待 5min □ 断开动力母线 □ 验电 □ 包裹动力母线端口	
高压上电 操作流程	□ 连接动力母线端口 □ 连接蓄电池负极 □ 取出钥匙，车辆上电 □ 通过解码器验证车辆是否有故障 □ 恢复现场场地	

4. 过程检查

5. 反馈总结

复习题

1. 判断题

1）据国标GB 4943.1—2001（等效于IEC/EN 60950）可知，安全电压：<AC 42.4V 或 DC 60V。（ ）

2）当电器设备采用了超过 24V 时，必须采取防止直接接触带电体的保护措施。（ ）

3）使用经检验合格的绝缘手套的检验每 6 个月一次。（ ）

4）护目镜是电动汽车维修工作中必不可少的一种防护工具，这是由于在高压部件接触时会发出电弧光，其热度高，亮度大，会对眼睛直接造成伤害。（ ）

5）新能源汽车维修必须双人操作，一人操作，一人监督，要严格遵守操作规程。（ ）

2. 选择题

1）当电压高到一定值以后，会有相应的电流流过人体。当约（ ）mA的电流通过人体时，就可视为是“电气事故”，会产生麻木感。

A. 5　B. 10　C. 12　D. 15

2）当经过人体的电流到达约（ ）mA 时，被认为是“致命值”。

A. 10　B. 50　C. 80　D. 200

3）绝缘工具的使用前，必须注意的事项是（ ）。

A. 正确地选择、检查及使用绝缘手套、防护目镜、防护服

B. 去除所有金属物品

C. 设立安全警戒标志，确保工作区域的安全性

D. 以上都正确

4）在对纯电动汽车或混合动力汽车操作时，急救人员要知道橙黄色电缆代表高电压。并在断开高压电池，接触电缆前至少等待（ ）min，即等电容充分放电完毕。

A. 1　B. 3　C. 5　D. 15

5）不属于检测仪表的是（ ）。

A. 故障诊断仪　B. 数字式万用表

C. 钳型电流表　D. 绝缘测试仪

项目二　检测仪器设备的使用

项目导入

新能源汽车维修技师，在维修过程中，当检修电路故障时，需要用到检测设备进行测量与判断。

教学目标

知识目标

1）了解数字万用表与绝缘测试仪的组成结构及识别功能区域。
2）了解电流钳的组成结构及功能。
3）掌握示波器的组成结构及识别功能区域。
4）掌握诊断仪的组成结构及功能。
5）熟悉安规检测仪的组成机构及功能。

能力目标

1）能正确使用数字万用表与绝缘测试仪。
2）能正确使用电流钳。
3）能正确使用示波器。
4）能正确使用诊断仪。
5）能正确使用安规检测仪。

一 数字万用表认知

1. 万用表的认知

万用表按显示方式分为指针万用表和数字万用表，是一种多功能、多量程的测量仪表，一般万用表可测量直流电流、直流电压、交流电流、交流电压、电阻和音频电平等，有的还可以测交流电流、电容量及半导体的一些参数（如 β）等，其中数字万用表如图 2-1 所示。

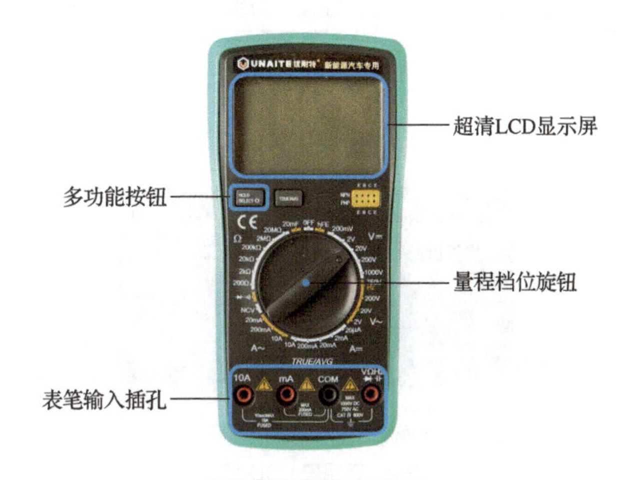

图 2-1　数字万用表

2. 万用表旋钮开关功能

万用表旋钮开关符号及含义见表 2-1。

表 2-1　万用表旋钮开关符号及含义

符号	含义
V～	交流电压测量
V⎓	直流电压测量
Ω	电阻测量
A—	直流电流测量
A ~	交流电流测量
—▶|—	二极管，PN 结正向压降测量
•)))	电路通断测量
hFE	晶体管放大倍数 β 测量
mF	电容单位：毫法
NCV	非接触感应交流电压测量功能

3. 万用表功能按键功能

万用表功能按键符号及含义见表 2–2。

表 2–2　万用表功能按键符号及含义

符号	含义
HOLD/SELECT	按“HOLD/SELECT”键可依次转换为二极管或蜂鸣器测量功能；在 AC 750V 档触发时，可测 220V 及 380V 的市电频率，其他档为锁存功能，长按为背光的开启与关闭
TRUE/AVG	真有效值 / 平均值：短触发为真有效值 / 平均值转换

4. 万用表 LCD 显示屏功能

万用表 LCD 显示屏如图 2–2 所示，其符号及含义见表 2–3。

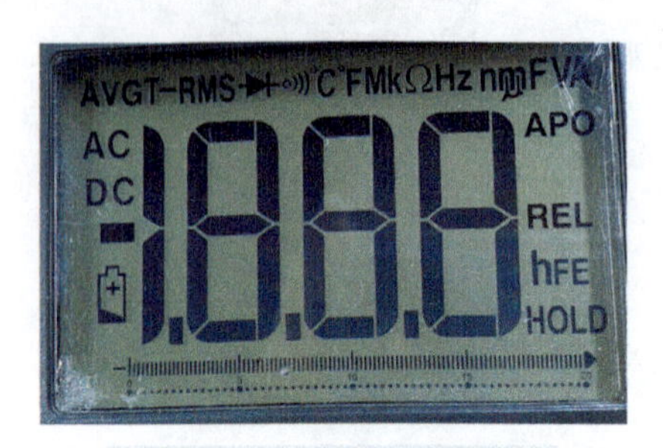

图 2–2　万用表 LCD 显示屏

表 2–3　万用表 LCD 显示屏符号及含义

符号	含义
AC	交流
DC	直流
—▶|—	二极管
•)))	导通
℃	温度
°F	华氏度
MkΩ	Ω 为欧姆，kΩ 为千欧姆，MΩ 为兆欧姆
nF、μF、mF	电容单位：纳法、微法、毫法
V A	V 为电压单位，A 为电流单位
REL	相对值测量提示
HOLD	定格测量值
hFE	晶体管放大倍数提示符
[+]	电池电量提示

5. 万用表输入插孔功能

万用表表笔插孔如图 2-3 所示，其输入插孔符号及含义见表 2-4。

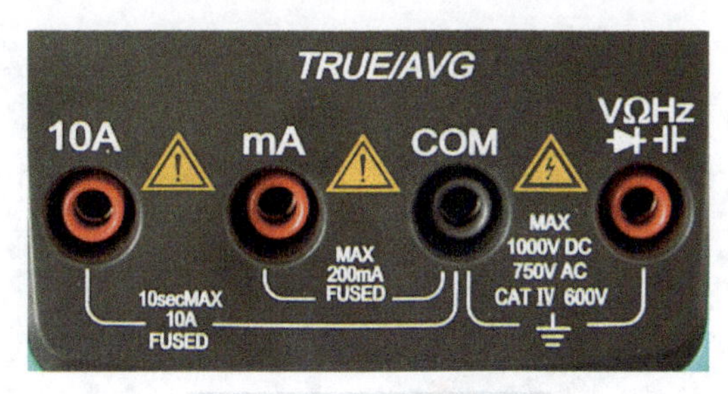

图 2-3　万用表表笔插孔

表 2-4　万用表输入插孔符号及含义

符号	含义
10A	红表笔插孔，用于测量较大的电流（10A）
mA	红表笔插孔，用于测量较小的电流（以毫安为档位）
COM	黑表笔插孔，公共端
VΩHz	红表笔插孔，用于测量电容、电压、电阻、二极管和频率等

二　万用表的测量操作流程

万用表的使用方法

1. 万用表的检查

在使用万用表测量之前，首先要检测万用表是否正常工作。

1）“功能量程旋钮开关”从 OFF 位旋到其他任何一个档位，万用表 LCD 屏应能正常亮起。

2）如果不能够正常亮起，请检查与更换万用表电池，安装电池时要注意区分其极性。

3）将万用表的红色表笔插入电阻档的测试接口，黑色表笔插入 COM 接口。

4）将档位打到电阻档。

5）红色测量笔与黑色测量笔短接，如果测量到的阻值非常小（小于 0.5Ω），则说明万用表内部的熔丝正常，可以进行测量，如图 2-4 所示。

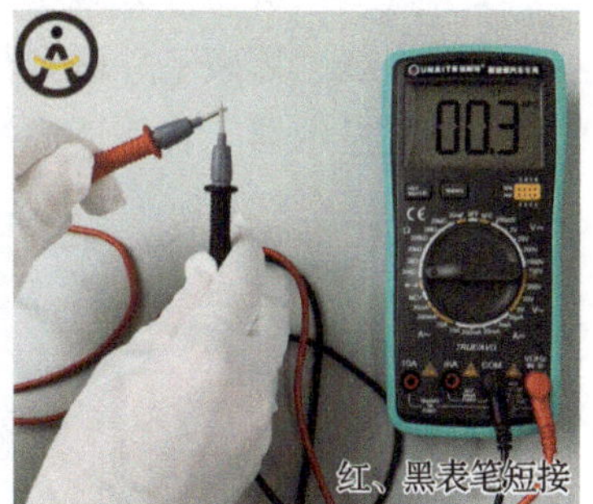

图 2-4　万用表的检查

2. 电阻测量方法

1）万用表的红色表笔插入电阻档的测试接口，黑色表笔插入 COM 接口。

2）根据测量电阻值，将量程旋钮开关置于合适的电阻测量档位。

3）将表笔并联到被测电阻两端上，从显示器上直接读取被测电阻值，如图 2-5 所示。

图 2-5　电阻测量

注意事项：

①如果被测电阻开路或阻值超过最大量程时显示“OL”。

②当测量在线电阻时，在测量前必须先将被测电路内的所有电源关断，并将所有电容器残余电荷放尽，才能保证测量准确。

③在低阻测量时，表笔及仪表内部的引线会带来 0.2~0.5Ω 电阻的测量误差。

④当表笔短路时的电阻值不小于 0.5Ω 时，应检查表笔是否有松脱现象或其他原因。

⑤测量 1MΩ 以上的电阻时，可能需要几秒钟后读数才会稳定。这对于高阻的测量属于正常。为了获得稳定的读数，尽量选用短的测试线或配用附件提供的转接插头进行测量，效果更为理想。

⑥在完成所有的测量操作后，要断开表笔与被测电路的连接。

3. 直流电压测量方法

1）万用表的红色表笔插入电压档的测试接口，黑色表笔插入 COM 接口。

2）将量程旋钮开关置于直流电压档。

3）将红、黑表笔并联到待测电源或负载上。

4）从显示器上直接读取被测电压值，如图 2-6 所示。

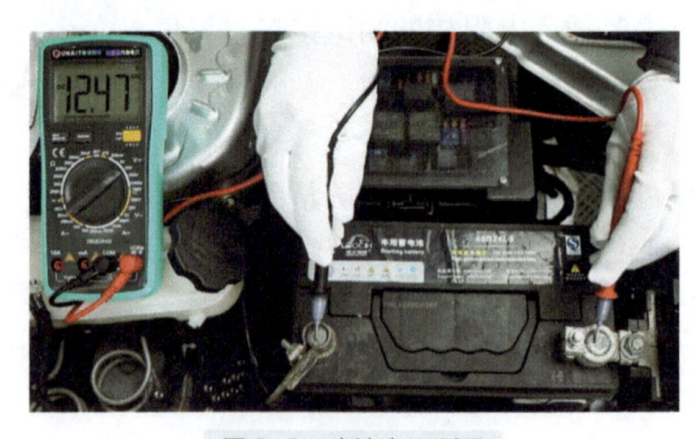

图 2-6　直流电压测量

4. 交流电压测量方法

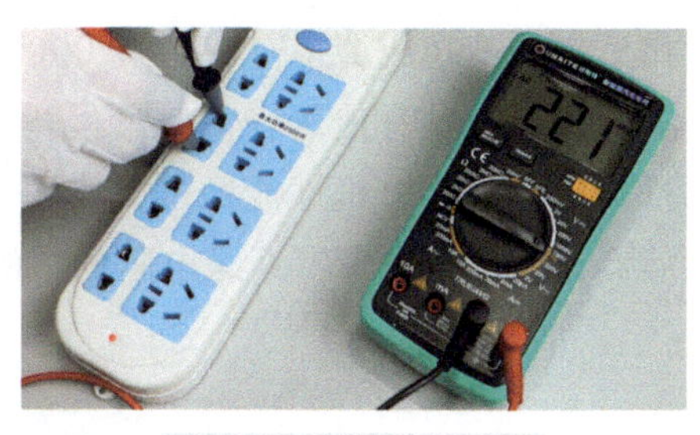

图 2-7　交流电压测量

1）万用表的红色表笔插入电压档的测试接口，黑色表笔插入 COM 接口。

2）将量程旋钮开关置于交流电压档。

3）将红、黑表笔并联到待测电源或负载上。

4）从显示器上直接读取被测电压值，如图 2-7 所示。

5. 直流电流测量方法

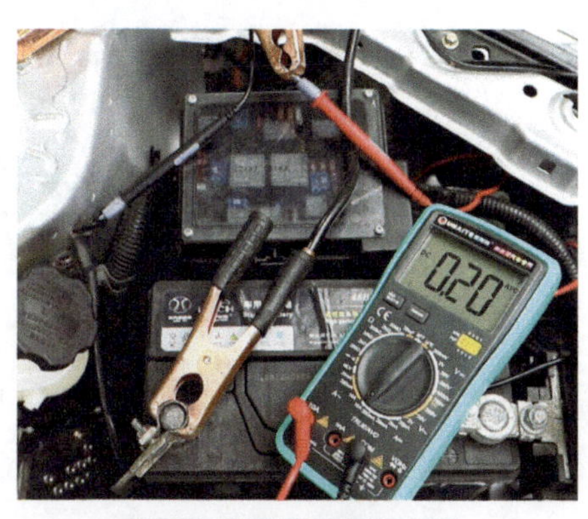

图 2-8　直流电流测量

1）万用表的红色表笔插入电流档的测试接口，黑色表笔插入 COM 接口。

2）将功能旋钮开关置于直流电流档。

3）将仪表表笔串联到待测回路中。

4）显示器上直接读取被测电流值，如图 2-8 所示。

6. 二极管测量方法

1）万用表的红色表笔插入二极管档的测试接口，黑色表笔插入 COM 接口。

2）将功能旋钮开关置于二极管测量档。

3）红表笔接到被测二极管的正极，黑表笔接到二极管的负极。

4）显示器上直接读取被测二极管的近似正向 PN 结电压值，如图 2-9 所示。

图 2-9　二极管测量

三　绝缘测试仪的认知

1. 绝缘测试仪的认知

绝缘测试仪也称为数字兆欧表，是采用低损耗高变比电感储能式直流电压变换器将

12V 电压变换成 250V/500V/1 000V 直流电压。采用数字电桥进行电阻测量，用于绝缘电阻的测试，具有使用轻便、量程宽广、背光显示、测试锁定、自动关机等功能，还可以进行市电测量，整机性能稳定，使用背带时可双手作业，适用于电机、电缆、机电设备、电信器材、电力设施等绝缘电阻的检测需要。绝缘测试仪如图 2-10 所示。

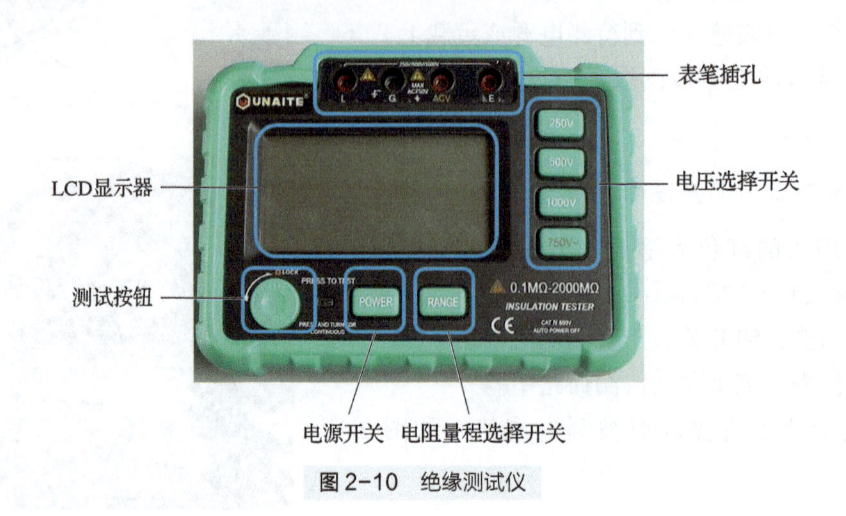

图 2-10　绝缘测试仪

2. 绝缘测试仪的按键功能

绝缘测试仪按键功能见表 2-5。

表 2-5　绝缘测试仪按键功能

符号	含义
250V/500V/1 000V	根据测量需要选择合适的测试电压
750V~	测量交流电压
LOCK	测试旋转按钮
POWER	电源开关：自锁式电源开关
RANGE	电阻量程选择开关

3. 表笔插口含义

绝缘测试仪表笔插口符号及含义见表 2-6。

表 2-6　绝缘测试仪表笔插口符号及含义

符号	含义
L	接被测线路端插孔
G	保护端插孔，要求消除被测表面泄漏效应时接入
ACV	交流电压测试输入端
E	接被测对象的搭铁端插孔

4. 显示屏显示含义

绝缘测试仪显示屏如图 2–11 所示，其符号及含义见表 2–7。

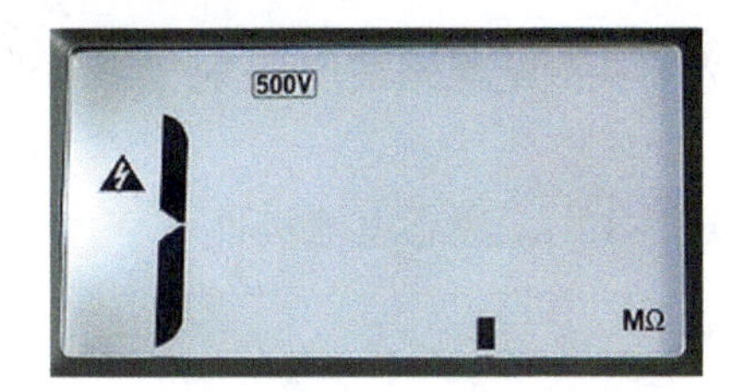

图 2–11　绝缘测试仪显示屏

表 2–7　绝缘测试仪显示屏符号及含义

符号	含义
	高压电危险
1	表示测量数值超过量程
MΩ	绝缘阻值单位
250V/500V/1 000V	对应选择量程

5. 技术指标

绝缘测试仪技术指标见表 2–8。

表 2–8　绝缘测试仪技术指标

<table>
<tr><th colspan="2">基本功能</th><th>量程</th><th>基本精度</th></tr>
<tr><td colspan="2">输出电压</td><td>250V/500V/1 000V</td><td>± 10%</td></tr>
<tr><td colspan="2">测试电流</td><td>250V（R=250kΩ） 1mA
500V（R=500kΩ） 1mA
1 000V（R=1MΩ） 1mA</td><td>± 10%</td></tr>
<tr><td rowspan="2">RANGE
绝缘电阻</td><td></td><td>250V：0.1MΩ~20MΩ
500V：0.1MΩ~50MΩ
1 000V：0.1MΩ~100MΩ</td><td>±（4% 读数）</td></tr>
<tr><td></td><td>250V：20~500MΩ
500V：50~1 000MΩ
1 000V：100~2 000MΩ</td><td>±（4% 读数）</td></tr>
<tr><td colspan="2">短路电流</td><td><1.8mA</td><td></td></tr>
<tr><td colspan="2">中值电阻</td><td>250V/500V：2MΩ
1 000V：5MΩ</td><td></td></tr>
<tr><td colspan="2">电压测量</td><td>AC750V</td><td>±（1% 读数）</td></tr>
<tr><td colspan="2">插孔位置</td><td>绝缘电阻：L.E　　AC750V：ACV G</td><td></td></tr>
</table>

四 绝缘测试仪的测量操作流程

1. 绝缘测试仪的检查

在使用绝缘测试仪测量绝缘电阻之前，首先要检测绝缘测试仪是否正常工作。

1）打开电池盒后盖装入 5 号电池 8 节（图 2-12），注意电池极性不要接反。

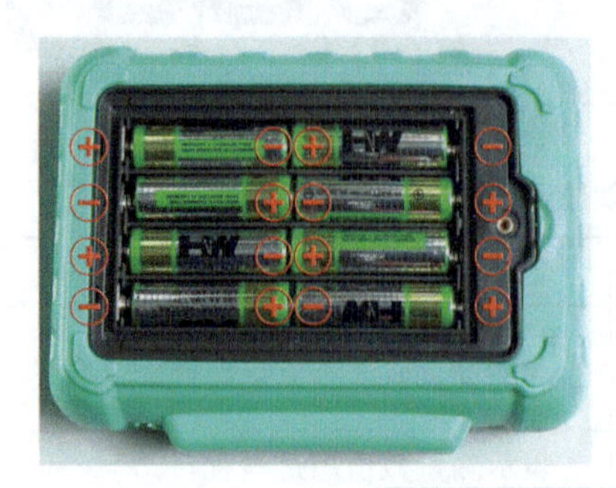

图 2-12　绝缘测试仪的检查 1

2）将红色测量线插入 L 插孔，黑色测量线插入 E 插孔。

3）按下电源开关“POWER”按键。

4）将测量探头置于空气中按下测试按钮，读取测量值，仅最高位显示“1”，表示超过量程，见图 2-13。

5）将红、黑测量探头短接约 2s，接触时测试阻值为“0”MΩ，说明绝缘电阻测试仪良好，可以正常使用，如图 2-14 所示。

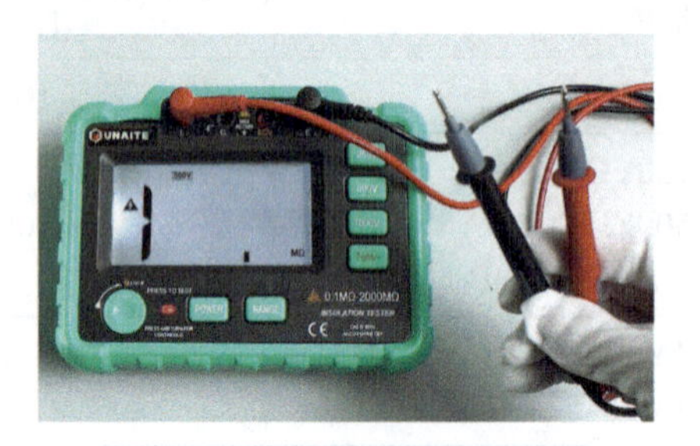

图 2-13　绝缘测试仪的检查 2

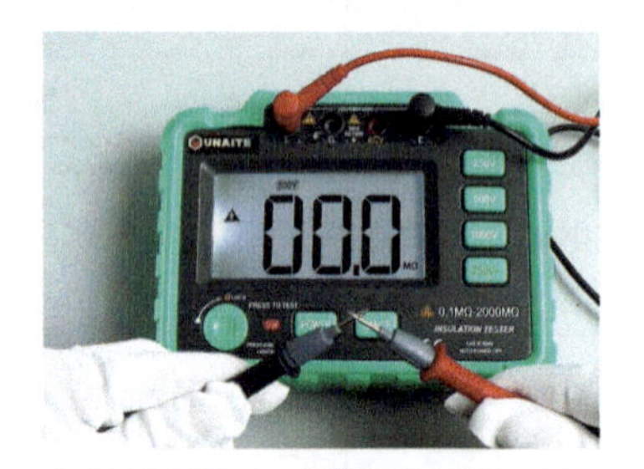

图 2-14　绝缘测试仪的检查 3

注意事项：在执行开路测试时，禁止使用身体部位触碰测试探头，如图 2-15 所示。

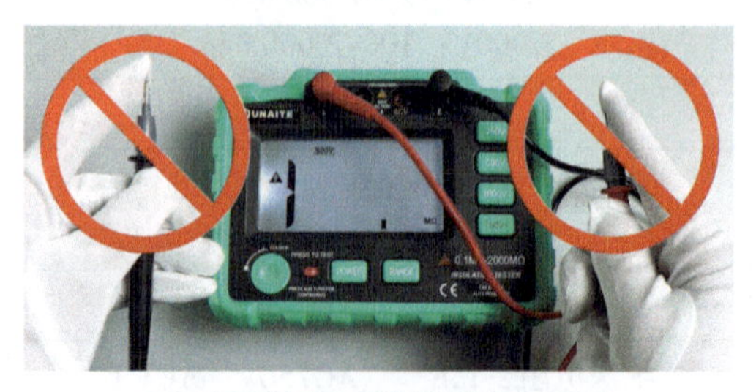

图 2-15　绝缘测试仪的检查 4

2. 绝缘电阻测量方法

绝缘电阻测量方法如图 2-16 所示。

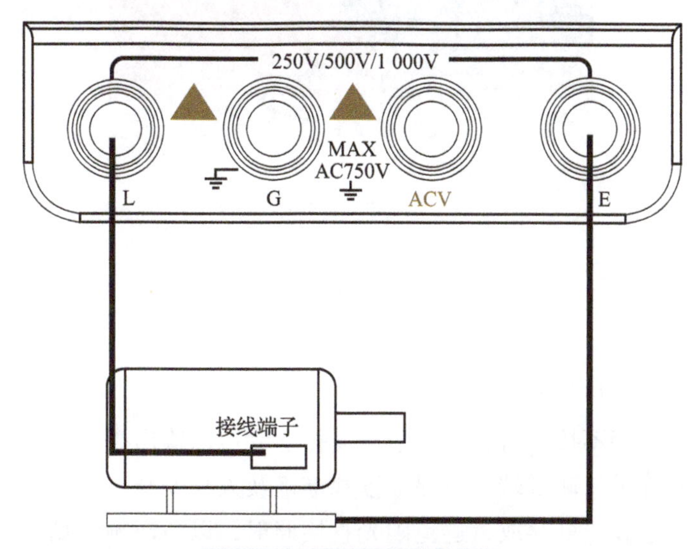

图 2-16　绝缘电阻测量方法

1）根据测量需要选择测试电压（250V/500V/1 000V）。

2）根据测量需要选择量程开关（RANGE），见表 2-9。

表 2-9　绝缘电阻量程

RANGE 绝缘电阻		250V：0.1~20MΩ 500V：0.1~50MΩ 1 000V：0.1~100MΩ
		250V：20~500MΩ 500V：50~1 000MΩ 1 000V：100~2 000MΩ

3）按下测试开关，测试即进行，向右侧旋转可锁定按键开关，当显示值稳定后，即可读数，如图 2-17 所示。

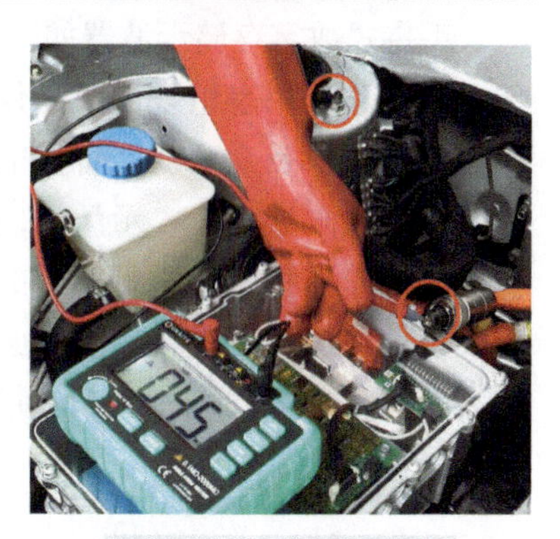

图 2-17　绝缘电阻测量

3. 交流电压测量方法

1）将红色测量线插入 ACV 插孔，黑色测量线插入 G 插孔。

2）按下电源开关“POWER”按键。

3）根据测量需要选择测试电压 AC750V。

4）测量家用插座 220V 交流电压，当显示值稳定后，即可读数，如图 2-18 所示。

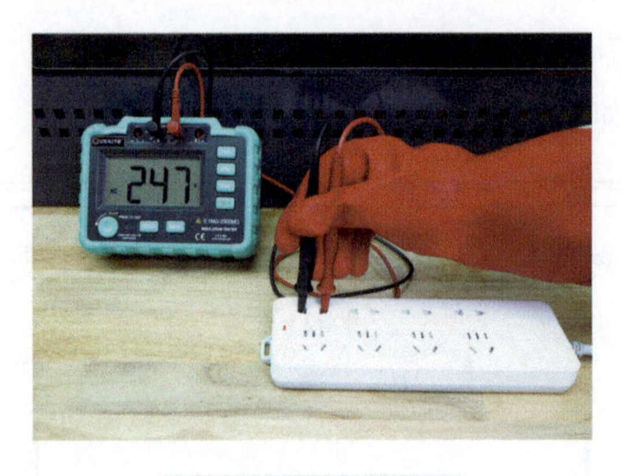

图 2-18　交流电压测量

4. 绝缘测试仪使用注意事项

1）测试电压选择键不按下时，输出电压插孔上将可以输出高压。

2）测试时不允许手持测试端，以保证读数准确及人身安全。

3）仪表不宜置于高温处存放，避免阳光直接照射，以免影响液晶显示器的寿命。

4）电池能量不足有符号“[电池符号]”显示，请及时更换电池。长期存放时应及时取出电池，以免电池漏液损坏仪表。

5）空载时，如有数字显示，属正常现象，不影响测试。

6）在进行兆欧测试时，如果显示读数不稳定，可能是环境干扰或绝缘材料不稳定造成的，此时可将“G”端接到被测对象屏蔽端，即可使读数稳定。

7）为保证测试安全性和减少干扰，测试线采用硅橡胶材料，请勿随意更换测试线。

五 示波器的认知

1. 示波器的认知

手持式数字存储示波器如图 2-19 所示，它是一个数字示波器和万用表组合而成的仪器，实现了易用性、优异的技术指标及众多功能特性的完美结合，可帮助用户更快地完成测试工作。示波器向用户提供了简单而功能明晰的操作面板，以进行所有的基本操作。符合传统手持式仪器的使用习惯，用户不必花大量的时间去学习和熟悉示波器的操作，即可熟练使用。

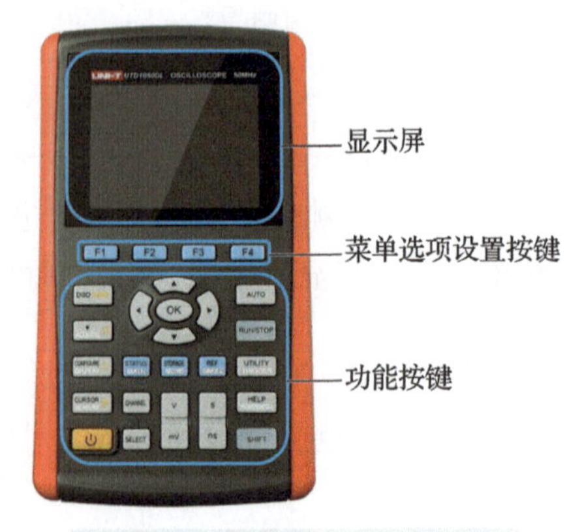

图 2-19　手持式数字存储示波器

2. 示波器按键功能含义

示波器按键如图 2-20 所示，示波器按键符号及含义见表 2-10。

图 2-20　示波器按键

表 2-10　示波器按键符号及含义

符号	含义
	电源按键，开关示波器
F1 — F4	菜单选项设置按键
DSO/DMM	用以示波器（DSO）和万用表（DMM）工作方式切换
ACQUIRE/*/V	在示波器方式下，按此键进入 ACQUIRE（采样方式）菜单；如果先按 SHIFT 键，再按此键则进入亮度调整，通过调节左、右方向键来改变屏幕亮度。当在万用表（DMM）方式下，按此键进入电压测量菜单
DISPLAY/ CONFIGURE/I	在示波器方式下，按此键进入 DISPLAY（显示方式）菜单；如果先按 SHIFT 键，再按此键则进入 CONFIGURE（界面配制）菜单；当在万用表（DMM）方式下，按此键进入电流测量菜单
MEASURE/ CURSOR/R	在示波器方式下，按此键进入 CURSOR（光标测量）菜单；如果先按 SHIFT 键，再按此键则进入 MEASURE（自动测量）菜单；当在万用表（DMM）方式下，按此键进入电阻测量菜单，测量电阻 / 二极管 / 通断 / 电容
CHANNEL	在示波器方式下，按此键进入 CHANNEL（通道）菜单；重复按键可相互切换两个通道的通道菜单
MATH/STATUS	在示波器方式下，按此键进入 FFT 菜单；按此键后按 F1 键可切换 FFT 运算和 MATH（数学运算）菜单。如果先按 SHIFT 键，再按此键则打开 STATUS（状态栏）显示
RECORD/ STORAGE	在示波器方式下，按此键进入 RECORD（波形录制）菜单；如果先按 SHIFT 键，再按此键则进入 STORAGE（存储）菜单
SINGLE/REF	在示波器方式下，按此键设置 SINGLE（单次触发）功能；如果先按 SHIFT 键，再按此键则进入 REF（波形回调）菜单
AUTO	在示波器方式下，按此键对波形进行自动设置；如果先按 SHIFT 键，再按此键则打开全自动设置功能，在此功能下，示波器会根据输入信号的变化自动调节仪器档位，使波形以最合适的形式显示，无需人工干预

（续）

符号	含义
RUN/STOP	在示波器方式下，按此键开始或停止数据采集；当在万用表（DMM）方式下，按此键锁定屏幕测量读数
UTILITY/ TRIGGER	在示波器方式下，按此键进入 TRIGGER（触发设置）菜单；如果先按 SHIFT 键，再按此键则进入 UTILITY（辅助功能）菜单
HORIZONTAL/ HELP	在示波器方式下，按此键进入 HORIZONTAL（水平设置）菜单；如果先按 SHIFT 键，再按此键则打开 HELP（帮助）信息
SHIFT	配合其他功能键进行功能选择
s ns	时基：用以改变扫描速率，本机扫描速率为 50s/div~10ns/div，按 1-2-5 调整。当按“s”时，则扫描速率相对当前再减一慢档，反之按“ns”则加快
V mV	垂直刻度：用以改变垂直刻度档级，本机刻度范围为 5mV/div~20V/div，按 1-2-5 调整。当按“V”时，则垂直刻度相对当前再加一大档，反之按“mV”则减小
SELECT	在一般情况下切换通道垂直位移和触发电平，当选择为垂直位移时，则屏幕上的垂直参考三角光标为实心，此时调整上、下方向键即可移动波形在屏幕上的垂直位置。如果再按一次 SELECT，则触发电平的位置的三角光标为实心，此时调整上、下方向键则改变触发点的位置
OK	在 MEASURE 菜单下，此键用于确认已选择的定制参数；在光标测量下切换光标 1 与光标 2，按 OK 键，在一般情况下用于隐藏 / 显示当前菜单栏；在万用表（DMM）方式下，进行 A 档电流测量时，用于确认电流分流器是否正确连接
SHIFT + OK	保存当前显示界面到内部存储器中，可通过上位机导出
SHIFT + AUTO	打开全自动设置功能，在此功能下，示波器会根据输入信号的变化自动垂直刻度和扫描时基，使波形以最合适的形式显示，无需人工干预
SHIFT + （F1 —F4）	快捷方式打开触发主菜单

3. 示波器通道接口说明

示波器通道接口如图 2-21 所示，其功能说明见表 2-11。

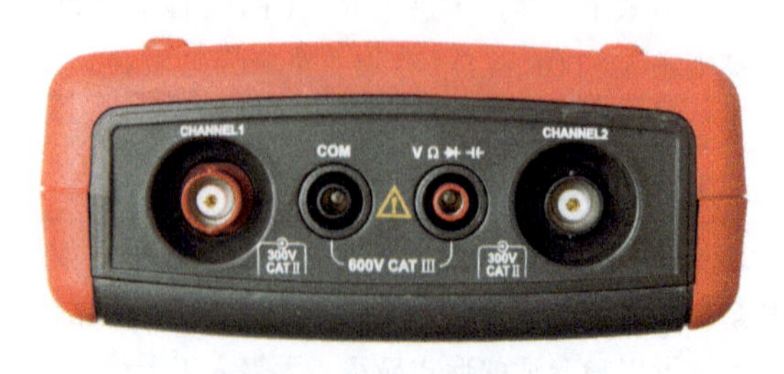

图 2-21　示波器通道接口

表 2-11　示波器通道接口功能说明

符号	含义
CHANNEL1	示波器通道 1 接口
CHANNEL2	示波器通道 2 接口
COM	万用表测量，黑色表笔插孔
VΩ ⊳| ⊣⊢	万用表电压 / 电阻 / 电流 / 二极管测量接口

4. 示波器显示屏功能说明

示波器显示屏功能说明如图 2-22 所示。

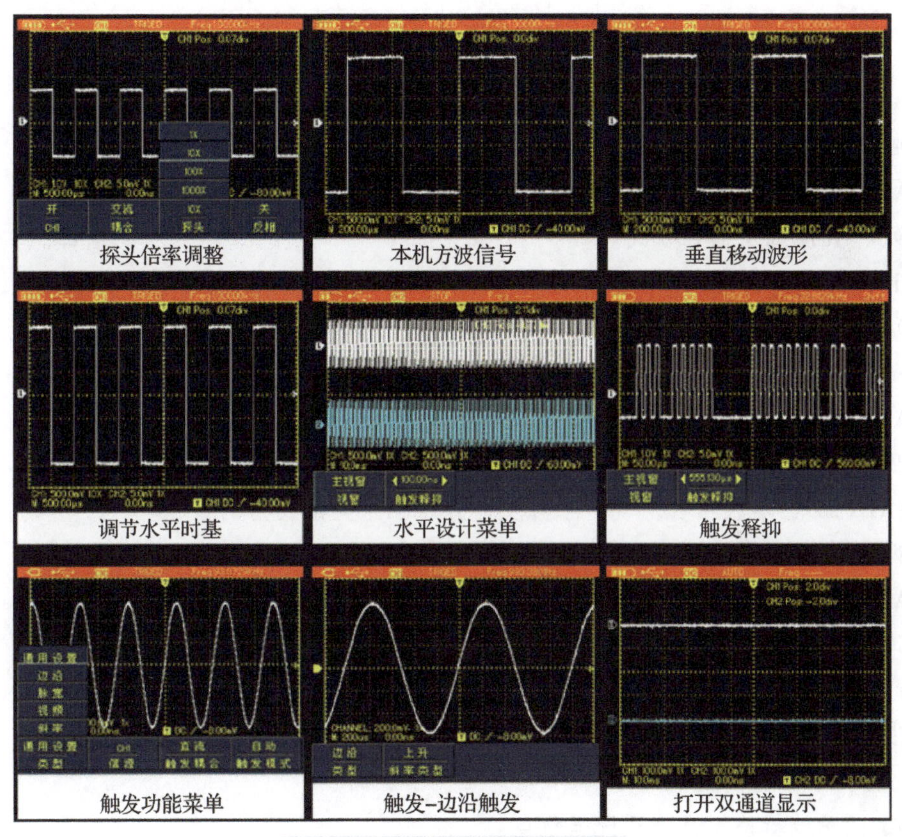

图 2-22　示波器显示屏功能说明

显示屏除显示波形外，其上还含有很多关于波形和示波器控制设置的详细信息，如图 2-23 所示。

①当前激活波形显示（参考图 2-23，后同）。

CHl：表示可对通道波形进行调节。

REF：表示可对回调波形进行调节。

FFT：表示可对 FFT 运算波形进行调节。

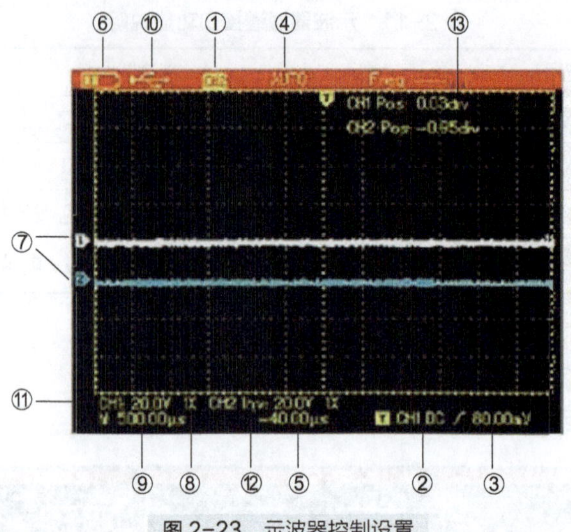

图 2-23 示波器控制设置

②触发耦合方式显示。

AC：交流触发耦合方式。

DC：直流触发耦合方式。

HF：高频抑制方式。

③读数显示边沿触发电平位置。

④采集状态显示。

ARMED：示波器正在采集预触发数据，在此状态下忽略所有触发。

READY：示波器已采集所有预触发数据，并准备接收触发。

TRIG'ED：示波器已发现一个触发，并正在采集触发后的数据。

STOP：示波器已停止采集波形数据。

AUTO：示波器处于自动方式，并在无触发状态下采集波形。

SCAN：在扫描模式下示波器连续采集并显示波形。

⑤显示触发点距中心刻度处时间的读数。

⑥图标表示供电方式。

▭：示波器使用电池供电。

⊏：示波器使用直流适配器供电。

⑦屏幕上的标记指明所显示波形的搭铁线基准点。

⑧ 1X 图标表示通道探头倍率为 1 倍。

⑨读数显示主时基设置。

⑩上位机连接标志。

⑪读数显示当前垂直刻度系数。

⑫波形反相标记，此时表示波形反相显示。

⑬该读数表示通道参考标记相对于屏幕水平中线的位移值。

六 示波器的使用方法

1. 示波器探头补偿

1）连接示波器测量线连接至 CH1 通道。

2）将探头倍率设定为 10 倍，如图 2-24 所示。

3）将探头上开关调整 10 倍，如图 2-25 所示。

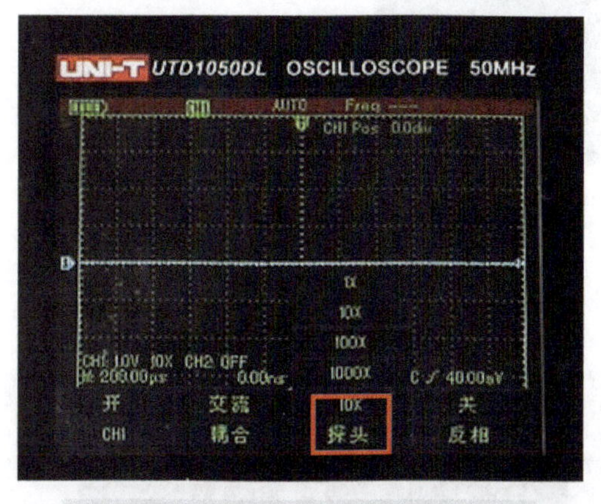

图 2-24　示波器探头倍率设定为 10 倍

图 2-25　示波器测量笔探头上开关调整 10 倍

4）将测量线探头连接至补偿信号发生器输出口上。

5）按下 AUTO 按键。

6）查看示波器波形，波形显示补偿过度。

7）调整探头上的可变电容，直到波形恢复补偿正确，如图 2-26 所示。

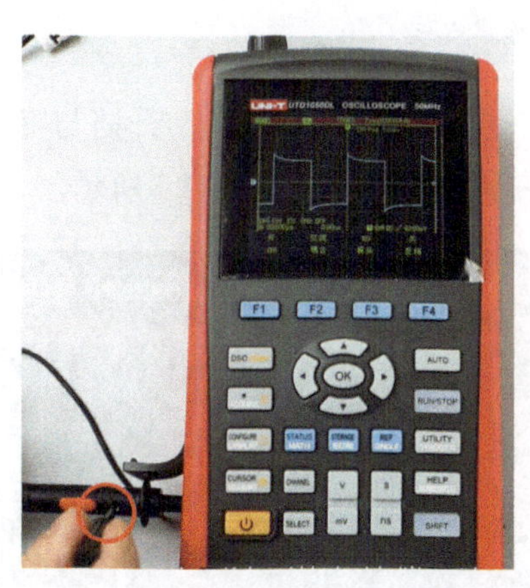

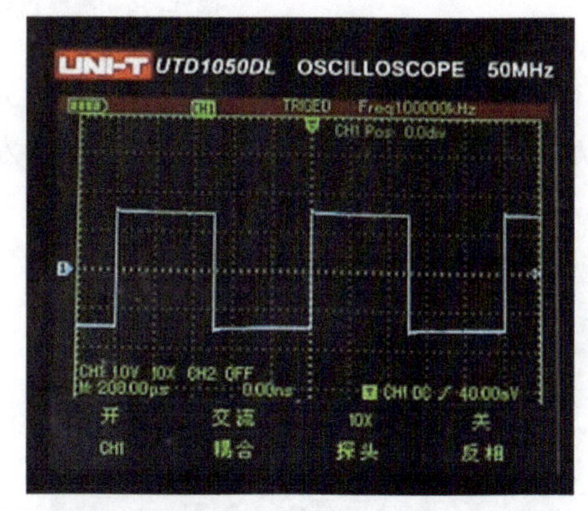

图 2-26　波形恢复补偿正确

2. 示波器测量 CAN 线波形

1）打开 CH1 通道，调整示波量程 1V，示波时基 20μs，耦合调整为直流，如图 2-27 所示。

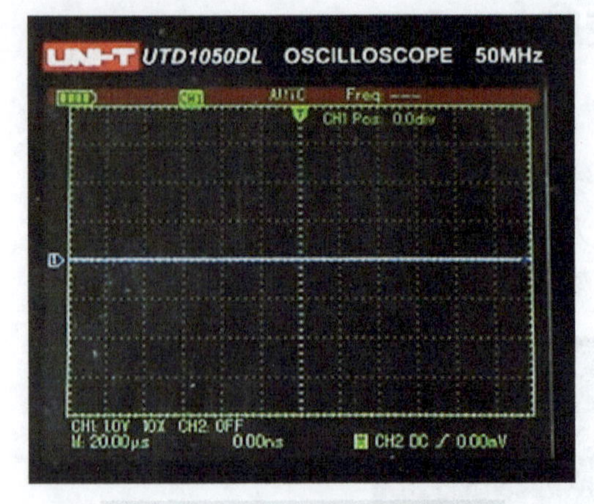

图 2-27　CH1 通道测量数据调整

2）测量 CAN 线路波形，如图 2-28 所示。

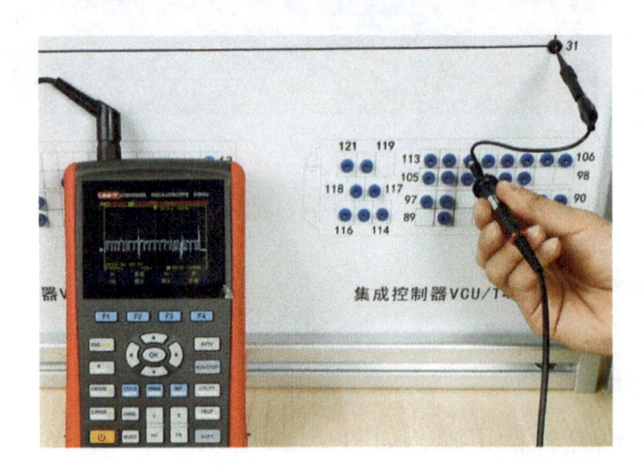

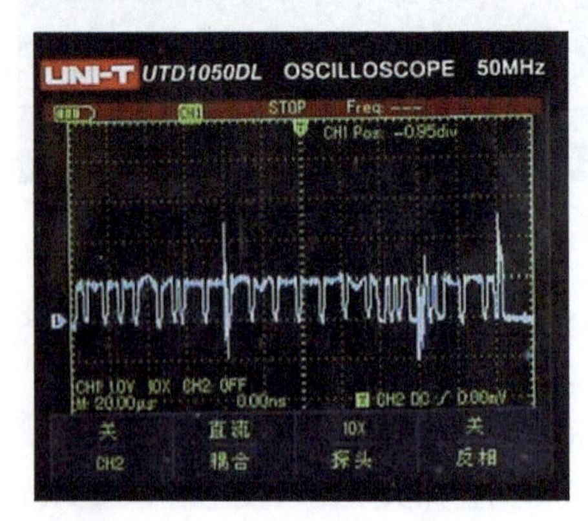

图 2-28　测量 CAN 线路波形

3）查看 CAN-H 信号波形是否正常：V 与 mV 调节垂直刻度范围，升档与降档；S 与 NS 调节示波时基，方向键可以垂直移动波形、左右移动波形，如图 2-29 所示。

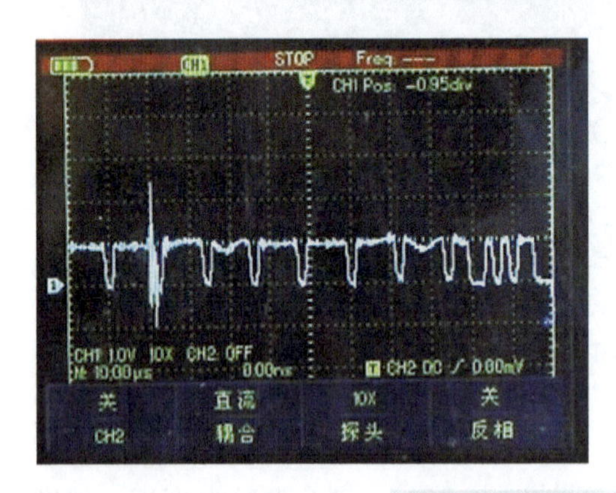

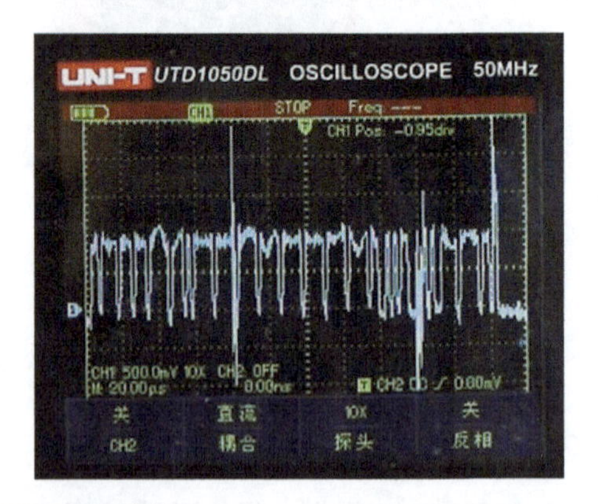

图 2-29　查看 CAN-H 信号波形

4）双通道测试 CAN 线波形，如图 2-30 所示。

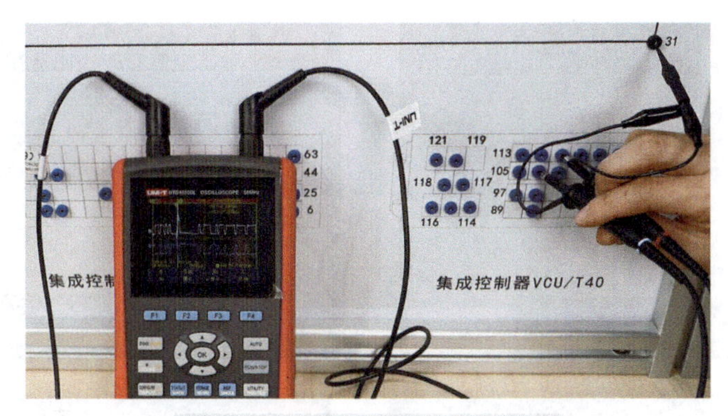

图 2-30　双通道测试 CAN 线波形

3. 万用表功能

1）按下 DMM 按键，切换至万用表功能。

2）示波器上部有万用表测量连接线插孔。

3）功能按键有电压、电流、电阻。

4）电压档位模式，可以测量直流电压与交流电压，如图 2-31 所示。

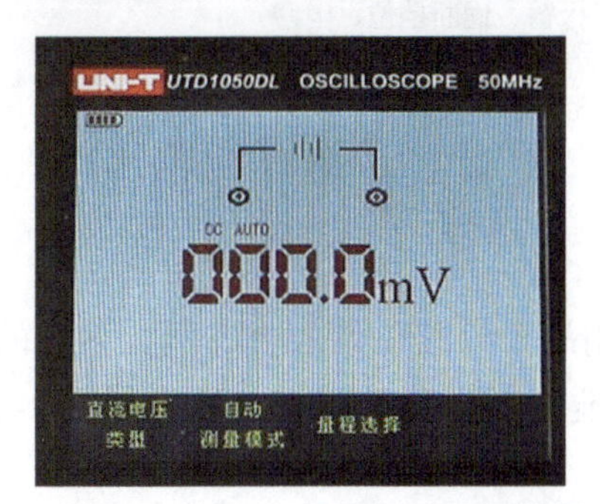

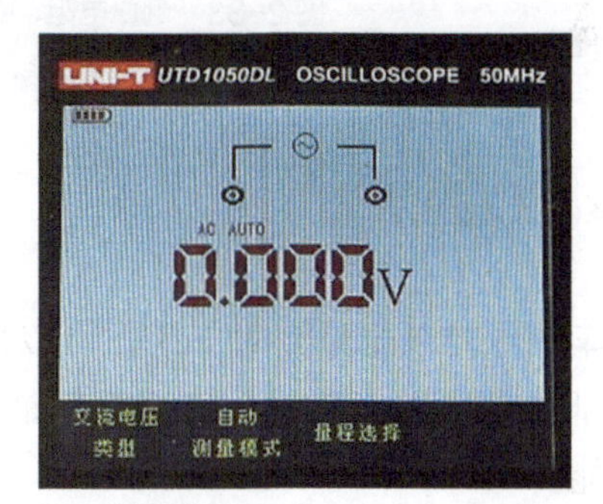

图 2-31　测量直流电压与交流电压

5）电流档位模式，可以测量直流电流与交流电流，如图 2-32 所示。

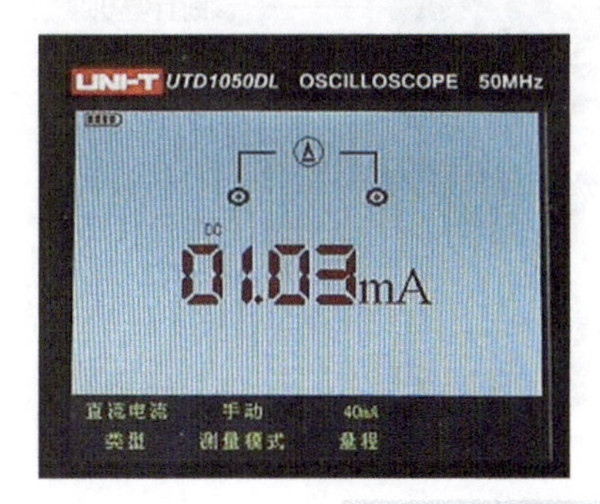

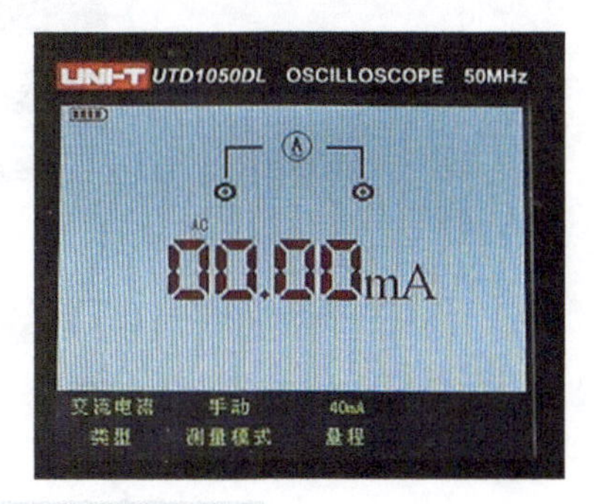

图 2-32　测量直流电流与交流电流

6）电阻档位模式，可以测量电阻、二极管、通断档位、电容等功能，如图 2-33 所示。

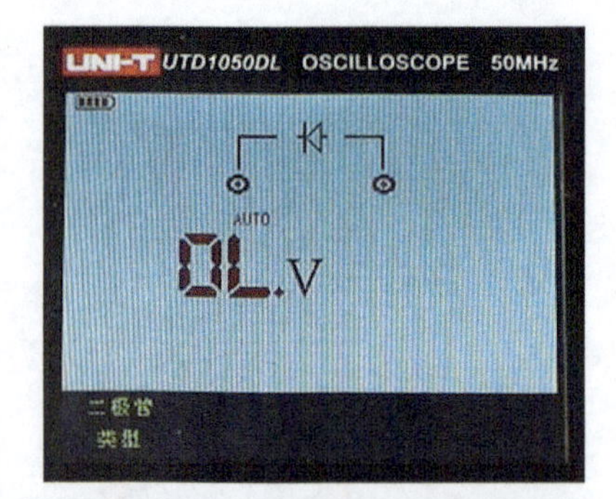

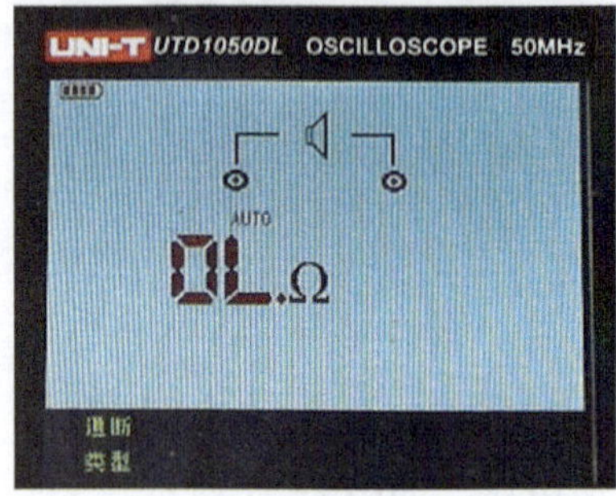

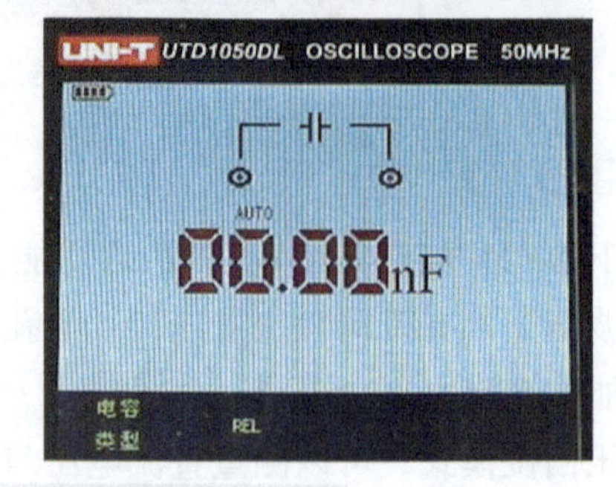

图 2-33　测量电阻、二极管、通断档位、电容

七 诊断仪的认知

在诊断车辆电控系统故障时，用户可以用故障诊断仪读取汽车电控系统的故障，查明发生故障的部位及原因。汽车故障诊断仪是维修中非常重要的工具，如图 2-34 所示，一般有如下功能。

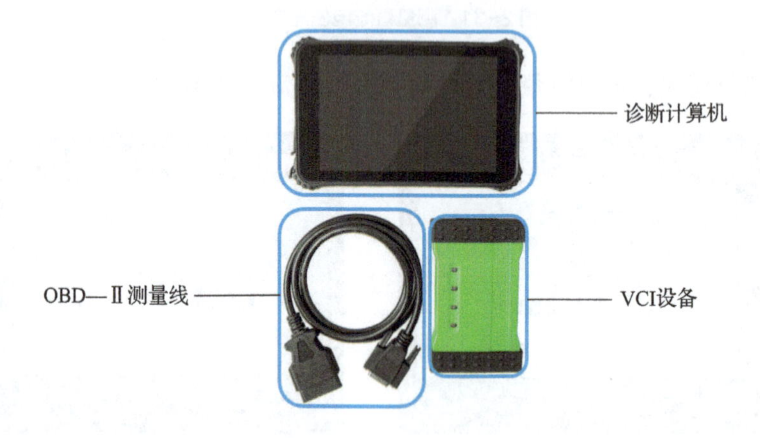

图 2-34　汽车故障诊断仪

1）读取计算机版本信息。

2）读取故障码。

3）清除故障码。

4）读取发动机动态数据流。

5）元件动作测试。

6）匹配、设定和编码功能。

7）其他特殊功能。

现在的汽车都实行了 OBD-Ⅱ标准，故 OBD-Ⅱ插头为常用插头，OBD-Ⅱ插头及诊断插座如图 2-35 所示。

图 2-35　OBD-Ⅱ插头及诊断插座

八　诊断仪的使用方法

1. 连接诊断仪

1）将 OBD-Ⅱ测量线连接至 VCI 设备，如图 2-36 所示。

2）连接车辆 OBD 诊断插座，VCI 设备电源指示灯亮起，如图 2-37 所示。

3）打开诊断仪电源开关。

4）双击汽车故障计算机诊断仪。

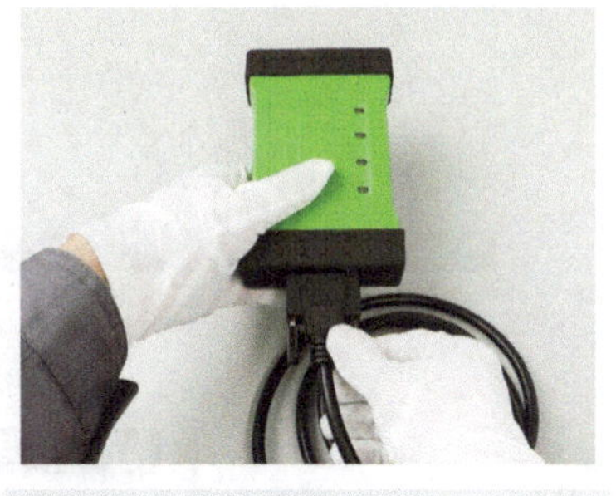

图 2-36　将测量线连接至 VCI 设备

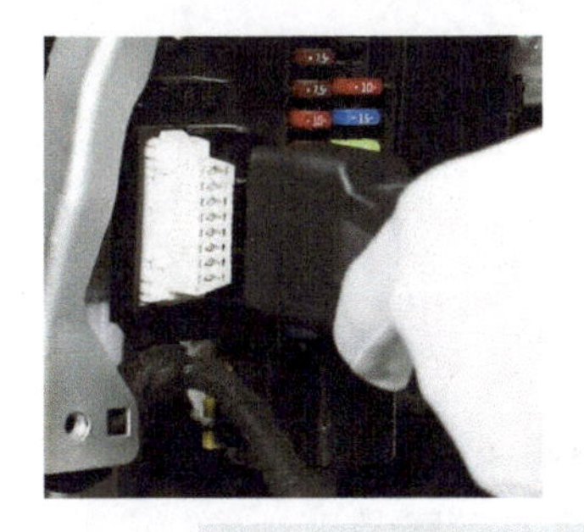

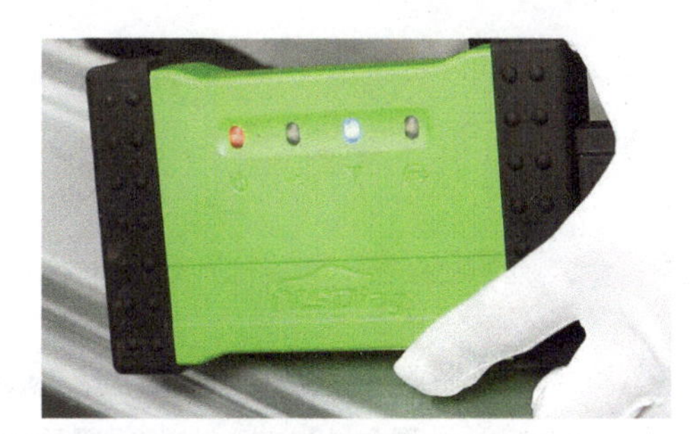

图 2-37　连接车辆 OBD 诊断插座，VCI 设备电源指示灯亮起

5）进入诊断程序，VCI 有一个“对号”诊断仪与 VCI 设备通信正常，如图 2-38 所示。

图 2-38　进入诊断程序

2. 诊断仪诊断流程

1）读取版本信息、读取故障码、清除故障码、读取数据流、匹配 / 设置，如图 2-39 所示。

2）进入控制单元提示与 ECU 连接失败，如图 2-40 所示，则可能原因有控制单元本身故障、控制单元供电故障、控制单元 CAN 线路故障与网关故障等。

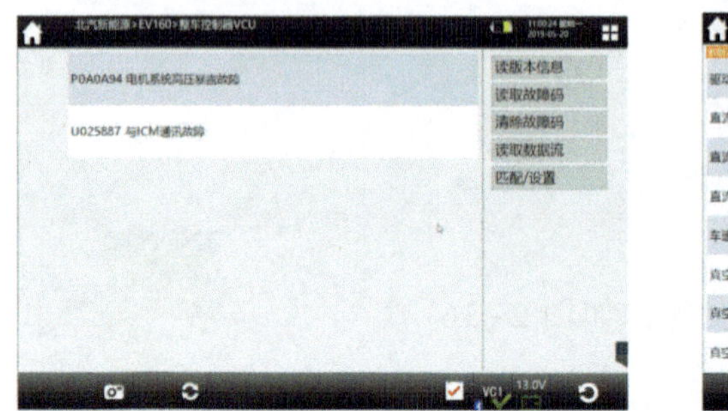

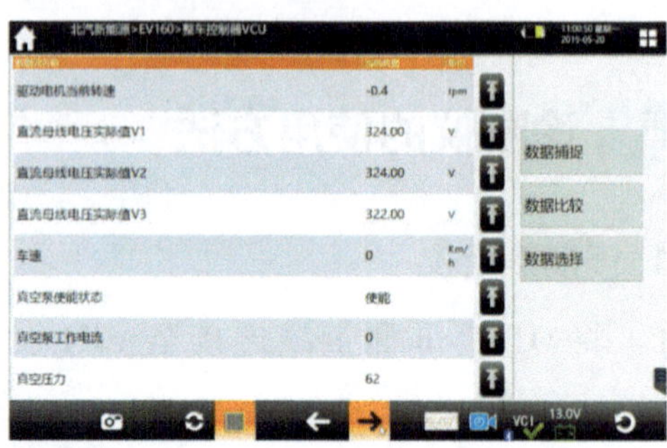

图 2-39　故障码、读取数据流

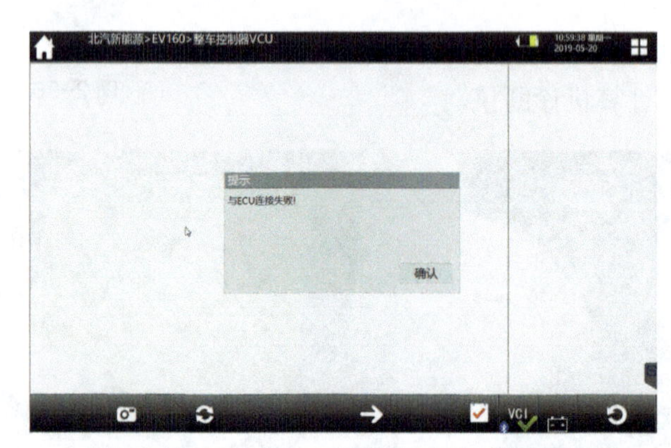

图 2-40　进入控制单元提示与 ECU 连接失败

3）北汽新能源 EV160 车载充电机控制单元，车辆在上电状态，提示与 ECU 连接失败。车载充电机通信正常的条件是必须连接充电枪，如图 2-41 所示。

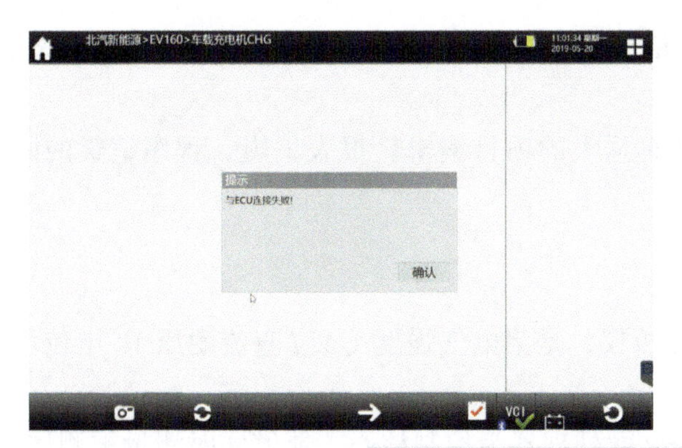

图 2-41　车载充电机通信正常的条件

九 安规检测仪的认知

1. 安规检测仪简介

安规检测仪测试系统是一套整合电气测试时所用的各项仪器，如图 2-42 所示。它是在开放式系统软件环境下设计的自动测试系统，具有以下特性。

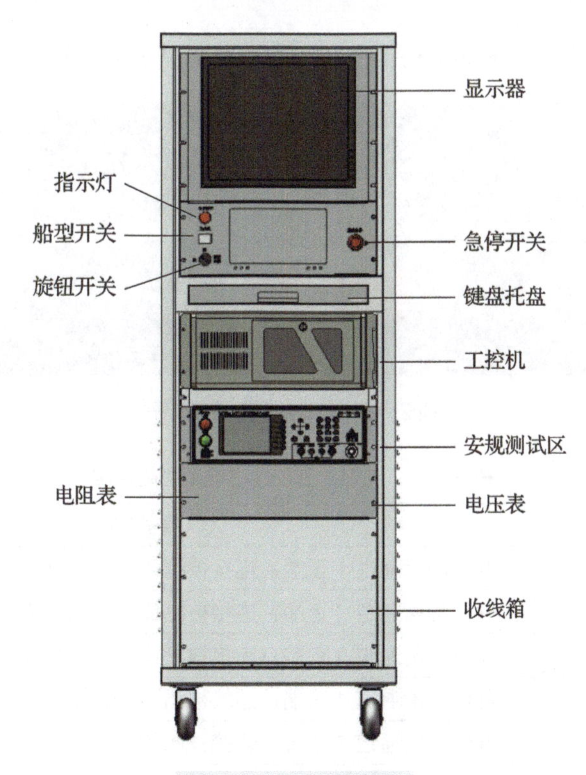

图 2-42　安规检测仪

1）兼容多种需求：系统集成了电气安全和通道切换等高性能仪器，并采用工控机和 ESRS 软件等信息化功能，满足生产线综合测试、信息化管理的需求。

2）数据一致稳定：系统通过了严格的一致性、稳定性测试，可以保障本机测试数据的稳定性以及多机之间的一致性。

3）易学习易使用：测试软件在拥有强大的项目编辑、报表编辑、程序编辑的同时，兼顾了广大学员学习操作的习惯。

2. 安规检测仪认知

测试系统内置电气安全性能综合分析仪，是集电气强度（交 / 直流耐压）、电位均衡、绝缘电阻多项测试功能于一体的仪器。

1）测试迅速：本系列测试仪以 DSP 微处理器为控制核心，能够实时测量被测体的各项参数，常规四项功能设置 5s，可在 5s 左右完成测试，特别能满足生产线对快速测试的要求。

2）智能判别 ：本系列测试仪具有上、下限智能判定功能，可以自动识别不良品，同时提供声光报警。

3）使用安全：测试仪为安全搭铁系统，同时具有自动过电压、过电流保护，使用更加安全。

3. 接线端子

安规检测仪接线端子如图 2-43 所示，其功能说明见表 2-12。

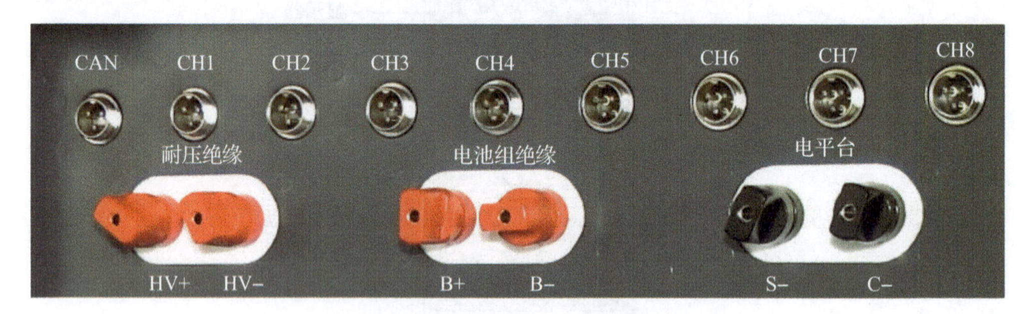

图 2-43 安规检测仪接线端子

表 2-12 安规检测仪接线端子功能说明

端子分类	端子名称	端子功能
电位均衡	CH1	电位均衡通道 1 正端：连接被测体 1 金属外壳
	CH2	电位均衡通道 2 正端：连接被测体 2 金属外壳
	CH3	电位均衡通道 3 正端：连接被测体 3 金属外壳
	CH4	电位均衡通道 4 正端：连接被测体 4 金属外壳
	CH5	电位均衡通道 5 正端：连接被测体 5 金属外壳
	CH6	电位均衡通道 6 正端：连接被测体 6 金属外壳
	CH7	电位均衡通道 7 正端：连接被测体 7 金属外壳
	CH8	电位均衡通道 8 正端：连接被测体 8 金属外壳

（续）

端子分类	端子名称	端子功能
电平台	C-	电位均衡电流公共回路，连接电平台
	S-	电位均衡电压测量公共回路，连接电平台； 耐压绝缘等测试回路端，连接电平台。
耐压绝缘	HV+	连接所有高压负载的带电部分正极，用于高压负载的耐压、绝缘测试
	HV-	连接所有高压负载的带电部分负极，用于高压负载的耐压、绝缘测试
	CAN	连接直流充电枪 CAN 线路，用于数据传输
电池组绝缘	B+	连接动力电池正极，用于动力电池绝缘电阻测试
	B-	连接动力电池负极，用于动力电池绝缘电阻测试

十　安规检测仪的使用方法

1. 安规检测仪电源连接

确认供电电源是单相 220V ± 10%，50Hz ± 5%。将电源线一端连接到测试仪后面板上的输入电源插座上，另外一端插在供电电源插座上，如图 2-44 所示。

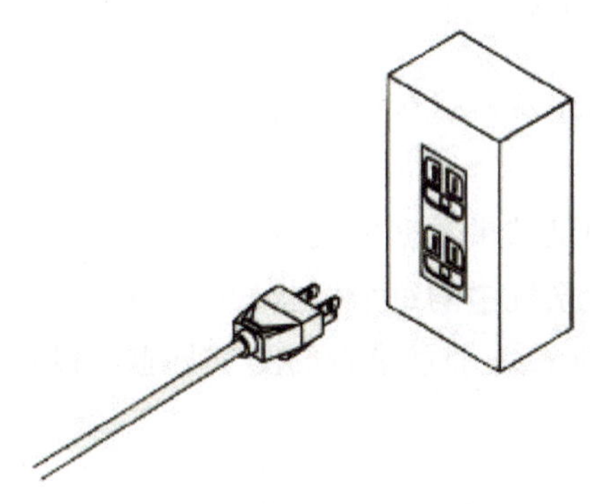

a）通过三心电源线搭铁

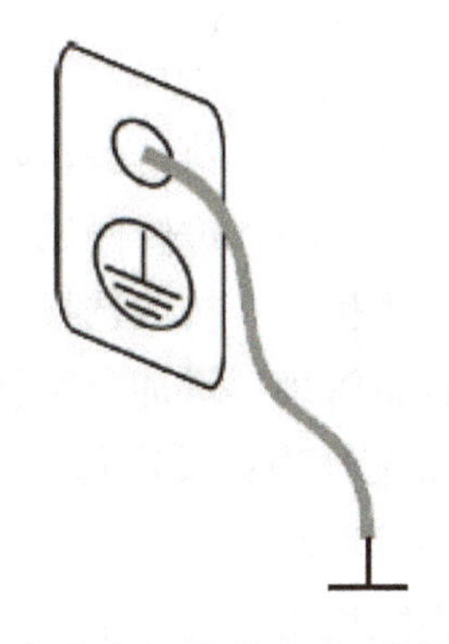

b）通过后面板搭铁端子搭铁

图 2-44　安规检测仪电源连接

注意事项：安规检测仪连接电源，电源必须接有零线、相线、地线；很多用电缺少地线，若电源缺少地线，则禁止连接电源使用，否则会引起安全事故。

2. 连接测试线和搭铁测试钳

连接测试线和搭铁测试钳的连接方式如图 2-45 所示。

⚠警告 请务必将搭铁测试钳、测试线等放在绝缘垫上。

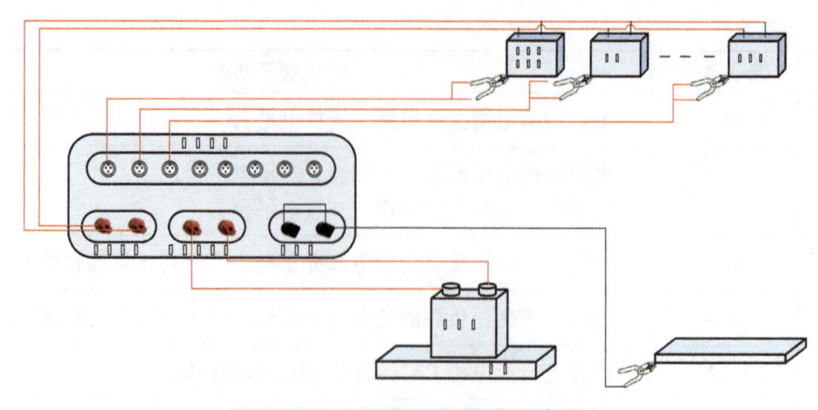

图 2-45　连接测试线和搭铁测试钳

3. ESRS 系统软件介绍

ESRS 系统软件的主界面由 6 个功能按钮组成，如图 2-46 所示，分别说明如下。

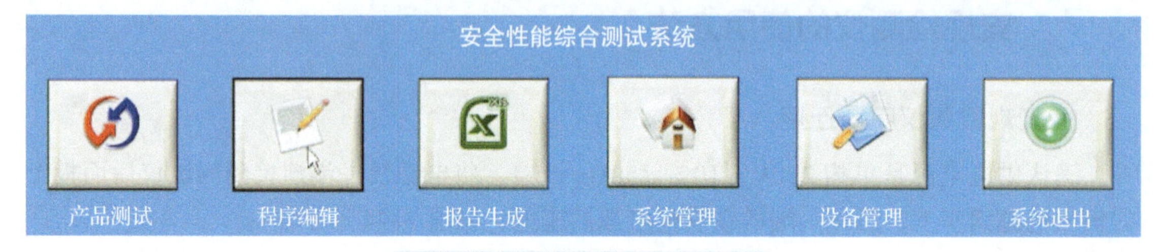

图 2-46　ESRS 系统软件的主界面

1）产品测试：执行编辑好的测试流程，显示测试过程和结果。

2）程序编辑：编辑测试流程和各项参数。

3）报告生成：按照选择的查询条件，把测试结果数据生成报告。

4）设备管理：增加、删除硬件设备，配置系统中的每个仪器。

5）系统管理：设定每个使用者的权限，查看每个登录者的测试日志，设定有效的系统配置和测试流程。

6）系统退出：退出系统测试软件。

4. ESRS 系统测试软件操作流程如下

第一步，进入“设备管理”模块，配置所要控制的测试仪设备参数。该步骤一般只进行一次即可，除非改变了设备的硬件配置，才需要重新进入该模块设置。

第二步，进入“程序编辑”模块，编辑所要进行的测试项目流程和参数。

第三步，进入“产品测试”模块，打开刚才所编辑的测试程序，即可开始测试。

第四步，进入“报告生成”模块，可以对测试数据进行查询和统计，并生成报告。

5. 绝缘电阻检测

绝缘电阻测试主要测量器具相线与机壳之间的电阻。测量的方式是依照欧姆定律的原理，在相线与机壳之间加一个电压，然后分别测量电压和电流值，再依照欧姆定律计算出电阻值。通常是施加一个较大的恒定电压（直流 500V 或 1 000V），并维持一段规定的时间，作为测试的标准。假如在规定的时间内，电阻保持在规定的范围内，就可以确定在正常条件的状态下运转时，仪器应该较为安全。

绝缘电阻值越高，表示产品的绝缘性越好。绝缘电阻测试测量到的绝缘电阻值为两个测试点之间及其周边连接在一起的各相关联网络所形成的等效电阻值，如图 2-47 所示。

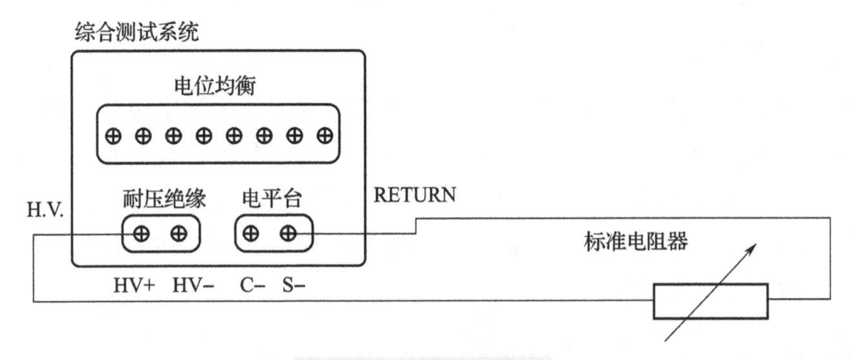

图 2-47　绝缘电阻检测

绝缘测试无法检测出下列状况。

1）绝缘材料的绝缘强度太弱。

2）绝缘体上有针孔。

3）零部件之间的距离不够。

4）绝缘体被挤压而破裂。

上述各种情况只能通过耐压测试检测出。

6. 耐压检测

耐压测试是指对各种低压电器装置、绝缘材料和绝缘结构的耐压能力进行测试。耐压测试的基础理论是将一个产品暴露在非常恶劣的环境下，如果产品在这种恶劣的环境下还能维持正常状况，那么就可以确定在正常的环境下工作，也一定可以维持正常的检测状况。

对一般仪器来说，耐压测试是对相线与机壳之间施加规定电压，通过测量其间的漏电流，并与设定值比较，得出合格与否的结论，如图 2-48 所示。

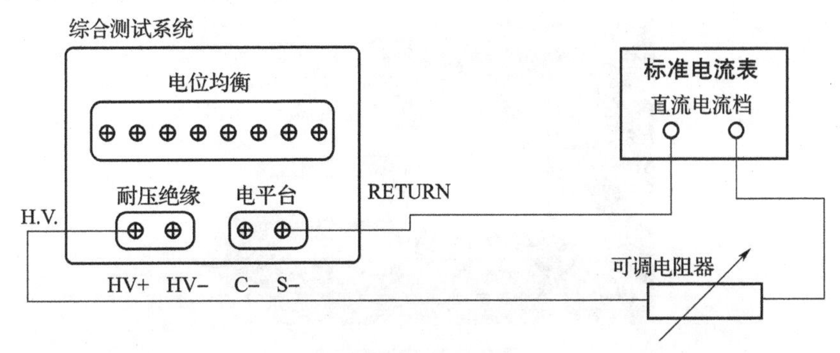

图 2-48　耐压测试

（1）交流耐压测试

交流测试可以同时对产品进行正、负极性测试，与商品使用的环境完全一致，合乎实际使用状况。由于交流测试时无法充足那些离散电容，但不会有瞬间冲击电流发生，所以不需要让测试电压缓慢上升，可以一开始测试就加上全电压，除非这种商品对冲击电压很敏感。由于交流测试无法充满那些离散电容，所以在测试后不必对测试物实施放电的动作。

（2）直流耐压测试

一旦被测物上的离散电容被充满，只会剩下被测物实际的漏电电流，直流耐压测试可以很清楚地显示出被测物实际的漏电电流。另外一个优点是由于仅需在短时间内供应被测物的充电电流，其他时间所需供应的电流非常小，所以机器的电流容量远低于交流耐压测试时所需的电流容量。由于直流耐压测试会对被测物充电，所以在测试后一定要先对被测物放电，才能做下一步的工作。

7. 零电位均衡

零电位均衡是检测车身搭铁点连接是否正常。

作零电位测试，测试结果会提醒测试点合格与不合格状态，如图 2–49 所示。

1）合格，表示测量点搭铁正常。

2）不合格，则表示测量点有松动或者测量点有油漆覆盖。

	测试项目	测试输出	判定参数	测试结果
1	电位均衡通过		34.406mΩ	合格
2	电位均衡通过		61.757mΩ	合格
8	电位均衡通过		1.5290Ω	超上限

图 2–49　零电位均衡测试结果

8. 电池组绝缘

测量动力电池组绝缘性，是否存在漏电情况，在电池组安装前与安装完成后，都需要进行电池组绝缘检测，确保电池组无漏电情况，如图 2–50 所示。

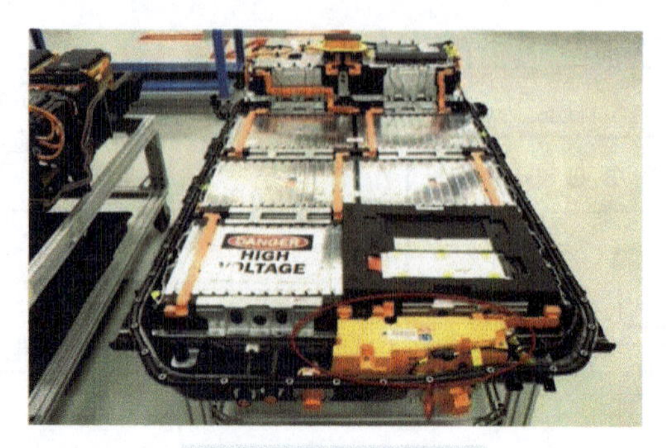

图 2–50　电池组绝缘

十一 项目实施

实施准备

安全防护：做好车辆安全防护与隔离（车辆挡块、警示隔离带、高压危险警示牌）。
个人防护：绝缘鞋、绝缘帽、绝缘手套、护目镜。
工具设备：数字万用表、解码器、示波器、安规检测仪、绝缘测试仪。
实训车辆：吉利 EV450、北汽、比亚迪或者其他新能源汽车。
辅助资料：护垫三件套、汽车内饰护套。

任务一 万用表的功能检测

1. 接收任务

你熟悉万用表的外部结构及按键功能含义，并且能够在实际维修过程中熟练地使用万用表进行检测分析吗？

2. 收集信息

将部件名称的标号填写至表 2-13 中万用表的方框内。

表 2-13 万用表部件名称识别

万用表	部件名称
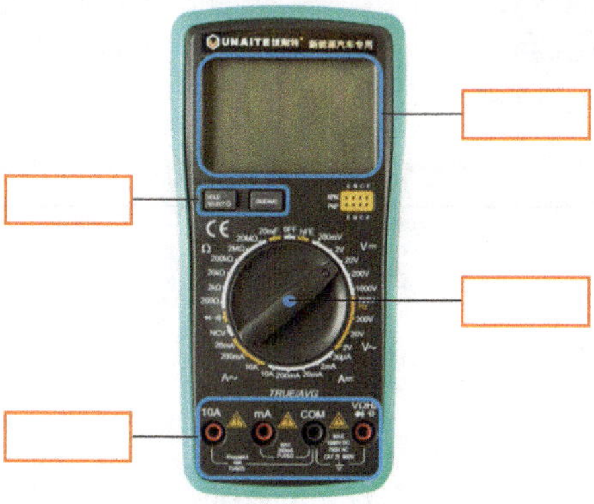	①超清 LCD 显示屏 ②量程档位旋钮 ③多功能按钮 ④表笔输入插孔

3. 任务实施

1）万用表的检查。
2）电阻测量。
3）直流电压测量。
4）交流电压测量。
5）直流电流测量。

6）二极管测量。

4. 过程检查

5. 反馈总结

任务二　绝缘测试仪的功能检测

1. 接收任务

你熟悉绝缘测试仪的外部结构及按键功能含义，并且能够在实际维修过程中熟练地使用绝缘测试仪进行检测分析吗？

2. 收集信息

将部件名称的标号填写至表 2-14 中绝缘测试仪的方框内。

表 2-14　绝缘测试仪部件名称识别

绝缘测试仪	部件名称
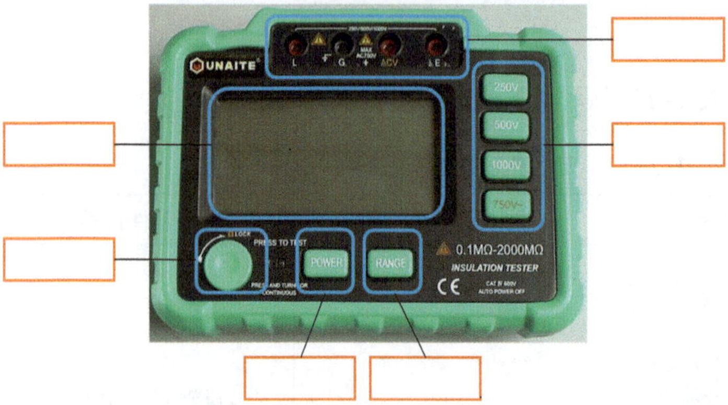	① LCD 显示器 ②表笔插孔 ③电压选择开关 ④测试按钮 ⑤电源开关 ⑥电阻量程选择开关

3. 任务实施

1）绝缘测试仪的检查。

2）绝缘电阻测试。

3）交流电压测试方法。

4. 过程检查

5. 反馈总结

任务三　示波器的功能检测

1. 接收任务

你熟悉示波器的外部结构及按键功能含义，并且能够在实际维修过程中熟练地使用示波器进行检测分析吗？

2. 收集信息

将部件名称的标号填写至表 2-15 中示波器的方框内。

表 2-15 示波器部件名称识别

示波器	部件名称
	①显示屏 ②菜单选项设置按键 ③功能按键

3. 任务实施

1）示波器使用检查。

2）CAN 信号测量。

3）LIN 信号测量。

4. 过程检查

5. 反馈总结

任务四 诊断仪的功能检测

1. 接收任务

你熟悉诊断仪的外部结构及按键功能含义，并且能够在实际维修过程中熟练地使用诊断仪进行检测分析吗？

2. 收集信息

1）将部件名称的标号填写至表 2-16 中诊断仪的方框内。

表 2-16　诊断仪部件名称识别

诊断仪	部件名称
	① OBD- Ⅱ测量线 ② VCI 设备 ③诊断计算机

2）根据诊断仪功能完善表 2-16，见表 2-17。

表 2-17　诊断仪功能完善

诊断仪	功能
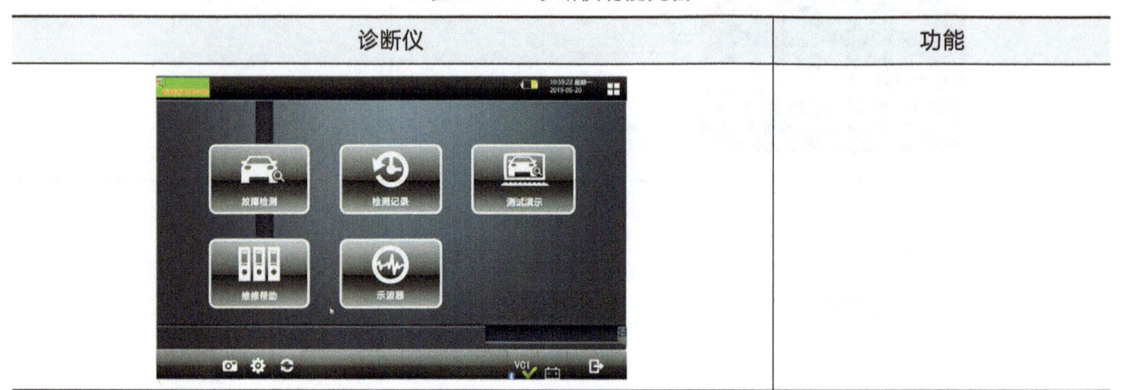	

3. 任务实施

1）将 OBD- Ⅱ测量线连接至 VCI 设备。

2）连接车辆 OBD 诊断座，VCI 设备电源指示灯亮起。

3）打开诊断仪电源开关。

4）双击汽车故障计算机诊断仪。

5）进入诊断程序，VCI 有一个“对号”诊断仪与 VCI 设备通信正常。

6）读版本信息、读取故障码、清除故障码、读取数据流、匹配 / 设置。

7）进入控制单元，提示与 ECU 连接失败，则可能原因有控制单元本身故障、控制单元供电故障、控制单元 CAN 线路故障与网关故障等。

4. 过程检查

5. 反馈总结

任务五　安规检测仪的使用方法

1. 接收任务

你熟悉安规检测仪的外部结构及按键功能含义，并且能够在实际维修过程中熟练地使用安规检测仪进行检测分析吗？

2. 收集信息

1）将部件名称的标号填写至表 2-18 中安规检测仪的方框内。

表 2-18　安规检测仪部件名称识别

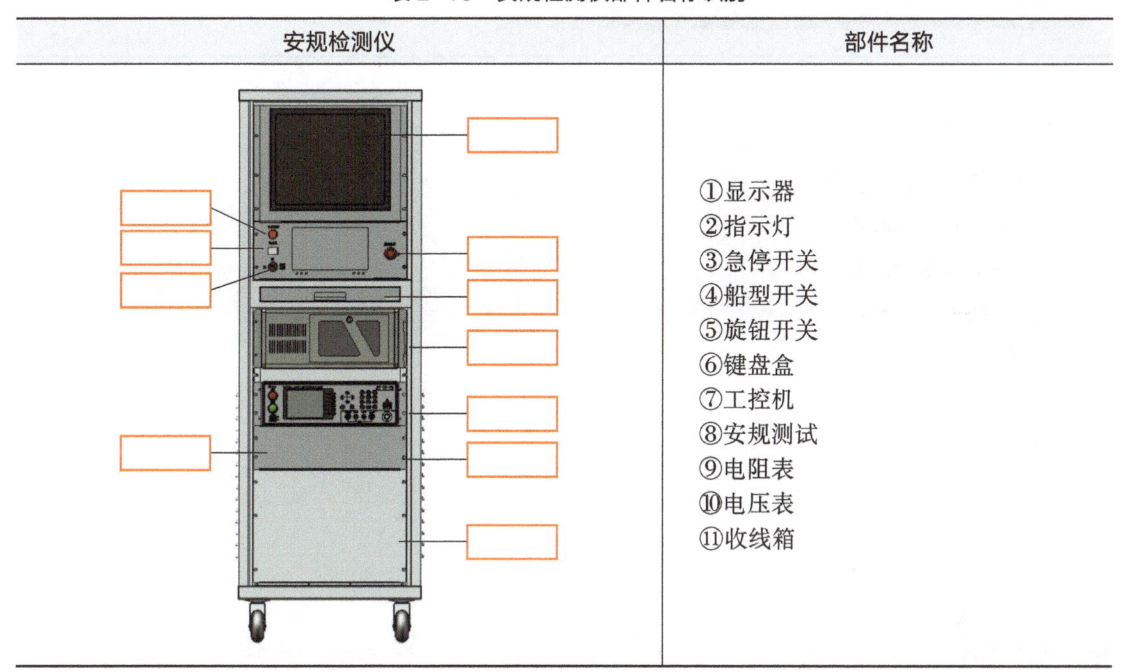

安规检测仪	部件名称
	①显示器 ②指示灯 ③急停开关 ④船型开关 ⑤旋钮开关 ⑥键盘盒 ⑦工控机 ⑧安规测试 ⑨电阻表 ⑩电压表 ⑪收线箱

2）根据安规检测仪接线端子功能完善表 2-19。

表 2-19　安规检测仪接线端子含义

图片展示	符号	含义
CAN　CH1　CH2　CH3　CH4 耐压绝缘　电池组绝缘 HV+　HV-　B+　B-	CH1	
	CH2	
	CH3	
	CH4	
	CH5	
	CH6	
	CH7	
	CH8	
	C-	

（续）

图片展示	符号	含义
	S–	
	HV+	
	HV–	
	CAN	
	B+	
	B–	

3. 任务实施

1）安规检测仪电源连接检查。

2）绝缘电阻检测。

3）交流耐压检测。

4）直流耐压检测。

5）零电位的均衡。

4. 过程检查

5. 反馈总结

复习题

1. 判断题

1）AC 表示交流；DC 表示直流。（　　）

2）万用表检查，通过通断档位，短接表笔，有蜂鸣声表示万用表正常。（　　）

3）绝缘测试仪测试过程中不允许双手触碰表笔。（　　）

4）示波器测量前需要检查波形补偿是否符合要求。（　　）

5）新能源汽车维修必须双人操作，一人操作，一人监督，要严格遵守操作规程。（　　）

2. 选择题

1）数字万用表在检测过程中常用的功能有（　　）。

A. 交直流电压 / 电流　　B. 绝缘电阻值　　C. 电阻　　D. 电容

2）绝缘测试仪主要是测试高压部件是否漏电，高压部件工作电压低于 500V，绝缘阻值低于（　　），说明存在漏电故障。

A. 20MΩ　　B. 50MΩ　　C. 80MΩ　　D. 100MΩ

3）绝缘工具使用前，必须注意的事项是（　　）。

A. 正确地选择、检查及使用绝缘手套、护目镜、防护服

B. 去除所有金属物品

C. 设立安全警戒标志，确保工作区域的安全性

D. 以上都正确

4）在对纯电动汽车或混合动力汽车操作时，急救人员要知道橙黄色电缆代表高电压，并在断开高压电池，接触电缆前至少等待（　　）min，即等电容充分放电完毕。

A. 1　　B. 3　　C. 5　　D. 15

5）不属于检测仪表的是（　　）。

A. 故障诊断仪　　B. 数字万用表　　C. 钳型电流表　　D. 绝缘测试仪

6）对于示波器测量波形与万用表测量信号电压的区别，下列描述正确的是（　　）。

A. 示波器测量波形能够显示每个时刻的数据变化

B. 万用表测量的是有效平均值

C. 示波器测量 CAN 波形数据比万用表更加能够反映问题

D. 以上都不对

7）安规检测仪使用前需要做好安全防护，佩戴安全防护用具（　　）。

A. 护目镜　　B. 绝缘手套　　C. 劳保手套　　D. 绝缘鞋

8）绝缘测试仪的功能有（　　）。

A. 绝缘电阻测试　　B. 交流电压测试

C. 交流电流测试　　D. 直流电压测试

9）安规检测仪的功能有（　　）。

A. 绝缘电阻检测　　B. 交流耐压检测

C. 直流耐压检测　　D. 零电位检测

10）安规检测仪使用安全注意事项有（　　）。

A. 连接安规检测仪电源必须有搭铁线

B. 操作过程中必须保持安全距离（1.5m）

C. 操作过程中必须佩戴安全防护用具

D. 测量过程中若出现红色报警，必须立刻切断电源

项目三　动力电池系统检查与维护

项目导入

一辆 2018 款吉利帝豪 EV450 电动汽车行驶在起伏不平的路面上不小心磕到底盘了，不知道动力电池是否受到影响，于是车主驱车到 4S 店咨询售后顾问。为了确保车辆的正常行驶，售后顾问建议及时检查动力电池是否存在故障或安全隐患。作为 4S 店的维修技师，在接到这个任务后应该如何做好动力电池的检查与维护呢？

教学目标

知识目标

1）了解动力电池的类型、特点和相关性能。

2）了解动力电池总成外部的结构和特性。

3）了解动力电池总成内部的结构与特性。

4）掌握动力电池总成外部的检查与维护方法。

5）掌握动力电池总成内部的检查与维护方法。

能力目标

1）能完成动力电池总成内部的检查与维护。

2）能完成动力电池总成外部的检查与维护。

一 动力电池认知

动力电池是整个电动汽车的主要能量载体和动力来源，是电动汽车的核心部分，为整车提供持续、稳定的能量，驱动车辆行驶，其性能和成本直接影响电动汽车的性能和成本。

1. 动力电池的分类

目前，动力电池占了新能源汽车成本的30%~50%，电动汽车动力电池的种类主要有铅酸电池、镍镉电池和镍氢电池、锂离子电池、石墨烯电池，其中石墨烯电池还处在实验室研究阶段，其优良的快速充放电性能引起了产业界的关注，各种动力电池性能对比见表3-1。

表3-1　各种动力电池性能对比

电池类型	能量效率（%）	能量密度/（W·h/kg）	循环寿命
铅酸电池	80	35~50	500~1 000
镍镉电池	75	35~50	1 000~2 000
镍氢电池	70	60~80	1 000~1 500
锂离子电池	90	100~200	1 500~3 000

（1）铅酸电池

铅酸蓄电池（lead-acid battery）是当前所有重要的蓄电池技术系统中，历史最长的可充电蓄电池系统。作为比较成熟的技术，因其成本较低，而且能够高倍率放电，所以依然可作为大批量生产的电动汽车的动力电池。北京奥运会期间，有20辆使用铅酸电池的电动汽车为奥运会提供交通服务；但铅酸电池的比能量、比功率和能量密度都相对较低，以此为动力源的电动汽车不可能拥有良好的车速和续驶里程。

（2）镍镉电池和镍氢电池

镍镉电池和镍氢电池虽然性能好于铅酸电池，但含有重金属元素，遗弃后会对环境造成污染。在锂电池未广泛应用之前，较早期的混合动力车型多半使用镍氢电池（Ni-MH），即使到现在它逐渐被锂电池取代，还是有不少混合动力车型在使用这种类型的电池，商业化代表是丰田的普锐斯。但是随着锂离子电池的快速发展，其优越的性能全面超越镍氢电池，因此在电动汽车领域，镍氢电池逐渐被锂离子电池所取代，丰田的第四代“普锐斯”已经开始采用锂离子电池，其他采用镍氢电池的混合动力车型和纯电动车型也已经基本停产，或采用锂离子电池来替代镍氢电池。

（3）锂离子电池

传统的铅酸电池、镍镉电池和镍氢电池本身技术比较成熟，但它们用在汽车上作为动力电池则存在诸多问题。目前，越来越多的汽车厂家选择采用锂离子电池作为新能源汽车的动力电池。这是因为锂离子动力电池存在以下优点。

1）工作电压高（是镍氢电池的 3 倍）。

2）比能量大（可达 100~200W·h/kg，是镍氢电池的 3 倍）。

3）体积小、质量小、循环寿命长。

4）自放电率低、无记忆效应、无污染等。

当前许多知名的汽车制造商都致力于开发锂离子电池电动汽车，而国内汽车制造企业也在自己的混合动力汽车和纯电动汽车中搭载锂离子电池。锂离子电池相对其他电池在性能方面的优势比较明显，因此锂离子电池是目前各大电池生产企业大力发展的目标。

但阻碍锂离子电池发展的瓶颈是，安全性能和汽车动力电池的管理系统。在安全性能方面，由于锂离子电池的能量密度大、工作温度高、工作环境恶劣等原因，所以带来电池的安全性、稳定性难以满足用户的要求；在汽车动力电池的管理系统方面，由于纯电动汽车动力电池的工作电压一般都超过 100V，而单个锂离子电池的工作电压仅 3.7V（三元锂离子电池），所以必须用多个电池串联而提高电压；但电池数量众多难以做到完全均一的充、放电，导致串联的多个电池组内的单个电池会出现充、放电不平衡的状况，电池会出现充电不足和过放电现象，这种状况会导致电池性能的急剧恶化，最终导致整组电池无法正常工作，甚至报废，从而大大影响电池的使用寿命和可靠性能。

2. 锂离子电池的分类

锂离子电池的分类方式如下。

（1）按照外壳和外形分类

锂离子电池按照外壳的不同分为软包和硬壳两种，硬壳锂离子电池采用钢壳或者铝壳，一般又分为圆柱形和条形两种，如图 3–1 所示。软包锂离子电池外包装一般采用铝塑膜，其实软包也是一种条形锂离子电池，人们一般把铝塑膜包装的锂离子电池称为软包锂离子电池，也有人把软包锂离子电池称为聚合物锂离子电池。

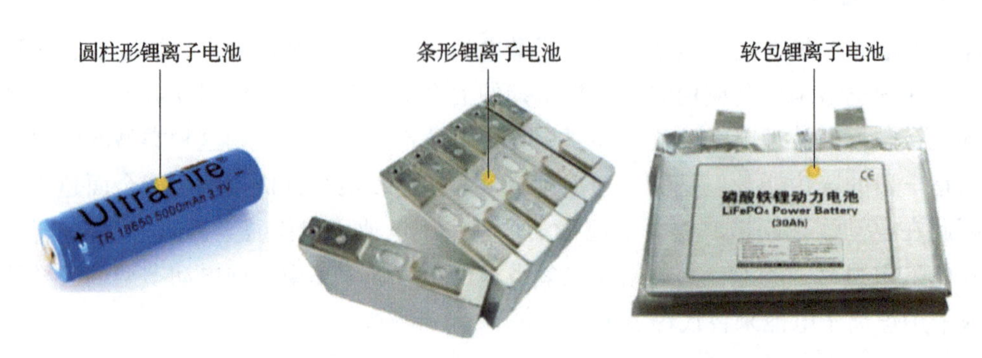

图 3–1 锂离子电池的分类

目前，国内条形硬壳锂离子电池的装机量占比过半，圆柱形和条形软包锂离子电池装机量各占整个市场的25%左右。不同的封装结构意味着不同的特性，不同封装类型锂离子电池的优、缺点对比见表3-2。

表3-2 不同封装类型锂离子电池的优、缺点对比

封装形式	优点	缺点
圆柱形	工艺成熟、组装成本低、成品率高、一致性好、便于各种组合	质量大、比能量低、热量难释放、安全性能不好
方形	硬度高、质量小、散热好，易于组成模组，含防爆阀，安全性能较好	型号太多，尺寸变化需开模，成本较高
软包	比能量高、尺寸变化灵活，成本低，循环性能好、安全性好	机械强度差、封口工艺较难，模组结构复杂，散热性差

1）圆柱形锂离子电池。目前中国、日本、韩国等都有成熟的生产企业在生产这种电池，特斯拉目前采用的18650电池、21700电池就是圆柱形锂离子电池（18650代表直径18mm、长度65mm，21700代表直径21mm、长度70mm）。

2）条形锂离子电池。其壳体多为铝合金、不锈钢等材料，内部采用卷绕式或叠片式工艺，对电芯的保护作用优于铝塑膜锂离子电池（即软包电池），电芯安全性能比圆柱形锂离子电池好。

（2）按照正极材料分类

按照正极材料的不同，锂离子电池分为磷酸铁锂离子电池、三元锂离子电池、锰酸锂离子电池、钛酸锂离子电池和钴酸锂离子电池（表3-3）。目前市场上已经商业化的动力锂离子电池主要包括磷酸铁锂离子电池、三元锂离子电池、锰酸锂离子电池和钛酸锂离子电池等，我国市场以磷酸铁锂离子电池和三元锂离子电池为主。

表3-3 不同正极材料锂离子电池的性能对比

正极材料	钛酸锂	锰酸锂	磷酸铁锂	三元锂
能量密度理论极限/（W·h/kg）	80	100	170	280
标称电压/V	2.2	3.7	3.3	3.7
循环寿命	10 000	60~1 000	2 000~3 000	2 000
安全性	好	较好	好	较差
成本	最高	最低	较低	高

1）磷酸铁锂电池。磷酸铁锂离子电池是目前国内电动汽车较多采用的锂离子动力电池之一，其优点如下。

①安全性能好。可以在390℃以内的高温下保持稳定，不会因过充电、温度过高、短

路、撞击而产生爆炸或燃烧，可以轻松通过针刺实验。

正因如此，2020 年比亚迪推出刀片电池（刀片型磷酸铁锂电池），如图 3-2 所示。传统电池包内部结构由多个电芯（Cell）构成的电池模组（Module），通过螺栓固定到带有横梁和纵梁的外壳上，形成电池包（Pack）；这种集成设计中，横梁和纵梁占用了可观的空间，且螺栓等附件增加了电池的重量，限制了电池包总容量和能量密度的提升（图 3-2a）。为充分利用车身底部有限的空间，提升电池包的容量，采用了如图 3-2b 的 CTP（Cell To Pack）的结构设计（刀片电池单体厚度不到 2cm、宽度 10cm 左右、长度 100cm，单体额定电压 3.34V，容量超过 100A·h），把电芯以阵列方式直接装到电池包壳体内（省略了把电芯组装成模组），这种设计在保持电池包强度的前提下省去了横梁、纵梁以及各种螺栓等附件，提升了电池包壳体内的空间利用率，实现了电池包总容量和能量密度的提升。相较于传统电池包，搭载刀片电池的电池包将空间利用率提升了 50%。

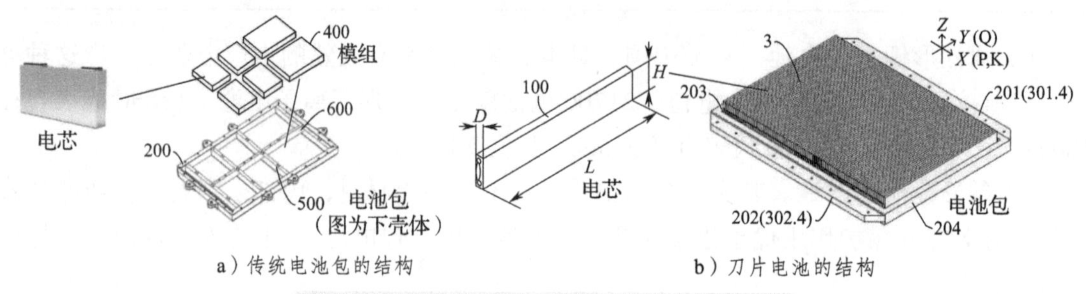

图 3-2　比亚迪刀片电池与传统电池包的结构对比

②循环使用寿命较长。理论循环使用寿命为 2 000 ~ 3 000 次，装车正常可以使用到 7 ~ 8 年。实验显示，经过 3 000 次 0 ~ 100% 的充放电使用，磷酸铁锂离子电池的容量也才会衰减到初始容量的 80%。

③热稳定性好。当电池温度处于 500 ~ 600℃高温时，其内部化学成分才开始分解。

磷酸铁锂离子电池的主要缺点：

①能量密度较低。磷酸铁锂离子电池能量密度理论极限为 170W·h/kg，组成动力电池系统时的能量密度在 100W·h/kg 左右，与三元锂离子电池相比有不小的差距，这对整车的续驶里程有一定影响。

②电池容量较小。同样的电池容量，磷酸铁锂电池的质量更大、体积更大，这也影响了电动汽车的续驶里程。

③低温充放电性能较差。在低温时充电对电池寿命有极大的影响，低温放电容量及放电功率也有所下降，因此冬季低温时整车会出现续驶里程低及动力性下降的现象。

此外，磷酸铁锂离子电池平整的放电平台也给电池荷电状态（SOC）估算带来了困难。

2）三元锂离子电池。三元锂离子电池是指正极材料使用镍钴锰酸锂〔Li（$NiCoMnO_2$）〕三元正极材料的锂离子电池。三元锂离子电池的优点：

①能量密度高。三元锂离子电池的理论能量密度达 280W·h/kg，目前多数电池厂家生产的三元锂离子电池的能量密度已经达到了 200W·h/kg，预计随着电池技术的发展，三元

锂离子电池的能量密度会进一步提高。因此在同样的能量下，三元锂离子电池系统的质量更小，体积更小，使得整车的续驶里程可以大幅提升。

②与磷酸铁锂离子电池相比，放电倍率高，一致性好和 SOC 估算简便。

③低温性能好，动力电池系统可实现 -20℃直接充电，这大幅缩短了冬季充电时间。

三元锂离子电池的主要缺点：

①热稳定性不如磷酸铁锂离子电池，当其自身温度达到 250 ~ 350℃时，内部化学成分就开始分解。因此对电池管理系统提出了极高的要求，需要为每节电池分别加装保险装置，这就会加大电动汽车的经济成本。

②成本高。对比磷酸铁锂离子电池，三元锂离子电池每瓦时价格高出 30% 左右，一定程度上增加了整车的制造成本。

③安全性相较磷酸铁锂离子电池要差。三元材料的脱氧温度是 200℃，放热能量超过 800J/g，并且无法通过针刺实验，这就表明了三元锂离子电池在内部短路、电池外壳损坏的情况下，很容易引发燃烧、爆炸等安全事故。

④循环使用寿命短。由于三元锂离子电池材料本身的性质，导致三元锂离子电池在循环使用寿命上相对较短。三元锂离子电池的理论循环使用寿命是 2 000 次，但在实际使用中，当进行 900 次的深度充放电循环后，电池容量就基本衰减到了 55%。若将电池充放电深度都控制在 0~50%，即使经过 3 000 次的充放电循环，电池容量基本还能够保持在 70% 左右，但这需要非常优秀的电池管理系统。

3）锰酸锂离子电池。锰酸锂离子电池标称电压达到 3.7V，能量密度中等，由于锰元素储量高，资源丰富，生产制造锰酸锂离子电池的成本也较低，同时锰酸锂离子电池的安全性较好，在第一代车用动力电池中被广泛使用。但因能量密度不高、循环寿命衰减较快、容易发生鼓胀、高温性能较差、寿命相对较短等缺点，现已逐渐退出车用动力电池应用。

4）钛酸锂离子电池。钛酸锂离子电池快充性能好，放电倍率大，循环寿命长，安全性能好，低温性能好，但因能量密度低，成本高，仅在个别电动客车上使用，如银隆电动客车。

二　动力电池外部检查与维护

动力电池是整个电动汽车的动力源，不仅要保证动力电池安全可靠地使用，而且要充分发挥动力电池的能力，保证动力电池的使用寿命。动力电池外部动力电池箱的好坏对动力电池内部具有较大的影响，在电动汽车维护时，需要对动力电池箱外围进行检查与维护。

1. 动力电池箱结构认知

动力电池箱是支撑、固定和包围动力电池系统的组件，起到承载和保护动力电池组与内部电器元件的作用，主要包括上盖和下箱体，还有辅助元器件，如密封条、电气元件、插接件、连接螺栓、动力电池标志等，动力电池箱体结构示意图如图 3-3 所示。

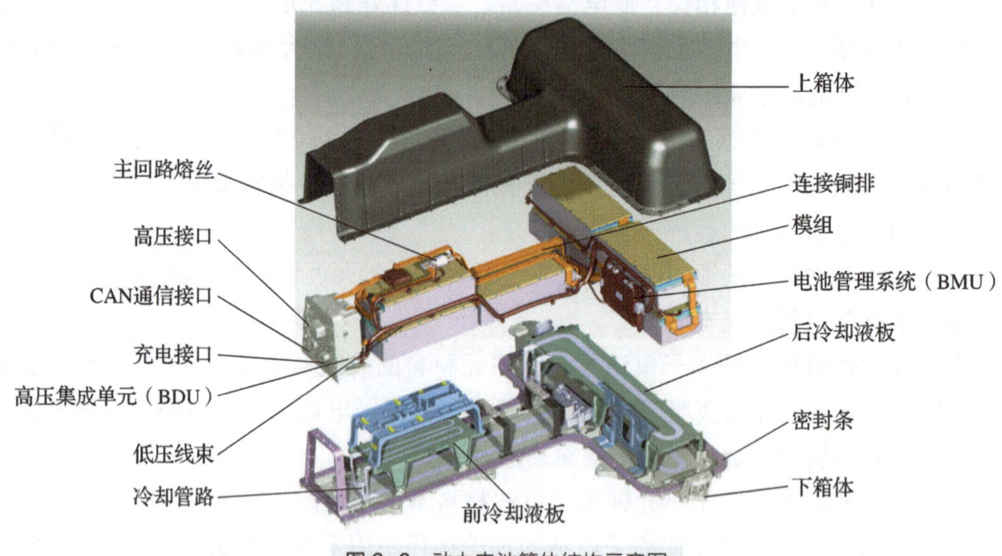

图 3-3 动力电池箱体结构示意图

2. 检查与维护前的准备工作

检查与维护动力电池箱之前应先断开高、低压电，断电流程如下。

1）关闭点火开关，拔下汽车钥匙，如图 3-4 所示。

注意事项： 当仪表显示 READY 时，高压通电，此时切勿拆卸高压部件，否则有生命危险，因此在检查或维护动力电池箱之前，要确保拔下汽车钥匙，自行收好，并在车上放置工作牌。

2）拆下低压蓄电池负极，使用绝缘胶带包好，断开整车低压控制电源，如图 3-5 所示。

图 3-4 拔下钥匙

图 3-5 断开低压蓄电池负极

由于电动汽车采用了高压互锁装置，即断开低压时，通过低压信号控制能够同时将高压回路切断，所以为安全起见，务必要卸下蓄电池负极。

3）戴好绝缘手套，断开动力电池高压维修开关，如图 3-6 所示。

4）当车辆举升到需要的高度时，举升机要锁止安全锁，如图 3-7 所示。

5）拆下动力电池总正、总负和低压线束插头，如图 3-8 所示。

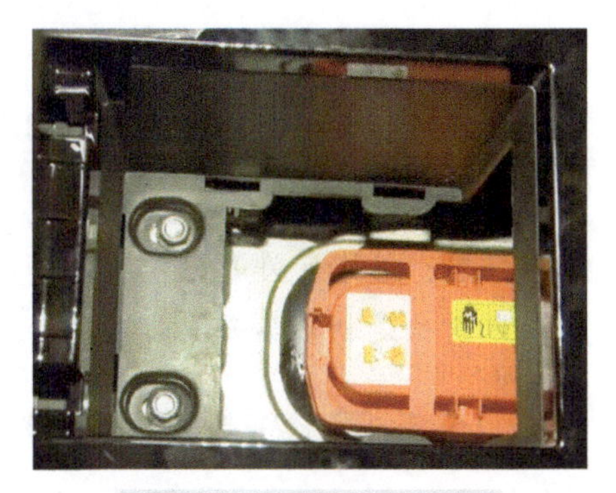

图 3-6　断开动力维修开关

图 3-7　车辆举升并锁止

图 3-8　拆下动力电池高压插接件

3. 断开或安装动力电池维修开关的操作要点

（1）手动维修开关位置

手动维修开关位置示意图如图 3-9 所示。

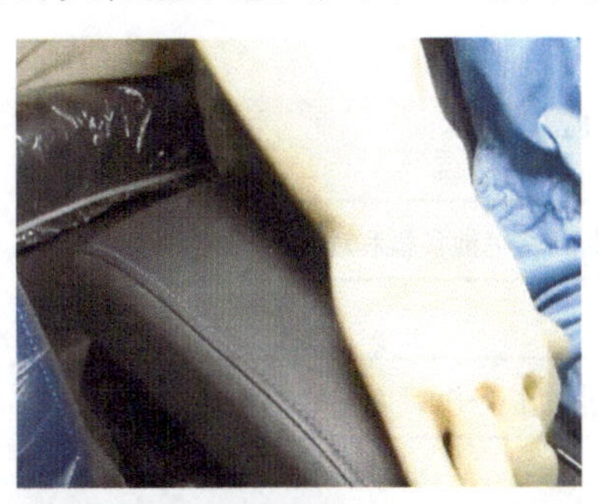

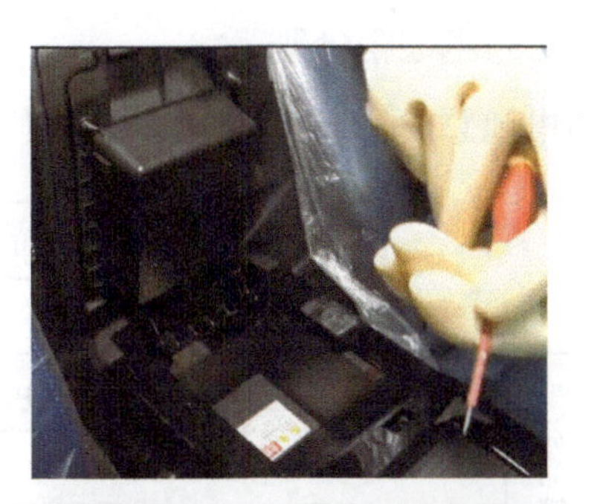

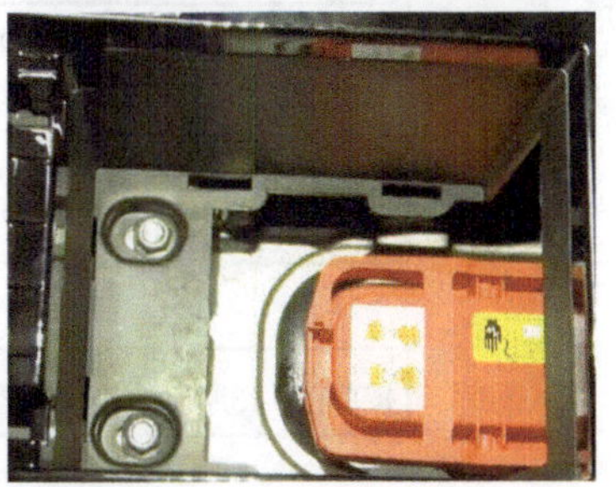

图 3-9　手动维修开关位置示意图

（2）手动维修开关拆卸方法

拆下维修开关时，需要用手向外方向掰着卡扣，同时向上提拉手，待拉手提到竖直位置时，将 MSD 取出。

注意：维修开关是有方向的，箭头方向为车辆行驶方向，即箭头是朝着车头方向的，如图 3-10 所示。

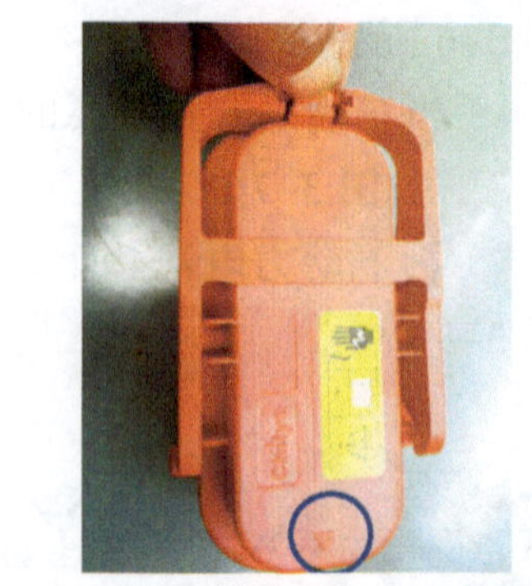
图 3-10　手动维修开关方向性示意图

（3）手动维修开关安装操作规范

步骤 1：如图 3-11a 所示，用右手握住维修开关上盖的拉手，沿着Ⓐ箭头所示的方向将上盖轻轻地插入底座。

步骤 2：如图 3-11b 所示，使用左、右手的拇指沿着Ⓑ箭头所示的方向缓慢推动维修开关的拉手，直到听见“咔嚓”声后停止（图 3-11c），此时维修开关安装到位。

步骤 3：如图 3-11d 所示，用右手握住维修开关上盖，沿着Ⓐ箭头所示的方向拉拔，以此确认维修开关的上盖是否安装到位。

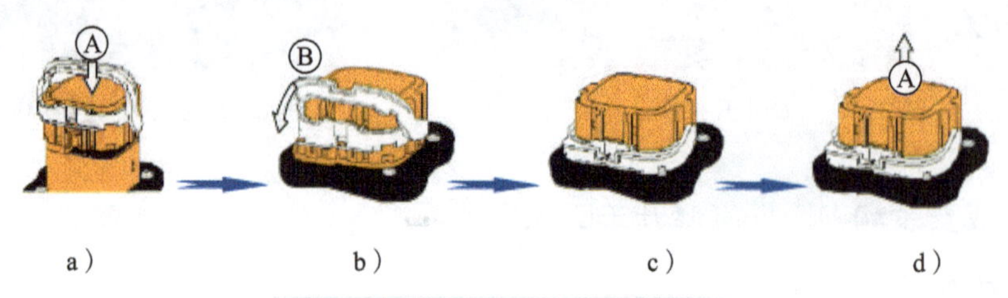

图 3-11　手动维修开关操作流程图

4. 检查动力电池箱外观

1）动力电池总成外部检查流程图如图 3-12 所示。

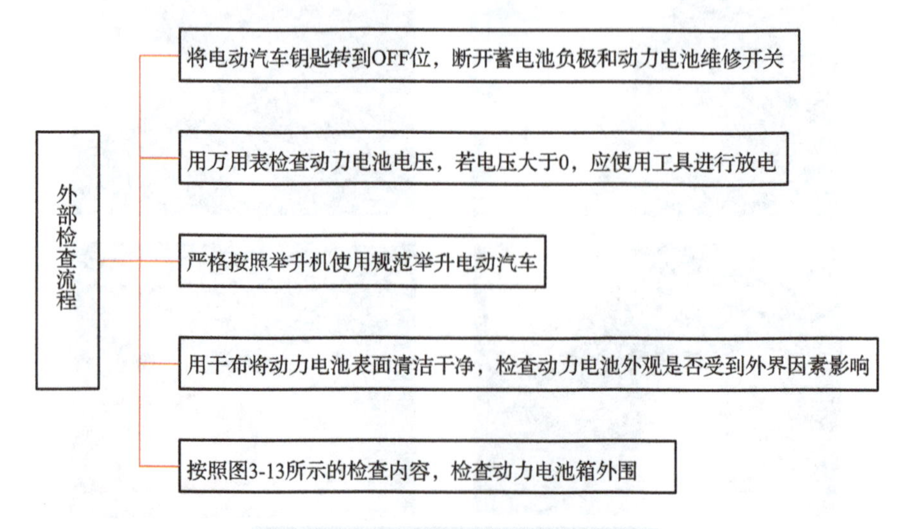

图 3-12　动力电池总成外部检查流程图

2）动力电池箱外围保养内容如图 3-13 所示。

1 电池箱体与车辆底盘的固定螺栓紧固

2 电池箱体与车辆底盘的固定螺栓腐蚀/破损

3 高压插接器公插头与母插头清洁度/腐蚀/破损

4 低压插接器公插头与母插头连接可靠性

5 低压插接器公插头与母插头清洁度/腐蚀/破损

6 电池箱体划痕/腐蚀/变形/破损

7 电池下箱体底部防石击胶划痕/腐蚀/破损

图 3-13　动力电池箱外围保养内容

5. 检查动力电池箱的密封性能

检查动力电池箱密封性能的目的是保证动力电池箱密封性能良好，防止进水，影响通信。通过真空检漏法，检查密封条的密封情况。下面以 VOLVO 混动汽车的动力电池为例，其密封性检查步骤如下。

1）连接真空表组件及气泵管路。

2）调节气压在 400kPa 左右。

3）打开真空表组开关，抽真空 3~5min，如果负压达不到 -40kPa，则说明密封不严。

4）如果负压真空度达到 -40kPa，应关闭真空表组开关，保持 10min 左右，检查负压真空度应该在 -10kPa 以内，说明密封性能良好。

5）若无真空负压或回到 0，说明密封不严，需要检查动力电池箱螺栓是否紧固。

6）如果动力电池箱盖螺栓紧固为正常力矩，则需要更换密封条。

6. 检查动力电池螺栓的紧固状态

检查动力电池螺栓是否可靠，用扭力扳手按规定次序和力矩紧固螺栓，按照维修手册要求力矩紧固螺栓，如图 3-14 所示。

图 3-14　检查动力电池螺栓

7. 检查动力电池外部高、低压插接件

检查动力电池外部高、低压插接件线束及插接件连接有无松动、破损、腐蚀等问题，如图 3-15 所示。

1）检查动力电池高低压插接件是否连接可靠，有无变形、松脱、过热、损坏等情况，要求如下。

①检查用电器插件与线束插件是否对插，并检查是否对插到位。

②检查线束与插针是否连接牢固，插件内的插针是否出现退针、插针弯曲等异常现象。

图 3-15　动力电池高压输出插接件位置

2）检查动力电池高压插接件与高压控制盒输入插接件是否正常，如图 3-16 所示。

图 3-16　检查动力电池与高压控制盒输入插接件

8. 检查动力电池外部绝缘性

为了避免动力电池漏电，防止线路及内部短路，需要对动力电池高压母线的绝缘性进行检查。以吉利帝豪 EV450 为例，其动力电池高压输出端口针脚如图 3-17 所示，检查总正、总负搭铁的绝缘电阻。将钥匙转动到 OFF 位，在高、低压断电及电容放电后，拔下高压母线，用数字绝缘电阻表分别检查总正、总负搭铁电阻值。

1）动力电池端正、负极绝缘性检测。黑表笔接于屏蔽层，红表笔逐个测量动力电池输出插座的正、负极，如图 3-18 所示。

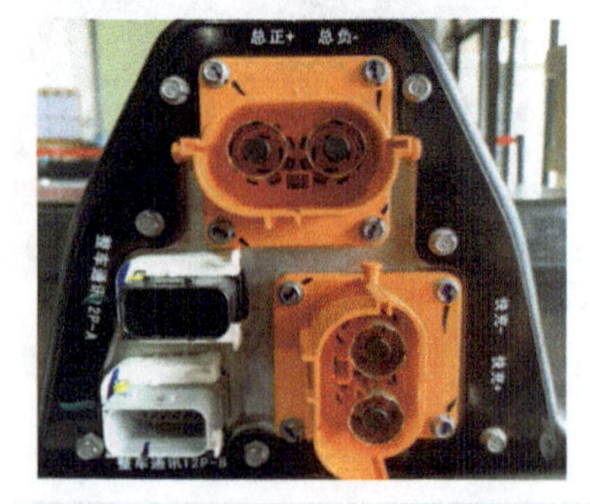

图 3-17　动力电池高压输出端口针脚

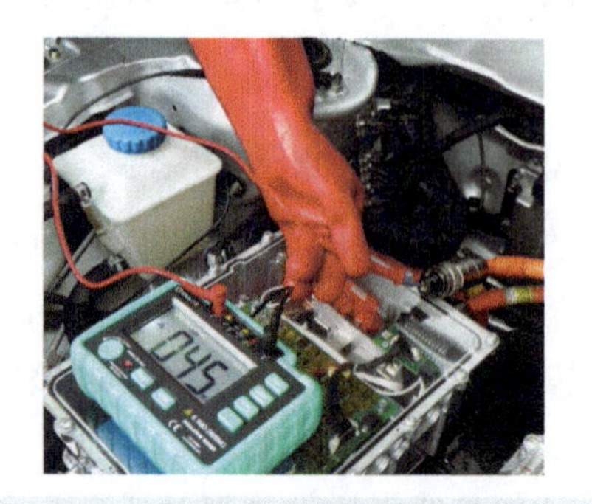

图 3-18　检查动力电池高压输出绝缘电阻

2）动力电池快充端正、负极绝缘性检测。黑表笔接于屏蔽层，红表笔逐个测量动力电池快充插座的正、负极，如图 3-18 所示。

动力电池高压输出绝缘电阻设计值见表 3-4。

表 3-4　动力电池高压输出绝缘电阻设计值

测试端	帝豪 EV 绝缘电阻设计值 /MΩ	1.5TD+7DCTH 绝缘电阻设计值 /MΩ
总正与电池包壳体	≥ 20	≥ 10
总负与电池包壳体	≥ 20	≥ 10
快充正与电池包壳体	≥ 20	—
快充负与电池包壳体	≥ 20	—

三　动力电池总成内部检查与维护

1. 动力电池结构认知

（1）单体动力电池

单体动力电池是构成动力电池模块的最小单元（图 3-19），由它实现电能与化学能之间的直接转换，三元锂电池的单体电池额定电压一般在 3.7V，磷酸铁锂离子电池的单体电池额定电压一般在 3.3V 左右。

无论是条形电池还是圆柱形电池，其结构基本相似，主要由电极、隔膜、电解质和外壳组成，如图 3-20 所示。其中：

图 3-19　圆柱形单体动力电池外形图

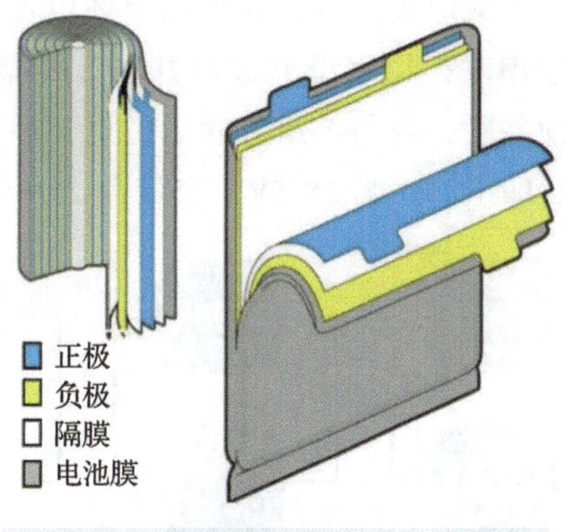

图 3-20　单体动力电池内部结构示意图

1）正极。正极材料主要为含锂的化合物，常见的包括钴酸锂（LCO）、锰酸锂（LMO）、三元材料（NCM）、磷酸铁锂（LFP）等。

2）负极。锂离子电池大多采用石墨作为负极材料。

3）隔膜。隔膜是一层具有电绝缘特性的物质，它可以把正、负极分隔开，具有使电解质中离子通过的能力。

4）电解质。常用的电解质为有机物。

5）外壳。锂离子电池一般采用钢壳或铝塑膜外壳，其中铝塑膜大多由耐磨层、铝层、防腐蚀层、粘接层几部分组成，其中耐磨层是电池的外表面，可以防止汽车长期运行中电池位置错动引起的磨损，铝层可以起到防止水分进入的作用。

（2）电池模组

一组并联的单体电池组合成为电池模组，其额定电压与单体电池的额定电压相等。电池模组的容量等于单体电池容量与单体电池数量的乘积。例如：4 个单体电池并联为一个独立的电池模组，一个单体电池的额定电压为 3.7V，额定容量为 1A · h，则电池模组的额定电压为 3.7V，电池模组的总容量为 4A · h，如图 3–21 所示。同理，一组串联的单体电池组合成为电池模组，其额定电压等于单体电池的额定电压之和，其容量与单体电池容量相同。例如：将 4 个额定电压为 3.7V 的电池模块的正极和负极通过导电的金属板串联连接，串联之后的总电压为 14.8V，总容量为 1A · h，如图 3–22 所示。

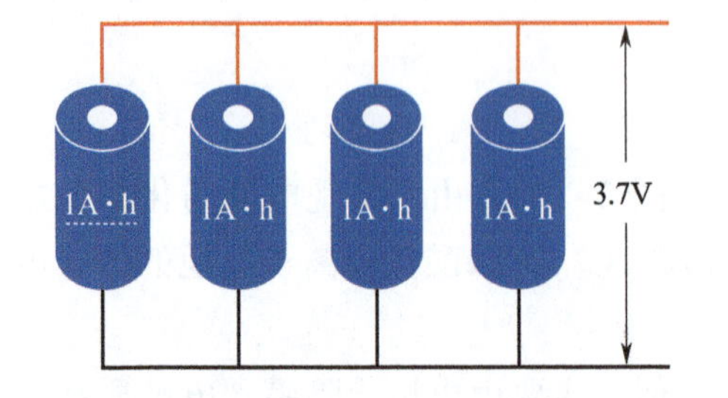

图 3–21　单体电池并联成一个电池模组

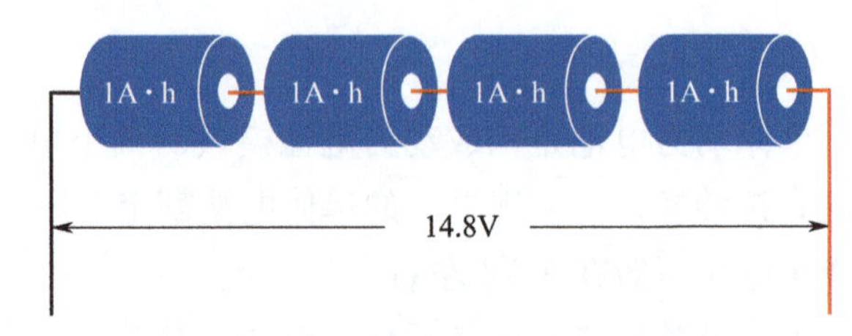

图 3–22　单体电池串联成一个电池模组

为了形象地表达电池模组的单体电池连接关系，通常对动力电池模组进行编号，用字母 S 表示串联，用字母 P 表示并联，如某电池模组型号为 2P5S，代表该电池模组由 2 个单体电池并联，再将 5 组并联后的电池串联，如图 3–23 所示。该电池模组共包括 10 个单体电池，输出电压为 18.5V，容量为 2A · h。

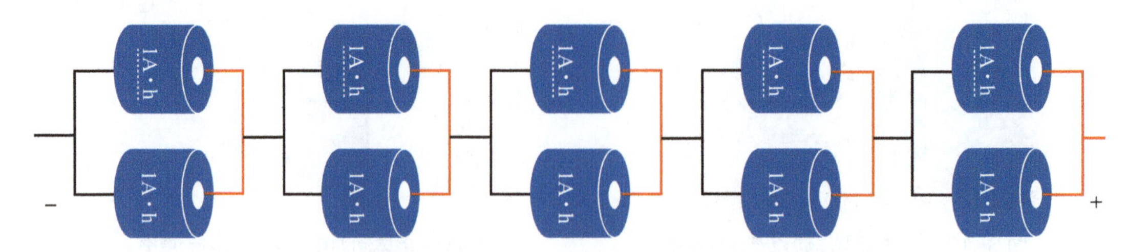

图 3–23　2P5S 电池模组

（3）动力电池总成内部组成

动力电池总成由动力电池模组、结构系统、电气系统、热管理系统、BMS 管理系统等部件组成，如图 3–24 所示。具体有：

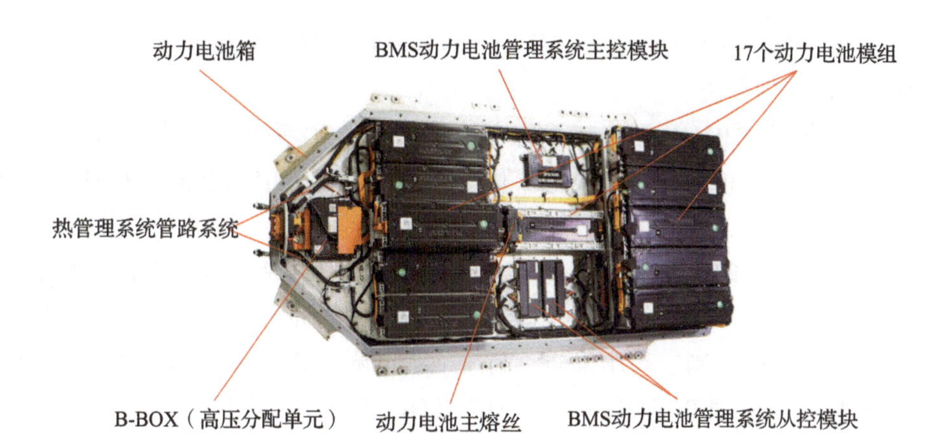

图 3-24 动力电池总成组成示意图

1）动力电池模组。

①电池单体（Cell）。电池单体是直接将化学能转化为电能的基本单元装置，包括电极、隔膜、电解质、外壳和端子，并被设计成可充电的模式。

②电池模组（Module）。电池模组是指将一个以上的电池单体按照串联、并联或串并联方式组合，且只有一对正、负极输出端子，并作为电源使用的组合体，如图 3-25 所示。

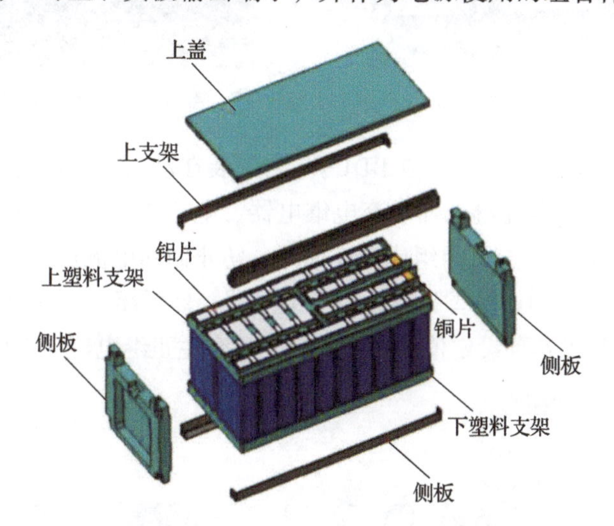

图 3-25 动力电池模组分解示意图

2）结构系统。结构系统主要由电池模组上盖、各种金属支架、侧板和螺栓组成，可以看成是电池模组的“骨骼”，起到支撑、抗机械冲击、机械振动和防水防尘的作用。

3）电气系统。电气系统主要由高压跨接片或高、低压线束等组成。高压线束可以看成是电池模组的“大动脉血管”，将动力电池系统“心脏”的动力不断输送到各个需要的部件中，低压线束则可以看成电池模组的“神经网络”，实时传输检测信号和控制信号。

4）热管理系统。热管理系统主要由冷却板、冷却液管、隔热垫和导热垫组成。电池充放电的过程实际上就是化学反应的过程，化学反应会释放大量的热量，需要将热量带走，让电池处于一个合理的工作温度范围内，以提高电池的寿命和可靠性。

5）BMS 电池管理系统。

① CSC 采集系统（BMM 系统）。每个模组有一个 CSC 采集系统，以监测其中每个电池单体电压和模组温度信息，并将电池单体电压及模组温度信息上报给 BMU，如图 3-26 所示。

②电池控制单元（BMU 或 BSM）。它安装于动力电池总成内部，是电池管理系统的核心部件，电池控制单元（BMU）负责与整车诊断、通信、标定、充电控制、碰撞监控、高压互锁、热管理、均衡控制、高压采样、高压绝缘监测、高压继电器驱动、高压继电器诊断、高压预充控制、管理 BMM 和 BDU、计算 SOC 和 SOH、管理电池状态、应用策略等（图 3-27）。

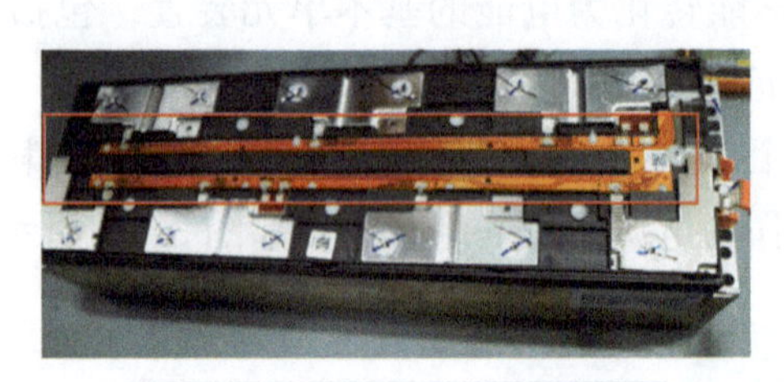

图 3-26　CSC 采集系统示意图

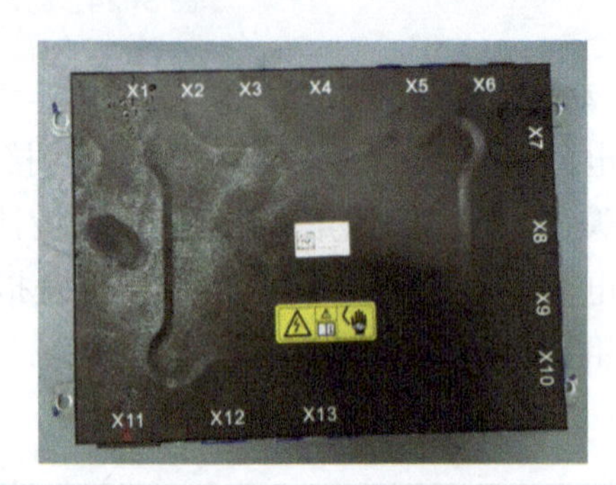

图 3-27　吉利帝豪 GSe 动力电池中的 BMU 示意图

③电池高压分配单元（B-BOX 或 BDU）。它安装在动力电池的正、负极输出端，由主正继电器、主负继电器、预充继电器、充电继电器、电流传感器（CSU）和预充电阻等组成（图 3-28）。预充继电器和预充电阻组成预充回路，防止回路电流过大而损害电气元件及电机电容，电池接通高压母线回路时首先闭合主负继电器，然后闭合预充继电器进行预充，直到主正继电器前、后端压差达到设定值时预充完成，闭合主正继电器，然后断开预充继电器。

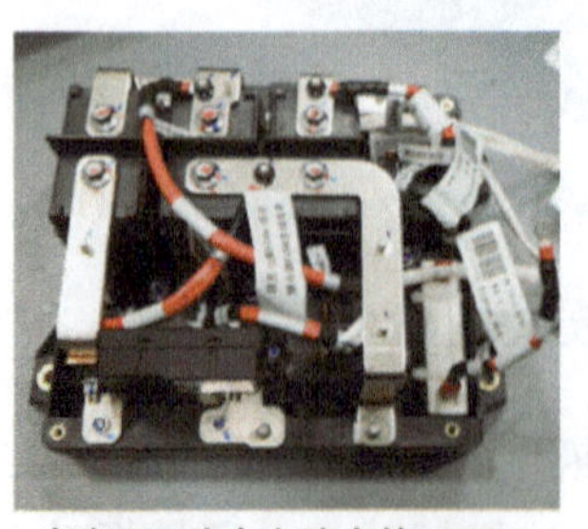

帝豪GSe动力电池中的BDU

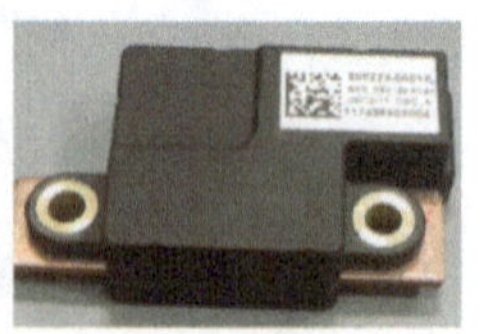

电流传感器

主继电器

预充继电器

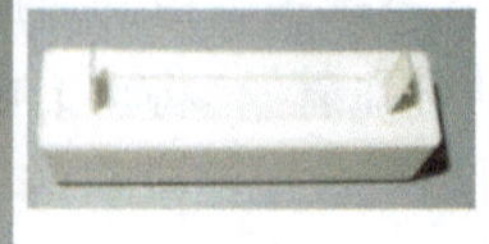

预充电阻

图 3-28　电池高压分配单元组成示意图

（4）动力电池包安全要求

电动汽车动力电池包应符合 GB/T 18384.1—2015《电动汽车 安全要求 第 1 部分：车载可充电储能系统（REESS）》和 GB/T 18384.1—2015《电动汽车 安全要求 第 3 部分：人员触电防护》的要求。

对于 B 级电压电路（交流电压大于 30V，小于或等于 1 000V 或直流电压大于 60V，小于或等于 1 500V），要求在动力电池包外部以及内部高压电气部件的第一可视面的醒目位置设置高压危险标志，如图 3-29 所示。在高压标志附近还应清晰注明动力电池包的类型，如镍氢电池、锂离子电池等。

图 3-29 高压危险标志

在动力电池的生命周期内，其高压电气系统的输出端（正极和负极）与动力电池箱体间的绝缘阻值应大于 500Ω/V。除此以外，按标准的要求，动力电池包的绝缘防护设计还需要考虑密封性能，主要是因为水或水蒸气进入动力电池包内部，会引起系统内部的高压带电部分与壳体通过阻值较低的水相连接，导致高压绝缘失效。一般动力电池的绝缘监测通过动力电池管理系统（BMS）来进行，BMS 对动力电池漏电的检测分三种状态，见表 3-5。

表 3-5 动力电池漏电检测标准值

动力电池漏电	正常	R ≥ 500Ω/V	
	一般漏电	100Ω/V ≤ R ≤ 500Ω/V	仪表灯亮，报动力系统故障
	严重漏电	R ≤ 100Ω/V	行车中：仪表指示灯亮，立即断开主接触器 停车中：禁止上电；仪表指示灯亮，报动力系统故障 充电中：断开交流充电接触器；仪表指示灯亮，报动力系统故障

2. 动力电池总成内部检查与维护要点

（1）检查与维护加热熔丝与电流传感器

检查加热熔丝及电流传感器的工作性能，确保车辆正常通电；使用万用表测量加热熔丝及电流传感器是否导通，如图 3-30 所示，损坏的应予以更换。

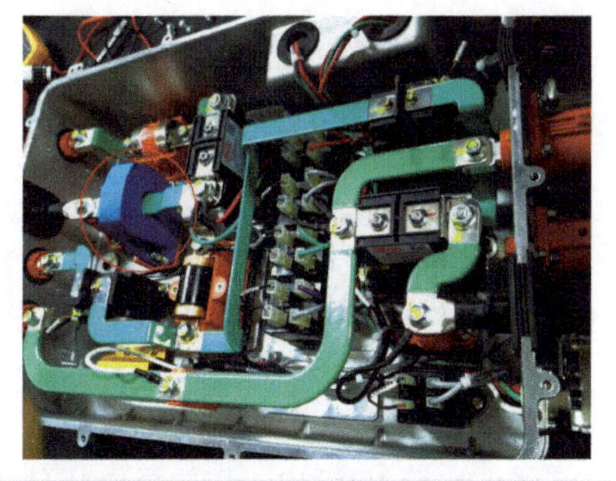

图 3-30 电流传感器与加热熔丝的检查与维护

（2）检查与维护继电器线圈

为确保总正、总负继电器正常工作，防止继电器损坏而导致车辆无法正常通电。使用万用表电阻档检查总正、总负继电器的线圈电阻，如图 3-31 所示，损坏的应予以更换。

（3）检查与维护预充电阻

预充电阻能够限制预充电流的大小，避免电路短路。因此，预充电阻能否可靠工作直接影响到动力电池的性能，需要对其进行检查。用万用表电阻档检测预充电阻的阻值是否正常，阻值为 40Ω 左右，如图 3-32 所示，损坏的应予以更换。

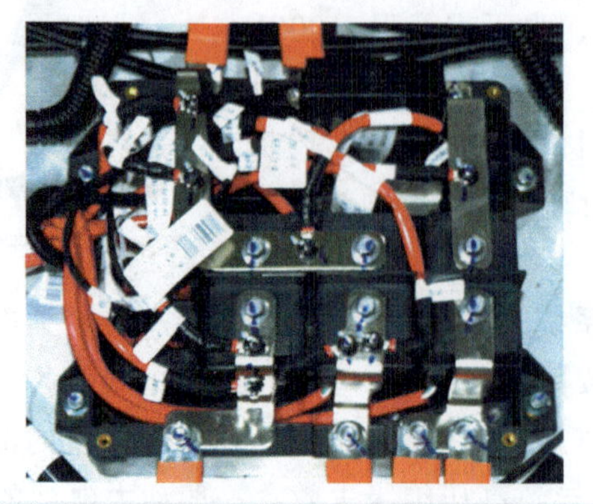

图 3-31 检查动力电池总正、总负继电器线圈电阻

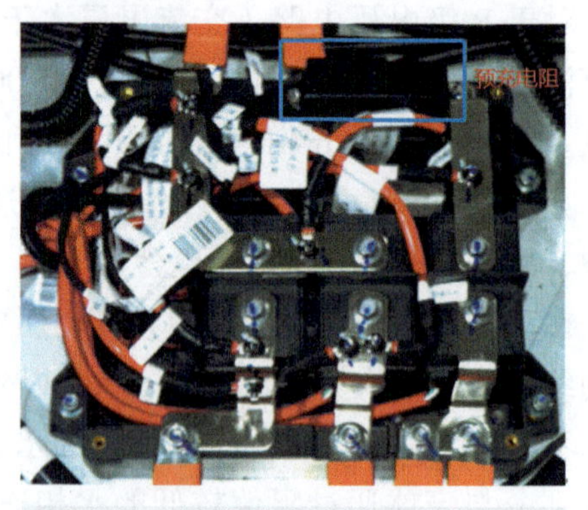

图 3-32 检查动力电池内部的预充电阻

（4）检查动力电池内部的绝缘性能

动力电池是整个电动汽车的动力源，为防止动力电池箱内部短路，需要检查动力电池内部的绝缘性能。将动力电池箱内部高压控制盒插头打开，用数字万用表 DC 1 000V 档测试总正、总负搭铁组织，若阻值大于或等于 500Ω，则绝缘性能良好，若达不到，则需要更换。检测方法如下。

1）操作起动开关使电源模式切换至 OFF 位。

2）断开蓄电池负极电缆，用绝缘胶带包扎好，做好绝缘防护。

3）断开动力电池高压线的线束插接器 BV16，并做好绝缘防护。

4）连接蓄电池负极电缆，操作起动开关使电源模式切换至 ON 位。

5）用万用表（能精确到小数点后 4 位）分别测量动力电池高压连接插座正、负极和动力电池箱体的电压值 V+ 、V- ，如图 3-33 所示。

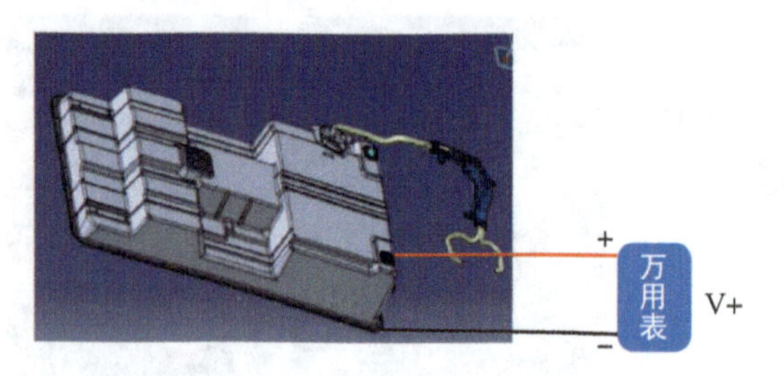

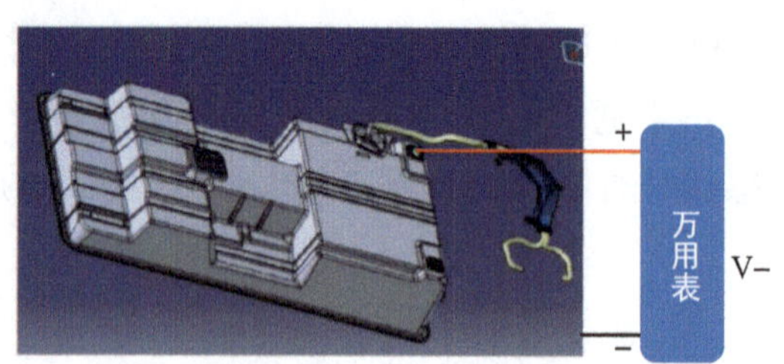

图 3-33 测量 V+ 与 V- 电压值

6）比较 V+ 和 V- ，选择电压值大的进行下一步。如 V+ >V- ，在 V+ 与电池箱体间并联一个 100kΩ 的电阻 R，测量 V+ 与电池箱体电压值 V_2，未并联 100kΩ 的电阻 R 时，测得 V+ 与电池箱体电压值为 V_1，如图 3-34 所示。

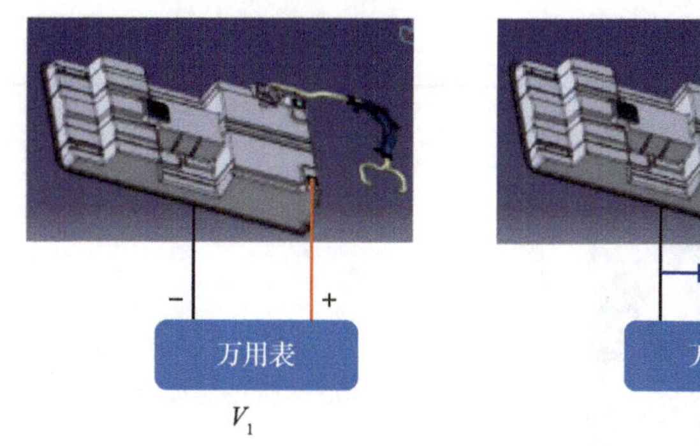

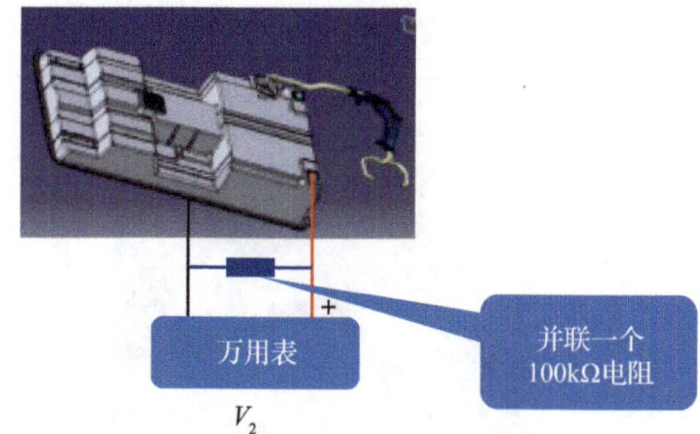

图 3-34　测得 V_1 和 V_2

7）将 V_1、V_2 电压值代入图 3-35 所示的公式，计算出动力电池绝缘阻值应大于或等于 500Ω/V。

$$\frac{\frac{V_1-V_2}{V_2}R}{V_{总}} > 500\Omega/V \quad \text{不漏电}$$

$$\frac{\frac{V_1-V_2}{V_2}R}{V_{总}} \leqslant 500\Omega/V \quad \text{漏电}$$

图 3-35　动力电池绝缘阻值计算

3. 动力电池典型检查与维护项目

（1）动力电池冷却液液位检查

步骤名称	图例	方法
检查高压电池冷却液液位	F—— L——	a. 查看储液罐的液面，页面位置应该保持在 F 和 L 之间 b. 拧开加注口盖，查看冷却液颜色是否浑浊

注意：

1）缓慢旋开加注口盖，散热时切勿揭开，以免烫伤。

2）如果冷却液不在规定范围内，则应该添加，如果冷却液颜色浑浊，则应予以更换。

（2）动力电池冷却液更换

步骤名称	图例	方法
1）更换冷却液		a. 打开冷却液膨胀罐总成盖
		b. 断开散热器出液管，用回收容器接收放出的冷却液
2）加注冷却液		a. 连接散热器出水管 b. 管路检查：确保冷却管路连接完整
		c. 静态加注：将车辆起动至 ON 位且非充电状态，连接诊断仪，选择 FE.3ZA 车型—手工选择系统—空调控制器（AC）—特殊功能，选择加注初始化，车辆处于加注初始化状态 d. 拧开膨胀罐盖，缓慢加注冷却液，直至膨胀罐内冷却液量达到 80% 左右，且液位不再下降 e. 系统排气：控制诊断仪，使车辆处于排气状态，如果液位下降，则及时补充冷却液，排气过程时长不小于 10min f. 观察膨胀罐内的冷却液下降程度，及时补充冷却液，保持冷却液液位处于 MAX 线和 MIN 线之间 g. 加注完成：拧紧膨胀罐盖，操作诊断仪，使车辆恢复默认模式

4. 技能拓展 – 动力电池拆解

步骤名称	图例
1）拆卸上盖压板 M6 螺栓，拧紧力矩为 10N·m	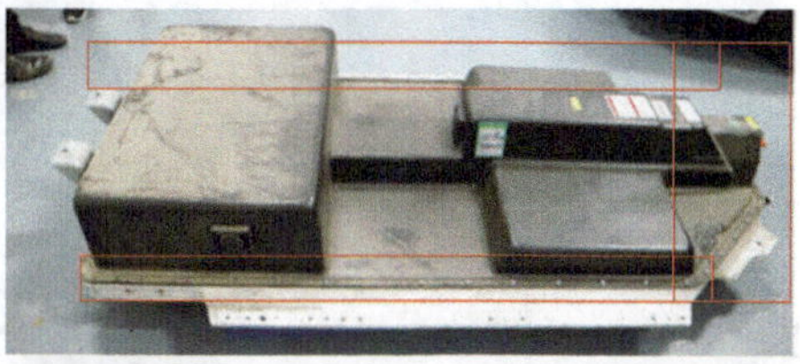
2）取下上盖压板压条	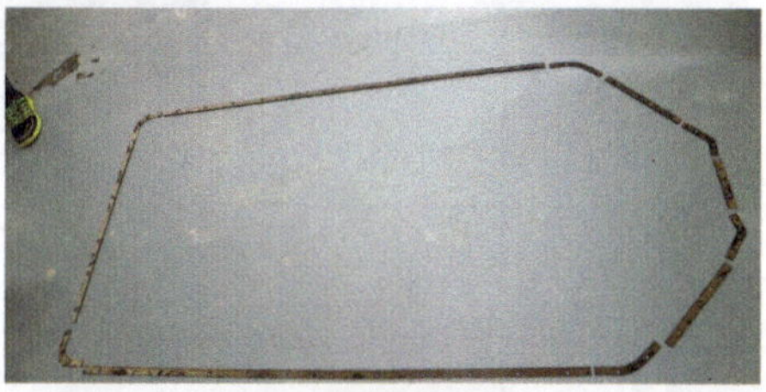
3）拆卸前部密封压板 M5 螺栓，拧紧力矩为 6N·m	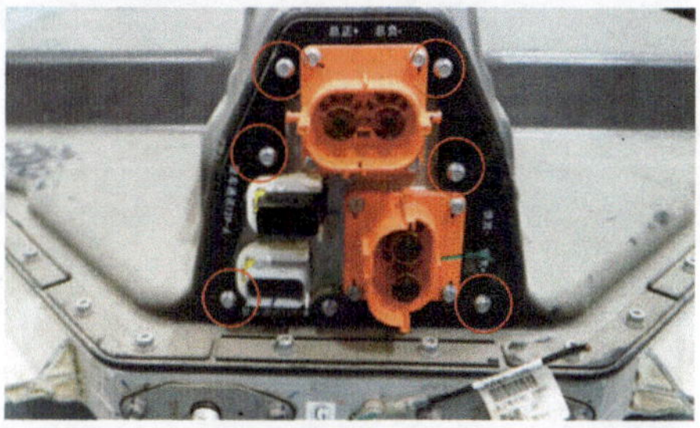
4）取下上盖压板	
5）取下熔断器安装盖板，拆卸熔断器，拆卸前，首先测量熔断器两端对壳体电压，确认电压在安全范围内	
6）拆卸熔断器 M8 螺栓，拧紧力矩 10N·m，并把铜片进行绝缘包扎	 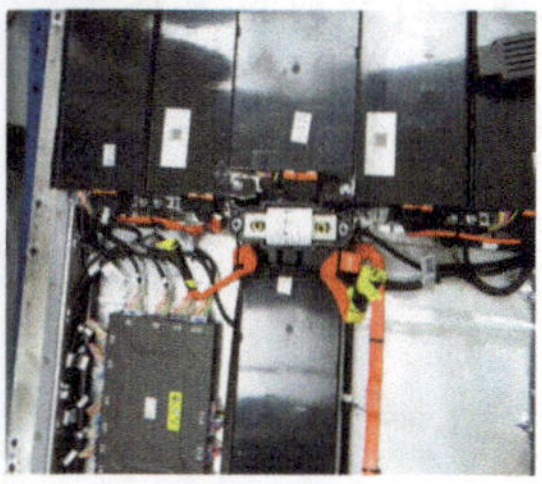

（续）

步骤名称	图例
7）拆卸熔断器底座支架螺母，拧紧力矩为 10N·m，取下熔断器底座及支架	
8）拆卸高压盒上盖螺钉，取下高压盒上盖	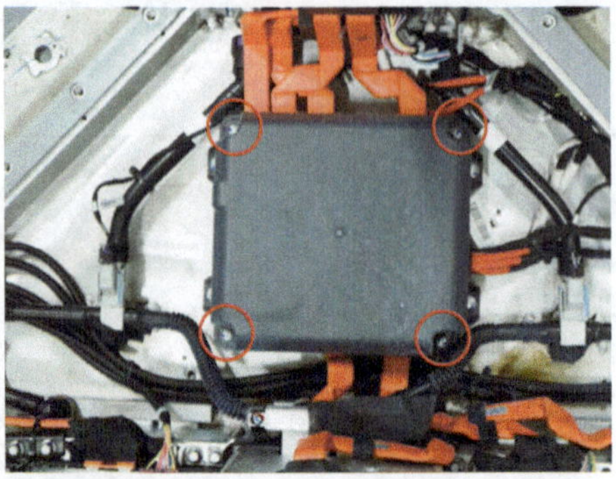
9）拆卸连接高压盒和铜巴的 M6 固定螺母，拧紧力矩为 12N·m，并将铜片绝缘包扎。拆卸连接高压盒的红色低压线束螺母，取下高压盒总成	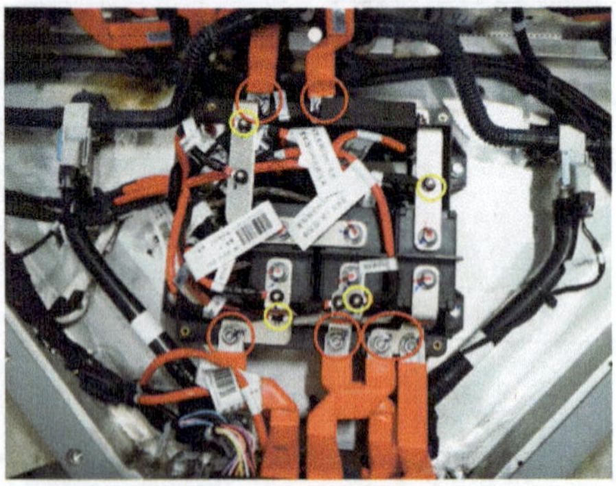
10）拆卸连接 BMU 的 M5 固定螺栓，拧紧力矩为 5N·m，拔下连接 BMU 的线束插件，取下 BMU 总成	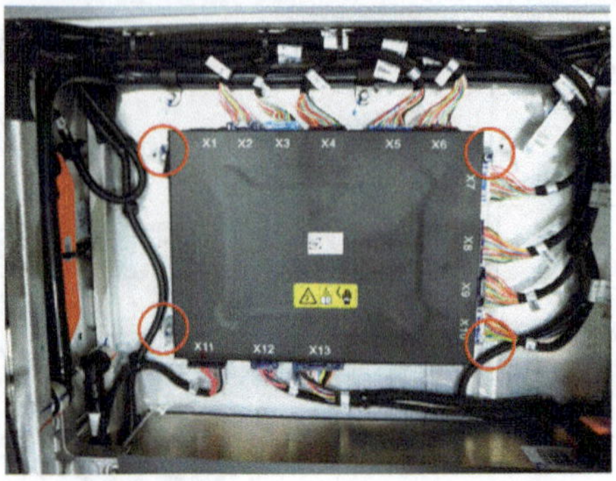

（续）

步骤名称	图例
11）拆卸上层模组。断开连接上层模组的低压线束、铜片及 M6 支架螺栓，拧紧力矩 12N·m，取下上层模组	 上层模组布置图 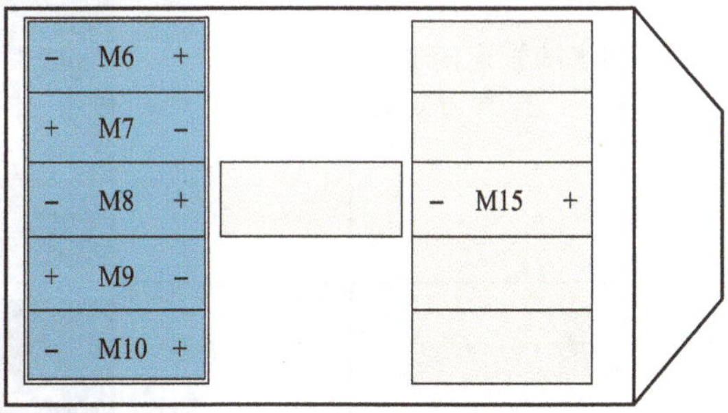
12）拆卸上层水冷管。断开连接上层水冷管的水管接头，取下上层水冷管	
13）拆卸上层水冷管支架	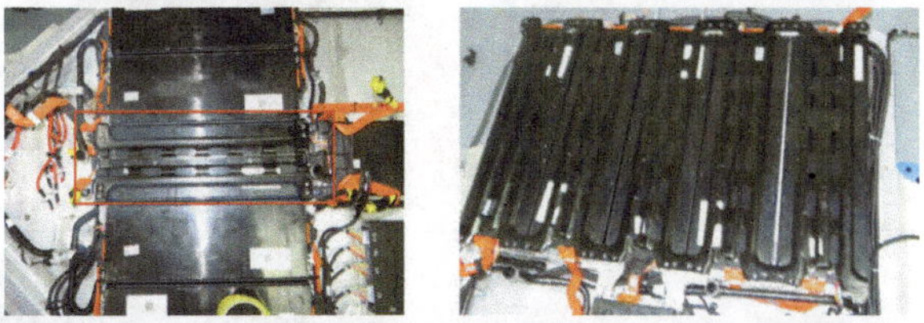
14）拆卸下层模组。断开连接下层模组的低压线束、铜片及 M6 支架螺栓，拧紧力矩为 12N·m，取下下层模组	

（续）

步骤名称	图例
	下层模组布置图 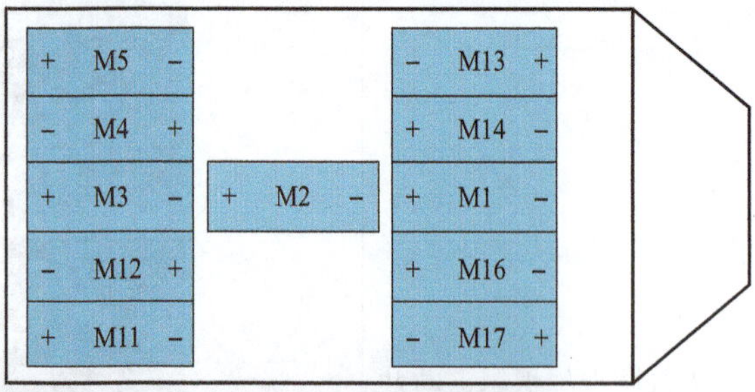 + M5 − − M4 + + M3 − − M12 + + M11 − + M2 − − M13 + + M14 − + M1 − + M16 − − M17 +
15）拆卸水冷管连接水管M5固定螺栓，拧紧力矩为6N·m	
16）拆卸下层水冷管	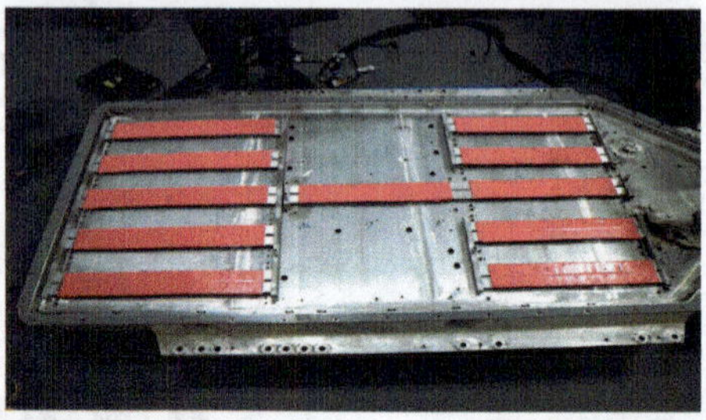
17）拆卸箱体前侧插接器上的盖板、铜片、低压线束，拆下箱体前侧插接器	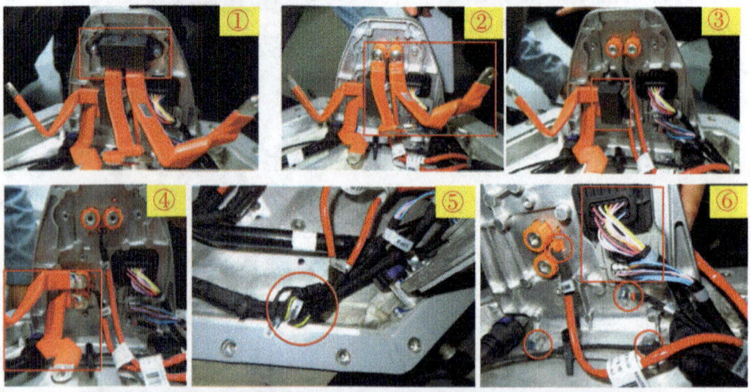 ①②③④⑤⑥
18）拆卸固定低压线束的卡扣，取下低压线束	 

四 项目实施

实施准备

1）安全防护：做好车辆安全防护与隔离（车辆挡块、警示隔离带、高压危险警示牌）。

2）工具设备：数字万用表、示波器、解码器。

3）实训车辆：吉利 EV450。

4）辅助资料：汽车原厂维修手册、原厂电路图。

任务一 动力电池总成外部检查与维护

1. 接收任务

一辆 2018 款吉利帝豪 EV450 电动汽车在行驶中磕到了底盘，不知道动力电池是否受到影响，于是驱车到 4S 店咨询售后顾问。售后顾问查看车辆状态后，建议检查动力电池是否存在安全隐患。作为 4S 店的维修技师，在接到这个任务后应该如何做好动力电池总成外部检查与维护呢？

2. 收集信息

1）执行高压下电，断电蓄电池负极后需等待________min。

2）断开直流母线，用万用表检测动力直流母线电压值需小于________V。

3）动力电池总成与车身固定螺栓紧固力矩为________。

4）动力电池总成支架固定螺栓紧固力矩为________。

5）动力电池端正、负极绝缘性阻值为________。

6）测量驱动电机绝缘阻值时，绝缘测试仪档位应调至________档。

3. 任务实施

1）作业前准备（场地布置、防护装备检查穿戴、仪器设备检查、汽车防护三件套安装）。

2）记录车辆信息。

3）基本检查。

4）操作高压下电并验电。

5）检查动力电池箱外观。

6）检查动力电池螺栓的紧固状态。

7）检查动力电池外部高、低压插接件。

8）检查动力电池外部绝缘性。

9）整理恢复场地。

4. 过程检查

5. 反馈总结

任务二　动力电池总成内部检查与维护

1. 接收任务

一辆2018款吉利帝豪EV450电动汽车的仪表板上动力电池故障指示灯亮，于是驱车到4S店咨询售后顾问。售后顾问查看车辆状态后，建议对动力电池内部进行检查。作为一名维修技师，在接到这个任务后应该如何做好动力电池的内部检查与维护呢？

2. 收集信息

1）执行高压下电，断电蓄电池负极后需等待________min。

2）断开直流母线，用万用表检测动力直流母线电压值需小于________V。

3）车载充电机和BMS动力电池线束插接器________。

4）直流充电插座和BMS动力电池线束插接器________。

5）动力电池漏电计算公式为________________________________。

3. 任务实施

1）作业前准备（场地布置、防护装备检查穿戴、仪器设备检查、汽车防护三件套安装）。

2）记录车辆信息。

3）基本检查。

4）操作高压下电并验电。

5）打开动力电池护盖。

6）动力电池漏电检测。

7）整理恢复场地。

4. 过程检查

5. 反馈总结

1. 填空题

1）按锂离子电池正极材料来分，锂离子电池可分为________、________、________、________。

2）锂离子电池是一种________，主要依靠________在正极和负极之间移动来工作。

3）松下的18650三元锂电池中，18代表________、65代表________、0代表动力电池是________。

4）帝豪EV450动力电池包内部共________个单体电池、________个模组串联，单体电池标称电压________V，额定容量________A·h，每个模组________个温度传感器，每个单体电池都有________个电压采样。动力电池包由以下部件组成：________、结构系统、电气系统、________、________。

5）电池控制单元（BMU）是将单体电池________、________、________及整车绝缘等信号上报________，并根据其指令完成对动力电池的控制。

6）电池高压分配单元（B-BOX）由________、主/负继电器、________、充电继电器、电流传感器（CSU）和________等组成。

7）将动力电池箱内部的高压控制盒插头打开，用数字万用表DC 1 000V档测试总正、总负搭铁组织，若阻值大于或等于________Ω/V，则说明绝缘性能良好。

8）预充电阻的阻值为________Ω 左右。

9）每个模组有一个CSC采集系统，以监测其中每个电池单体________和模组________信息，并将电池单体电压及模组温度信息上报给________。

10）按电池材料填写其标称电压。

电池材质	标称电压 /V
镍氢电池	
磷酸铁锂电池	
三元锂电池	
钛酸锂电池	
锰酸锂电池	

11）查阅吉利 EV450 维修手册，填写下表。

项目	性能参数
动力电池容量 /（A·h）	
额定电压 /V	
工作电压范围 /V	
动力电池电量 /（kW·h）	
成组方式	
重量 /kg	
单体标称电压 /V	
IP 防护等级	
能量密度（W·h/kg）	

2. 看图填空题

1）根据图 3–36 写出对应动力电池的类型。

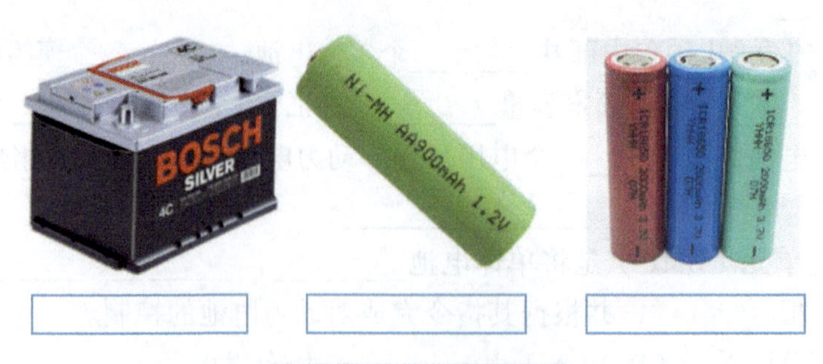

图 3–36　动力电池类型

2）根据图 3–37 写出对应动力电池的组成结构名称。

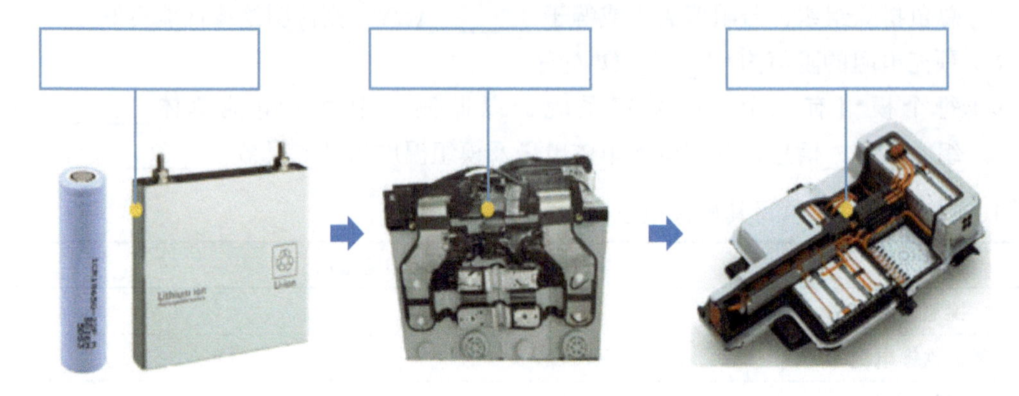

图 3–37　动力电池的组成结构名称

3. 简答题

1）简述镍氢电池、磷酸铁锂电池、三元锂电池、钛酸锂电池等各种电池优、缺点。

2）简述动力电池外部检查项目及注意事项。

3）简述动力电池内部检查项目及注意事项。

项目四　驱动电机系统检查与维护

项目导入

吴先生的一辆2018款吉利帝豪EV450电动汽车计划去4S店检修，此时需要你作为维修人员协助技师，按照规范流程对车辆进行夏季常规检查活动中驱动电机系统的检查与维护项目。你能安全、规范地检查和维护驱动电机系统吗？

教学目标

知识目标

1）掌握驱动电机的作用、位置和性能要求。
2）了解驱动电机的结构和工作原理。
3）掌握驱动电机控制器的作用、安装位置。
4）认识驱动电机控制器的外部电路和线束名称。
5）掌握减速器的功能、技术参数和工作原理。
6）掌握冷却系统的作用、工作原理。
7）了解电动汽车的冷却系统和结构组成。

能力目标

1）能完成驱动电机的检查与维护。
2）能完成驱动电机控制器的检查与维护。
3）能完成减速器的检查与维护。
4）能完成冷却系统的检查与维护。

一 驱动电机的检查与维护

驱动电机是电动汽车三大核心部件之一，是车辆行驶的主要执行机构，其特性决定了车辆的主要性能指标，直接影响车辆的动力性、经济性和用户驾乘感受。电动汽车的电驱动系统由驱动电机、驱动电机控制器、减速机构和冷却系统组成，通过高/低压线束、冷却管路与整车其他系统连接。

1. 驱动电机认知

（1）驱动电机的功能

驱动电机、电控系统、动力电池是电动汽车的核心部分，俗称“三电”。在电动汽车上替代了传统汽车上的发动机和发电机，如图 4-1 所示。传统发动机通常是将化学能转化为机械能驱动车辆行驶，而驱动电机既可以将电能转回机械能驱动车辆行驶，也可作为发电机将机械能转化为电能并储存在动力电池内。

图 4-1　驱动电机与传统发动机功能对比

按照驾驶人的意图，电机控制器将动力电池的高压直流电转变成驱动电机的高压三相交流电，从而使驱动电机产生旋转力矩，并通过传统装置将驱动电机的旋转运动传递给车轮，实现车辆的行驶，如图 4-2a 所示。目前，驱动电机不仅可以驱动车辆行驶，而且可以进行制动能量回收，如图 4-2b 所示。驱动电机在制动、缓慢减速时，整车 ECU 发出指令使驱动电机转为发电机发电工况，此时驱动电机会将车辆动能转化为电能，通过驱动电机控制器以充电电能形式向动力电池充电。

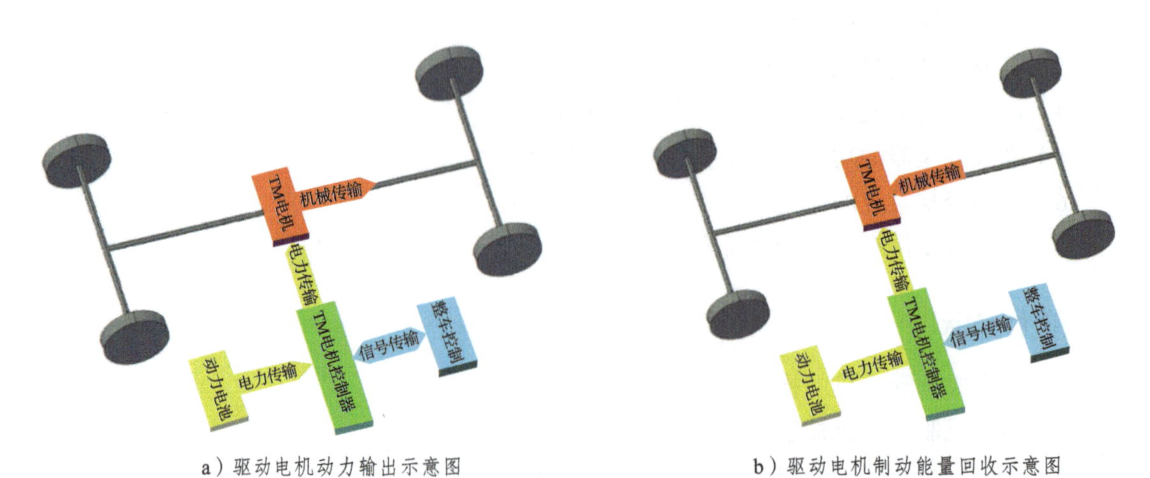

a）驱动电机动力输出示意图　　b）驱动电机制动能量回收示意图

图 4-2　驱动电机动力输出和制动能量回收示意图

（2）驱动电机安装位置

图 4-3 所示为北汽 EV200 驱动电机的安装位置，驱动电机装在前机舱动力总成支架下面，与减速器、传动半轴相连。

（3）驱动电机的类型

按照驱动原理，驱动电机可以分为 4 种：直流电机、永磁同步电机、交流感应（三相交流异步）电机、开关磁阻电机。

1）直流电机。早期开发的电动汽车多采用传统的直流电机，如图 4-4 所示。电机工作时，电能是以直流电的方式经过变换器输送至驱动电机。按有无电刷分为有刷直流电机和无刷直流电机，有刷直流电机因维护不方便被无刷直流电机取代，根据电动汽车对驱动电机的技术要求，直流电机能够满足电动汽车运行的基本要求。另外，无刷电机不需要用户考虑其维护问题，成为入门级电动汽车普遍使用的一种类型。其优点是成本低、易控制、调速性能好；但是直流电机的转速范围不算宽泛，最高转速仅为 6 000r/min 左右，难以满足电动汽车的工况需求，目前的电动汽车已将直流电机淘汰。

图 4-3 北汽 EV200 驱动电机的安装位置

图 4-4 直流电机示意图

2）永磁同步电机。所谓永磁，是指在制造电机转子时加入永磁体，使电机的性能得到进一步提升。而所谓同步，则指的是转子的转速与定子绕组的电流频率始终保持一致。因此，通过控制电机的定子绕组输入电流频率，电动汽车的车速将可以被控制。

与其他类型的电机相比较，永磁同步电机的最大优点就是具有较高的功率密度与转矩密度，相比于其他种类的电机，在相同的质量与体积下，永磁同步电机能够为新能源汽车提供最大的动力输出与加速度。这也是在对空间与自重要求极高的新能源汽车行业，永磁同步电机成为首选的主要原因。图 4-5 所示为永磁同步电机示意图，应用车型有比亚迪秦、比亚迪宋 DM、宋 EV300、北汽 EV 系列、腾势 400、众泰 E200、荣威 ERX5 等。但是，它也有自身的缺点，转子上的永磁材料在高温、振动和过电流的条件下，会产生磁性衰退的现象，使得电机容易发生损坏。

3）三相交流异步电机。三相交流异步电机又称为交流感应电机，定、转子由硅钢片叠压而成，两端用铝盖封装，定、转子之间没有相互接触的机械部件，结构简单，运行可靠耐用，维修方便。交流异步电机与同功率的直流电机相比效率更高，质量约减少 1/2 左右。如果采用矢量控制，可以获得与直流电机相媲美的可控性和更宽的调速范围。由于有着效率高、比功率较大、适合于高速运转等优势，三相交流异步电机是目前大功率电动汽车上应用最广的驱动电机。图 4-6 所示为三相交流异步电机，应用车型有特斯拉 Model S、Model X、江铃 E200、江铃 E100、江铃 E160、众泰云 100S、芝麻 E30 等。

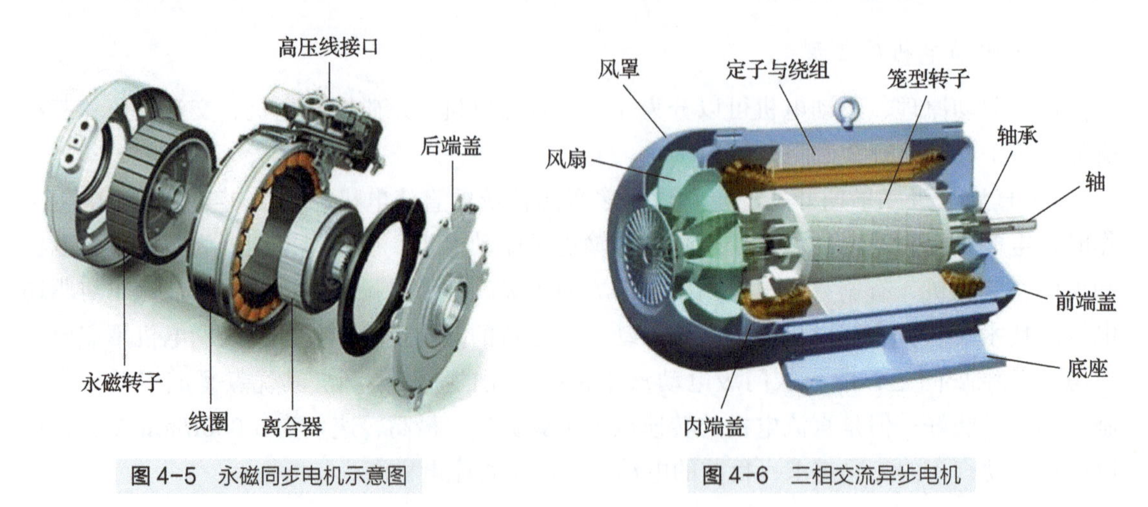

图 4-5　永磁同步电机示意图

图 4-6　三相交流异步电机

4）开关磁阻电机。开关磁阻电机作为一种新型电机，相比其他类型的驱动电机而言，其结构最为简单，定、转子均为普通硅钢片叠压而成的双凸极结构，转子上没有绕组，定子装有简单的集中绕组，具有结构简单坚固、可靠性高、质量轻、成本低、效率高、温升低、易于维修等优点。而且它具有直流调速系统可控性好的优良特性，同时适用于恶劣环境，适合作为电动汽车的驱动电机使用。业内人士预测，开关磁阻电机将成为电动汽车领域的一匹黑马。图 4-7 所示为开关磁阻电机。

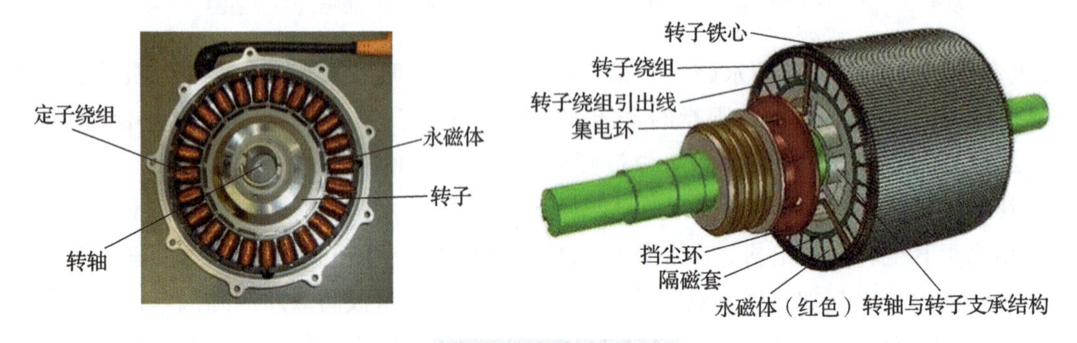

图 4-7　开关磁阻电机

2. 电动汽车用驱动电机性能对比

表 4-1 是四种驱动电机性能参数的对比一览表。从表 4-1 中可以看出，永磁同步电机在性能方面占有绝对优势。2016 年我国新能源汽车驱动电机装机量达 59.5 万台，其中永磁同步电机装机量超过 45 万台，占比达 77%，交流异步电机装机量超过 14 万台，占比 23%，其他类型近 2 000 台，占比仅 1%。

表 4-1 四种驱动电机性能参数的对比一览表

项目	直流电机	交流感应（异步）电机	永磁同步电机	开关磁阻电机
转速范围 /（r/min）	4 000~6 000	12 000~20 000	4 000~10 000	>15 000
功率密度	低	中	高	较高
重量	重	中	轻	轻
体积	大	中	小	小
可靠性	差	好	一般	好
结构坚固性	差	好	好	好
控制器成本	低	高	高	一般

表 4-2 是三种永磁同步电机性能参数的对比一览表。电动汽车所采用的驱动电机是通过电磁感应让电机转动，从而实现对外输出动力。但是新能源汽车所采用的电机安装环境狭小，工作环境恶劣且复杂多变；振动大、冲击大、腐蚀严重、高温高湿度且温度变化大，因此新能源汽车对驱动电机提出了更好的要求。驱动电机的性能要求如下。

①较大的起动转矩和较大范围的调速性能。驱动电机除满足起动、加速、行驶、减速、制动等所需的功率与转矩外，还应具有自动调速功能，以减轻驾驶人的操纵强度，提高驾驶的舒适性，并且能够达到与内燃机汽车加速踏板相同的控制响应。

②能承受 4~5 倍的过载。驱动电机要满足短时加速行驶与最大爬坡度的要求，能够承受 4~5 倍的过载，高效率地回收电动车辆在制动时反馈的能量。

③高电压、高转速、重量轻、体积小。驱动电机的设计参数要有利于提高电机的比功率、高转速，并尽量减小驱动电机的尺寸，减轻驱动电机的重量和减小各种控制装置及导线的横截面积，有利于在电动车辆上进行安装和布置，降低成本。

④有良好的可靠性，耐高温和耐潮湿，运行时噪声低，可以在恶劣环境条件下长时间运转。

表 4-2 三种永磁同步电机性能参数的对比一览表

项目	精进	精进	方正
电机型号	TZ220XS519	TZ220XS503	TZ220XSFDM42A
绝缘等级	H	H	H
额定电压	DC270~410V	DC270~410V	DC270~410V
额定功率 /kW	42	42	42
峰值功率 /kW	130	120	120
额定转矩 /N·m	105	105	105
峰值转矩 /N·m	270	250	250
额定转速 /（r/min）	4 200	4 200	3 820
峰值转速 /（r/min）	12 000	12 000	12 000
防护等级	IP67		
重量 /kg	55		
电机旋转方向	逆时针旋转（从轴伸端看）		

3. 交流永磁同步电机结构和工作原理

（1）永磁同步电机结构

交流永磁同步电机具有效率高、体积小、重量轻和可靠性高等优点，是动力系统的重要执行机构，是电能与机械能转化的部件，且自身的运行状态等信息可以被采集到驱动电机控制模块。其工作信息主要依靠内置传感器来提供，这些传感器包括电机转速位置传感器（检测电机转子位置，控制器解码后可以获得电机转速）、电机温度传感器（检测电机的绕组温度，控制器可以保护电机避免过热）。

永磁同步电机主要由定子线圈、永磁转子、位置传感器等部件组成，定子和转子之间存在气隙，防止转子转动时产生干涉，如图 4–8 所示。

1）定子。电机的定子由定子铁心和定子绕组组成，用于产生旋转磁场。其中，定子铁心是电机磁路的一部分，并在其上放置定子绕组，如图 4–9 所示。定子铁心一般由 0.35~0.5mm 厚的表面具有绝缘层的硅钢片冲制、叠压而成，在铁心的内缘冲有均匀分布的槽，用以嵌放定子绕组；定子绕组内嵌在定子铁心槽内，是电机电路部分，接入三相交流电会产生旋转磁场。定子绕组由三个在空间互隔 120°、对称排列的结构完全相同的绕组联结而成，三相绕组有星形（Y形）和三角形（△形）两种联结方式，如图 4–10 所示。

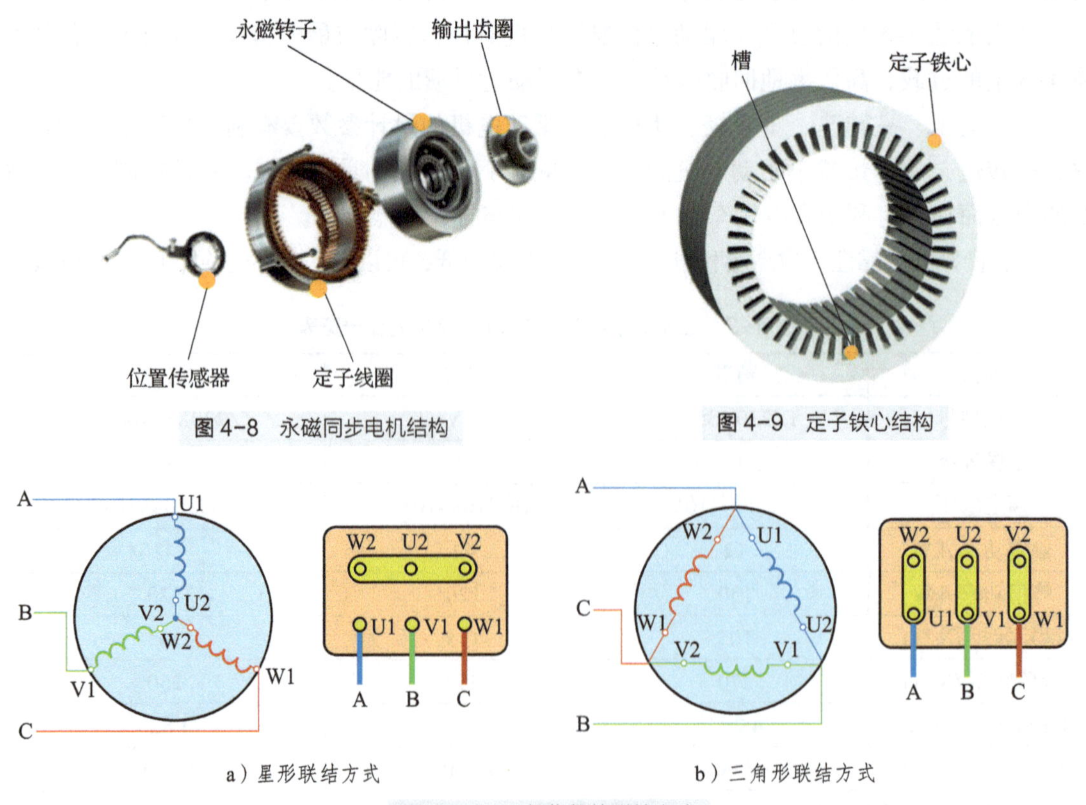

图 4–8 永磁同步电机结构

图 4–9 定子铁心结构

a）星形联结方式

b）三角形联结方式

图 4–10 三相绕组的联结方式

2）转子。永磁转子由转子铁心、永磁体和转子轴组成。转子铁心的材料与定子铁心相同，都是由导磁性良好的硅钢片冲制、叠压而成的。转子上，永磁体均匀地嵌入转子铁心的凹槽中，在其两端通常设计有气隙或安装有隔磁材料，防止漏磁。转子上永磁体产生的磁场均匀地分布在转子的周围，在定子线圈旋转磁场作用下，产生转矩带动转子旋转。气隙是电机定子和转子之间的空隙，用于防止定子和转子相互干涉。气隙的大小决定磁通量的大小，气隙越大，漏磁越多，电机的效率会降低；根据电机的不同，气隙的大小也不相同，通常同步电机的气隙大，异步电机的气隙小。

3）旋变传感器。旋变传感器用以检测电机转子的位置和转速，是一种输出电压随转子转角变化的信号元件，当励磁绕组以一定频率的交流电压励磁时，输出绕组的电压幅值与转子转角成正弦 / 余弦函数关系，由控制器编码后可以获知电机转速，传感器线圈固定在壳体上，信号齿圈固定在转子上，如图 4-11 所示。吉利 EV450 的旋变传感器的余弦、正弦和励磁电阻正常值分别为（14.5 ± 1.5）Ω、（13.5 ± 1.5）Ω、（9.5 ± 1.5）Ω。

4）温度传感器。为了防止驱动电机温升过快，新能源车辆驱动电机采用液态冷却方式，并配有温度传感器对驱动电机的工作温度进行实时监控，向电机控制器反馈电机温度信号。图 4-12 所示为温度传感器。吉利 EV450 采用型号 SEMITEC 13-C130 的温度传感器，根据温度信号做出相应的控制策略，包括冷却系统风扇的低速控制、电机过温保护等。吉利 EV450 的温度传感器阻值为 -40℃时，正常电阻值为（241 ± 20）Ω；20℃时，正常电阻值为（13.6 ± 0.8）Ω；85℃时，正常电阻值为（1.6 ± 0.1）Ω。阻值随温度升高而降低，随温度降低而升高。

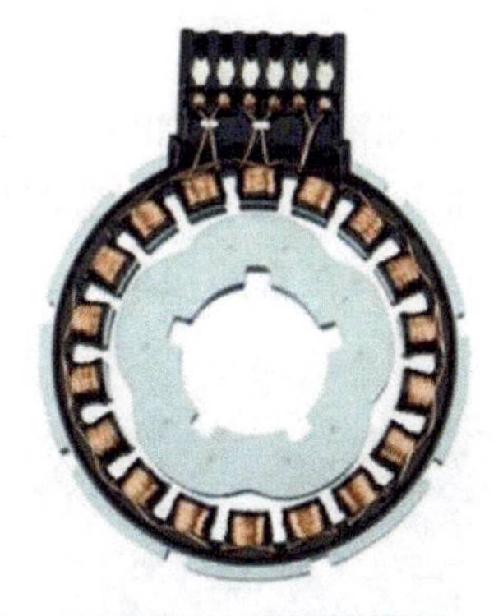
图 4-11　旋变传感器

图 4-12　温度传感器

（2）永磁同步电机工作原理

永磁同步电机的工作原理是电机的三相定子绕组通入三相交流电后，将产生一个旋转磁场，定子的旋转磁场与永磁转子中的磁场相互作用，产生转矩，带动转子转动，转子的转动速度与旋转磁场同步，如图 4-13 所示。工作状态如下。

1）停止工作。电机内部没有接入三相交流电，定子中无旋转磁场产生，电动机处于静止状态。

2）正转。当转子位置确定后，通过给三相绕组提供一定相序的交流电，电机实现正转。

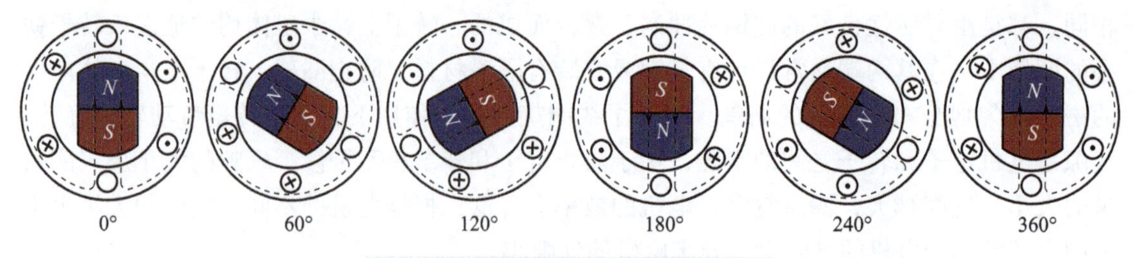

图 4-13　永磁同步电机工作原理示意图

3）反转。当转子位置确定后，通过改变三相绕组的相序进行供电，即可实现电机反转。

4）改变转速。电机控制模块通过改变供电的频率来调整电机转速。

5）发电。车辆减速时，永磁电动机就相当于一个三相交流发电机。转子转动提供旋转磁场，定子内的三相绕组切割磁力线发电，发出的电量通过电机控制器内的整流器整流，输送给动力电池。

4. 驱动电机检查与维护要点

新能源汽车能否正常工作，很重要的因素在于电机能否正常运转。驱动电机的工作取决于很多因素，需要按照厂家使用手册进行检查和维护。在对电动汽车高压部件进行维护之前，一定要做好高压安全防护准备。

（1）检查驱动电机的外观

1）检查驱动电机表面是否有油液污渍，是否存在漏液现象，如图 4-14 所示。

2）检查驱动电机的上水管和下水管有无裂纹和泄漏，如果存在泄漏情况，要查找泄漏部位，如图 4-15 所示；一般出现泄漏的地方主要集装在管路接口处、橡胶管路和金属接合面等。

图 4-14　检查驱动电机有无泄漏

图 4-15　检查驱动电机上、下水管

3）目测车身底部防护层、驱动电机是否有磕碰、损坏等，如图 4-16 所示。

4）使用压缩空气或干布对驱动电机的外观进行清洁，严禁使用水枪对驱动电机、电机控制器进行喷水清洗，如图 4-17 所示。

图 4-16　检查驱动电机有无磕碰、损坏

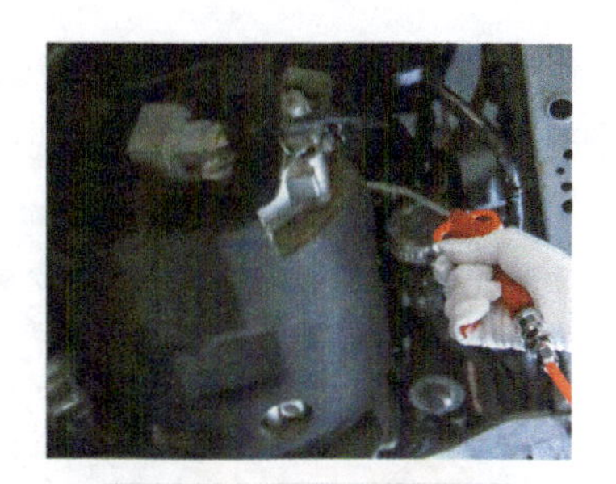

图 4-17　清洁驱动电机

5）检查驱动电机各固定部分螺栓的固定状态，使用扭力扳手检查各固定螺栓的固定力矩（图 4-18）。其中，电机前端盖与变速器壳体连接处的 M10 螺栓拧紧力矩应为 55N · m；电机后端盖与悬架支架连接处的 M10 螺栓拧紧力矩应为 55N · m；电机前、后端盖与支架连接的 M10 螺栓拧紧力矩应为 55N · m；其余 M 8 螺栓拧紧力矩应为 27N · m。

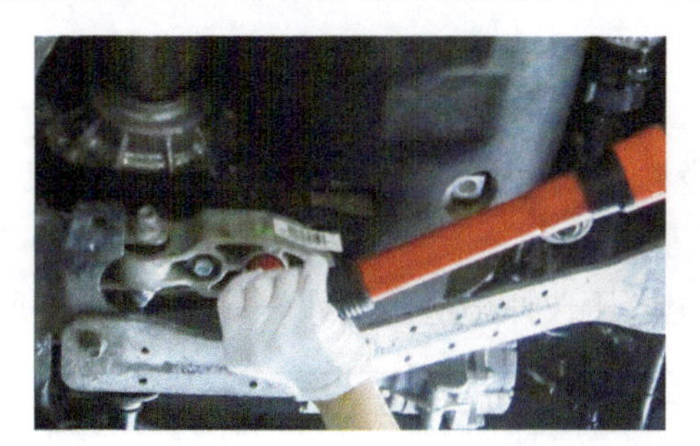

图 4-18　检查驱动电机螺栓力矩

（2）检查驱动电机插接件状态

驱动电机涵盖高压插接件（三相交流）和低压插接件（19 针），图 4-19 所示为驱动电机高压插接件，图 4-20 所示为驱动电机低压插接件。

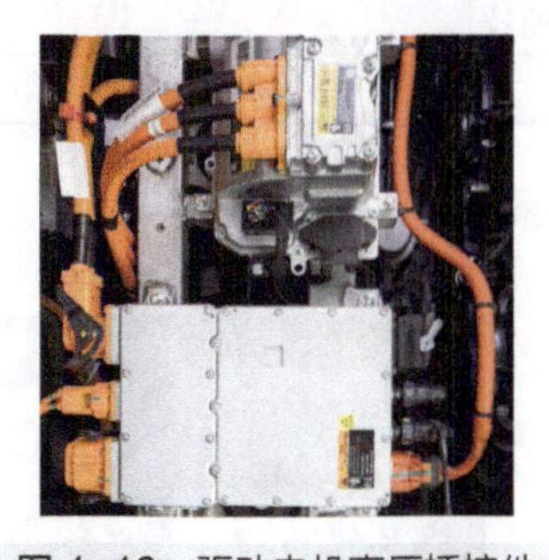

图 4-19　驱动电机高压插接件

图 4-20　驱动电机低压插接件

检查驱动电机插接件方法如下。

1）检查驱动电机高压插接件连接状态是否完好，目测各个插接件是否存在退针、变形、松脱、过热和损坏情况，如发现以上情况，应及时予以修理或更换。驱动电机高压线束来自驱动电机控制器，高压线束分别为黄色——高压线束三相交流 U 相、绿色——高压线束三相交流 V 相、红色——高压线束三相交流 W 相，如图 4-21 所示。

2）检查驱动电机低压插接件连接状态是否完好，目测各个插接件是否存在退针、变形、松脱、过热和损坏情况，如发现以上情况，应及时予以修理或更换，如图 4-22 所示。

图 4-21　驱动电机高压插接头

图 4-22　驱动电机低压插接头

3）将接线盒盖打开，检测三相接线柱 M8 螺钉拧紧力矩为 27N·m；安装接线盒盖时，接线盒盖上螺钉 M4 的拧紧力矩为 3.2N·m。

（3）检查驱动电机绝缘情况

驱动电机在常规检查中必须检查其绝缘性，绝缘性符合标准要求，驱动电机才能安全使用。检查驱动电机绝缘情况，具体操作步骤如下。

1）查看驱动电机铭牌，根据电机的额定电压选择合适的绝缘表，如图 4-23 所示。

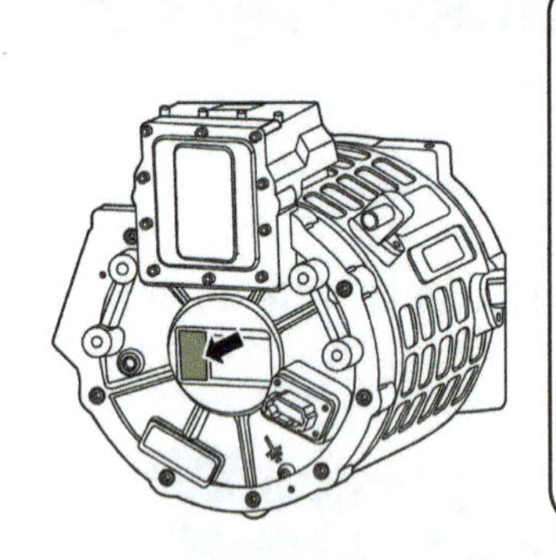

GEELY TM5028 100802 06632079	精进电动科技　北京　有限公司			
	额定功率	42kW	额定电压	137V
	额定转矩	105N·m	峰值功率	95kW
	峰值转速	11 000r/min	峰值转矩	240N·m
	绝缘等级	H	冷却方式	水冷
	相数	3相	重量	55kg
	防护等级	IP67	工作制	S9
	出厂编号			
	永磁同步电机			

图 4-23　驱动电机铭牌

2）检查绝缘表的好坏，选择合适的绝缘表档位，黑色导线接绝缘表“com”接线柱上，红色导线接绝缘表“V”或“绝缘”接线柱上。

3）测量电机搭铁绝缘。将绝缘表黑表笔搭铁，红色笔逐个测量驱动电机三相交流电 U、V、W 端子，U 相、V 相、W 相之间的搭铁绝缘阻值应大于或等于 20~100MΩ，如图 4-24 所示。

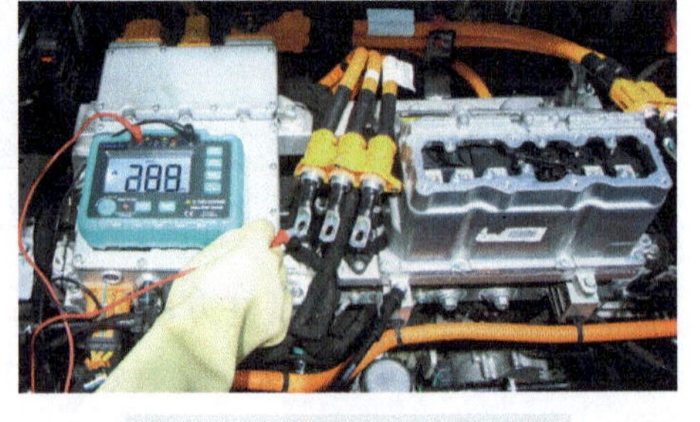

图 4-24　搭铁绝缘阻值测量

（4）检查驱动电机定子绕组

检查驱动电机定子绕组，需要判断三相定子绕组之间有无通断，使用万用表测量驱动电机的定子绕组 U 和 V 之间、V 和 W 之间、W 和 U 之间的阻值是否正常，三相线电阻值应近似平衡相等为正常，20℃参考值为 11.78~13.03MΩ，如图 4–25 所示。用同样的方法测量 U 相和 W 相之间的电阻值和 W 相与 V 相端子之间的电阻值。

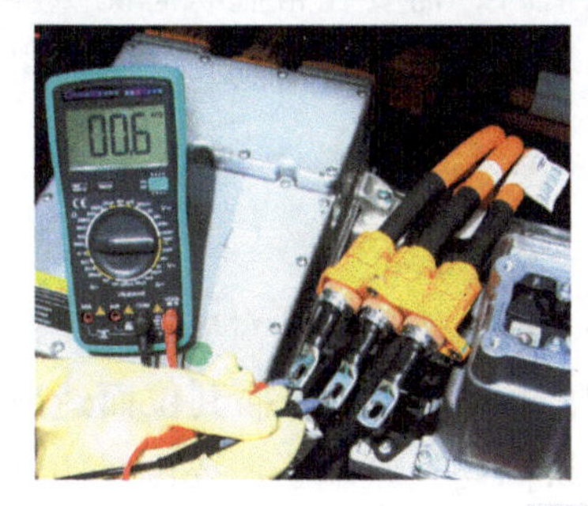
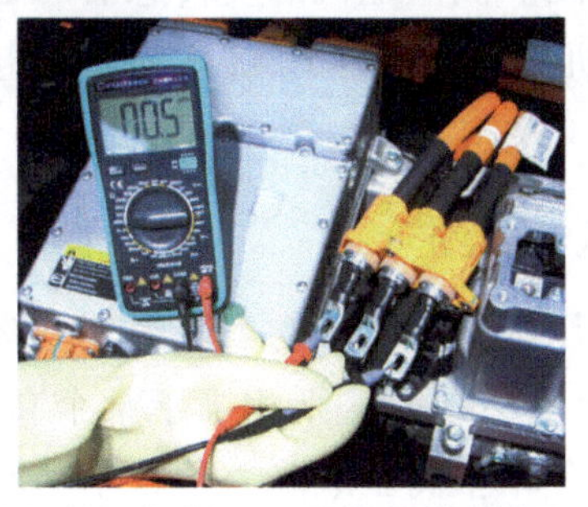
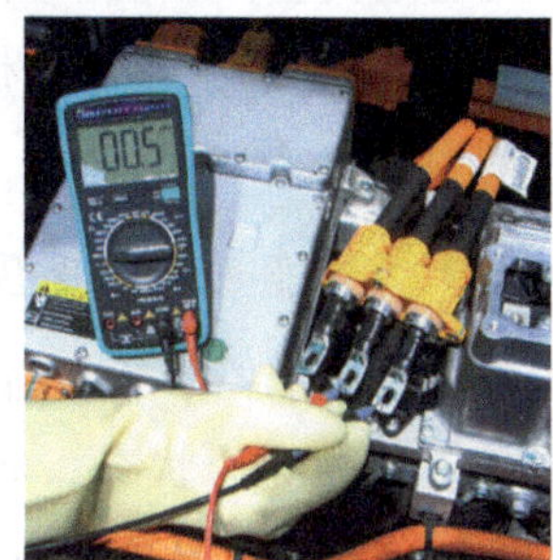

图 4–25 测量驱动电机定子绕组阻值

（5）检查驱动电机旋转变压器

1）检查电机控制器与电机连接的低压插接件状态，查看是否存在退针与虚接现象。电机与电机控制器连接的电机端低压插接器插脚定义如图 4–26 所示。

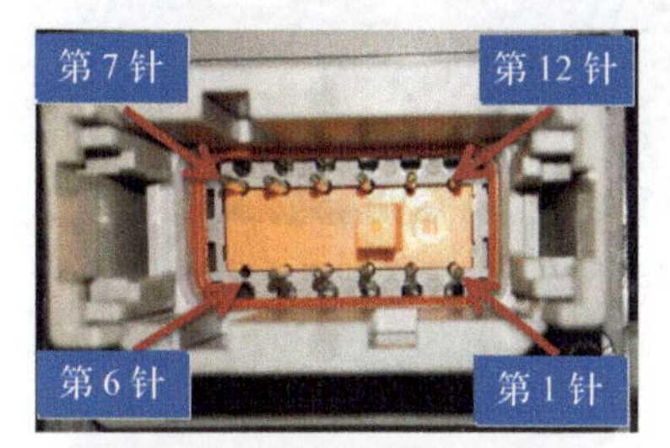

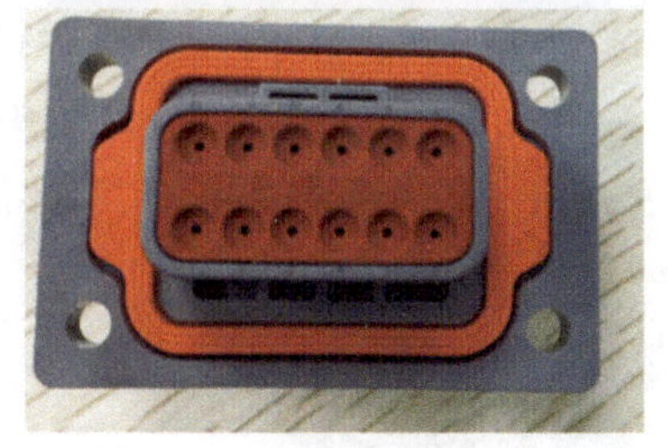

低压插接器插脚定义（电机端）			
针序号	线色	信号名称	备注
1	绿	R1+	NTC 温度传感器 1
2	绿	R1–	
3	绿	R1+	NTC 温度传感器 2
4	绿	R1–	
5	/	GND	屏蔽
6	/	GND	
7	黑	COSLo	旋变余弦
8	红	COS	
9	蓝	SINLo	旋变正弦
10	黄	SIN	
11	绿	PEFLo	旋变励磁
12	白	PEF	

图 4–26 电机与电机控制器连接的电机端低压插接器插脚定义

2）用万用表测量驱动电机旋变传感器的阻值，电机旋变传感器分为三组，分别测量旋变传感器励磁、正弦、余弦电阻值（表 4–3）。若阻值为无穷大，则说明驱动电机旋变传感器有短路，需要更换旋变传感器。

表 4–3 旋变传感器电阻值

检测项目	测量位置	标准值 /Ω
励磁（REF）	BV13/11–BV13/12	9.5 ± 1.5
正弦（SIN）	BV13/9–BV13/10	13.5 ± 1.5
余弦（COS）	BV13/7–BV13/8	14.5 ± 1.5

（6）检查驱动电机温度传感器

驱动电机温度传感器主要用于监测驱动电机的温度。检查驱动电机温度传感器的好坏，可通过测量其阻值来判断。测量电机温度传感器的阻值时，需要在常温状态测量。如图 4-27 所示，图中驱动电机低压插接件 G 和 H 为驱动电机温度传感器信号，20℃参考值为 12.9~14.36kΩ。

（7）检查驱动电机高压互锁端子

高压互锁是一个所有高压附件所组成的串联闭环电路。每个高压附件对应的两个高压互锁端子应为导通状态，如果不导通，则相当于某个高压插件未插或未插到位而造成高压互锁回路短路，从而引发整车报高压故障。检查驱动电机高压互锁端子需要测量驱动电机高压互锁的电阻值，位置在端子 L 和 M 之间，检查方法如图 4-28 所示，若阻值为无穷大，则为短路。

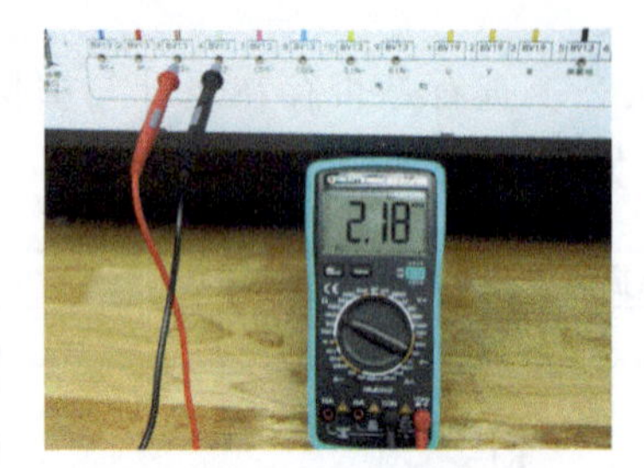

图 4-27　测量驱动电机温度传感器电阻

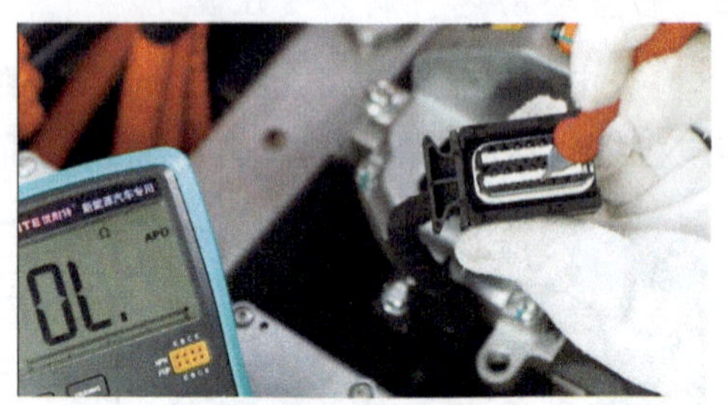

图 4-28　检查驱动电机高压互锁端子

（8）更换三相高压线

1）使用内六角头扳手将固定接线盒盖板（上）的 10 颗 M5 × 12 内六角头螺钉拆下，取下接线盒盖板（上）与 O 形圈。随后拆下盒内固定三相线的 3 颗 M8 × 16 外六角头螺钉。

2）拆除固定插接器的 3 颗 M6 × 16 内六角头螺钉，取下线束。拆解零件顺序如图 4-29 所示（从左到右从上到下）。

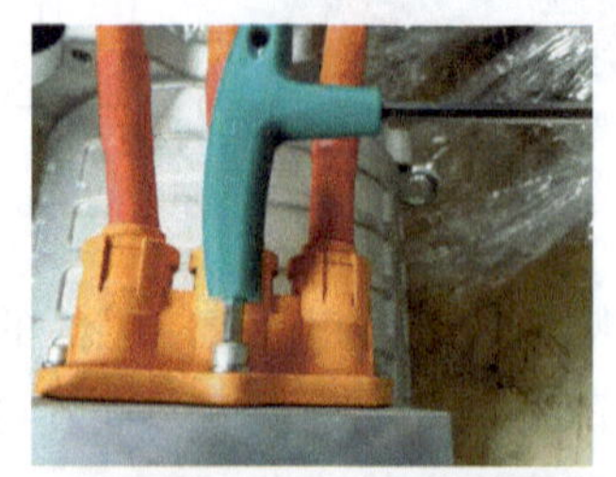

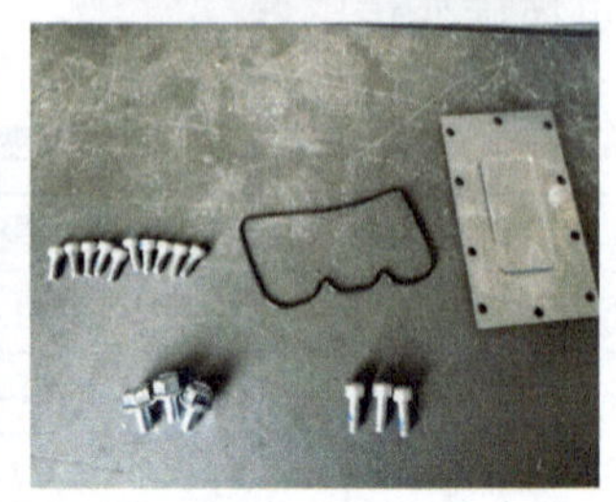

图 4-29　更换三相高压线

3）更换线束后，按照线束插接器安装、三相线固定、O 形圈和盖板安装的顺序重新装配。

（9）更换低压插接件

1）使用内六角头扳手拆下固定低压插接件的 4 颗 M4×16 螺钉。再用尖嘴钳拔出插件中的固定塞（TE 插接件 1-2303064-1）。

2）拔出插件后端的橡胶塞，用挑针挑开端子卡扣，拔出各端子和防水塞。拆下的零件按照拆解顺序如图 4-30 所示的位置放置（从左到右）。

3）更换新的低压插件后，按照插端子、放置橡胶塞、放入固定塞、安装螺钉的顺序重新装配回去，线序对应插孔如前面介绍的低压插接器管脚定义，如图 4-30 所示。

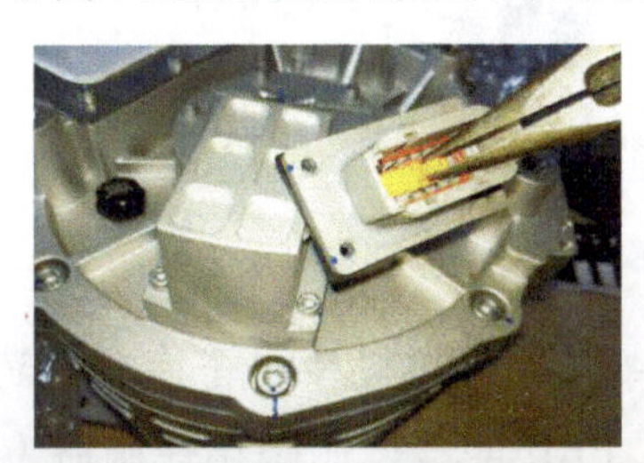

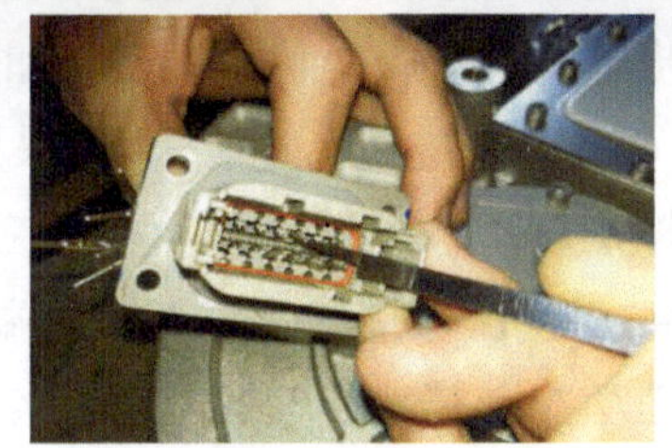
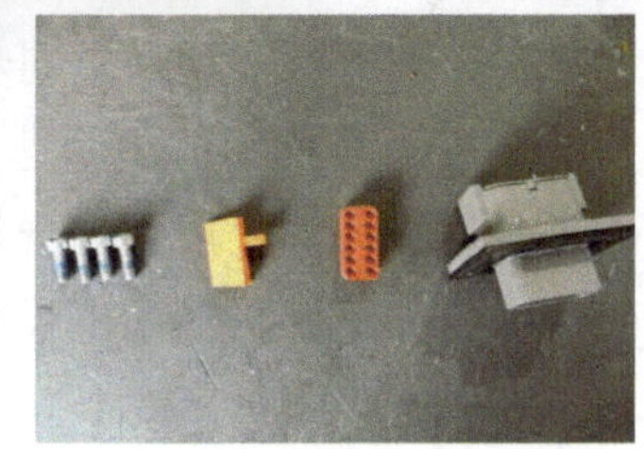

图 4-30　更换低压插件

二　驱动电机控制器检查与维护

1. 驱动电机控制器认知

（1）驱动电机控制器结构及功能

驱动电机控制器示意图如图 4-31 所示，吉利 EV450 的电机控制器是一个高功率、高电压的功率电子模块（简称 PEU），PEU 总成包括顶盖组件（含密封圈和高压互锁插接件）、逆变器端壳体组件、转换器端壳体组件、水冷板、逆变器组件、DC-DC 变换器组件、输入滤波器组件、母线等。

电机控制器根据整车控制器发出的各种指令，响应并反馈来实时调整驱动电机输出，将动力电池供给的高压直流电逆变成三相交流电给汽车驱动电机提供电源，以实现整车的怠速、前进、倒车、加速、减速、能量回收以及驻坡。驱动电机控制器接收电机转速等信号反馈到仪表，当发生制动或者加速时，控制器控制变频器频率的升降，从而达到加速或减速的目的。

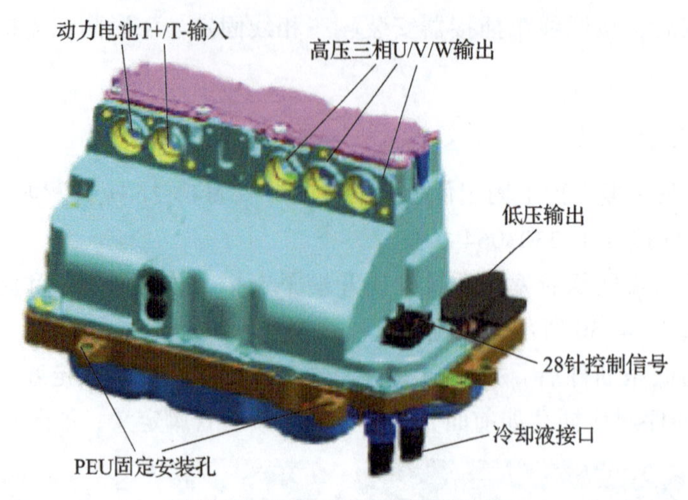

图 4-31　驱动电机控制器示意图

（2）吉利 EV450 电机控制器的性能参数

吉利 EV450 的电机控制器是一个高功率、高电压的功率电子模块（简称 PEU），由 1 个电机控制单元和 1 个 DC-DC 变换器组成。PEU 能够按照整车控制器（VCU）的需求，在四象限上对三相交流永磁同步电机进行转矩控制；PEU 和 VCU 之间采用 CAN 总线通信，具备 2 路硬线唤醒功能（钥匙 ON 位、充电使能信号），采用 12V 低压供电。PEU 能保证电机安全运行（禁止产生非受控的转矩输出），其 DC-DC 变换器，是将直流母线上的高压转化为低压供给车辆的用电设备。PEU 与整车的直流高压端直接连接，同时与驱动电机的三相端直接连接，具备高压互锁功能。其性能参数见表 4-4。

表 4-4　吉利 EV450 电机控制器及 DC-DC 变换器性能参数

电机控制器参数	
电机控制器额定工作电压	336V
电机控制器工作电压范围	240~410V
电机控制器的额定工作电流 /A	230@ 冷却液流量 8L/min65℃
电机控制器的最大工作电流 @ 持续时间 /（A@s）	270V：450Arms@10s 336V：450Arms@4s，405Arms@10s 410V：400Arms@4s，350Arms@10s
开关频率 /kHz	5，10
转矩变化率 /（N·m/s）	2 000
DC-DC 参数	
DC-DC 变换器的最大输出电流 /（A@V DC）	>148 @ 13.5
DC-DC 变换器的额定输出电流 /（A@V DC）	>120 @ 13.5
输出电压范围 /V	10 ~ 16
输出电压波动（%）	常用设定电压（13~14.6V）1%，其他点 < ± 0.25V
输出电流波动（%）	100A 以下 ± 4A，100A 以上 ± 4%

(3)电机控制器的安装位置

电机控制器安装在前舱内，采用 CAN 通信控制，控制着动力电池组到电机之间能量的传输，同时采集电机位置信号和三相电流检测信号，精确地控制驱动电机运行；DC-DC 变换器集成在电机控制器内部，其功能是将电池的高压电转换成低压电，提供整车低压系统供电。电机控制器安装位置示意图如图 4-32 所示。

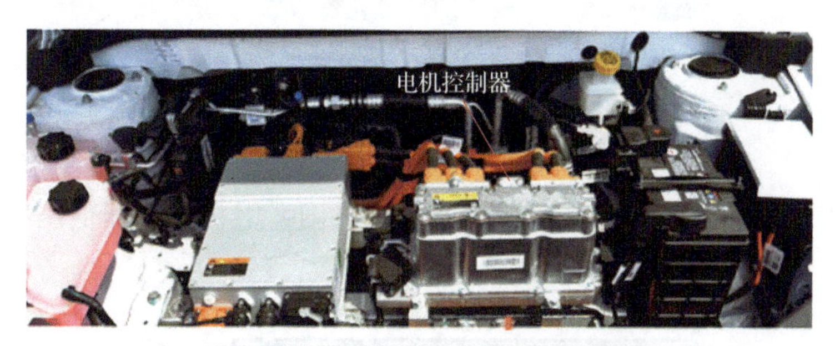

图 4-32 电机控制器安装位置示意图

(4)电机控制器外部电路认知

以北汽 EV200 电动汽车为例，驱动电机控制器的外部电路示意图如图 4-33 所示，驱动电机控制器高压部分接收由高压控制盒分配的高压直流电源，并将其经过变压处理为高压交流电源输送给驱动电机，控制驱动电机动力输出。驱动电机控制器接收来自整车控制器的信号输入，以及来自驱动电机旋变传感器、电机温度传感器的信号输入，通过对这些信号进行内部处理，从而控制驱动电机三相交流电的大小和方向等参数。

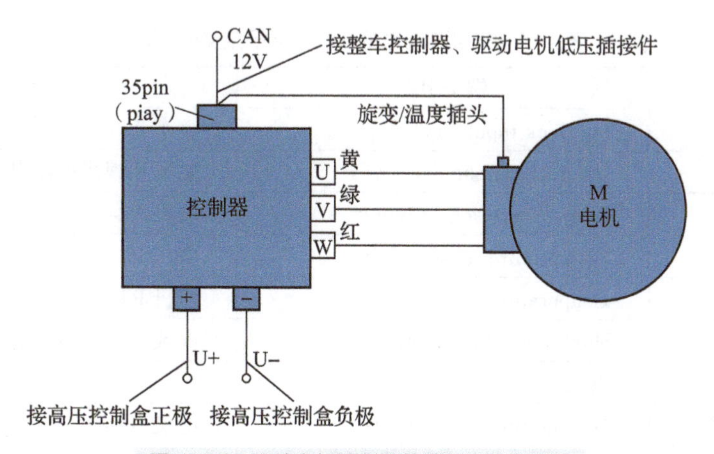

图 4-33 驱动电机控制器的外部电路示意图

(5)电机控制器线束的认知

驱动电机控制器的线束分为高压线束和低压线束，分别为高压直流电的输入、三相交流电的输出和低压插接件，图 4-34 所示为电机控制器 PEU 高压线束接口示意图。橙色线束均为高压线束，左边两个为动力电池的输入，右边三个为高压三相 U/V/W 输出。

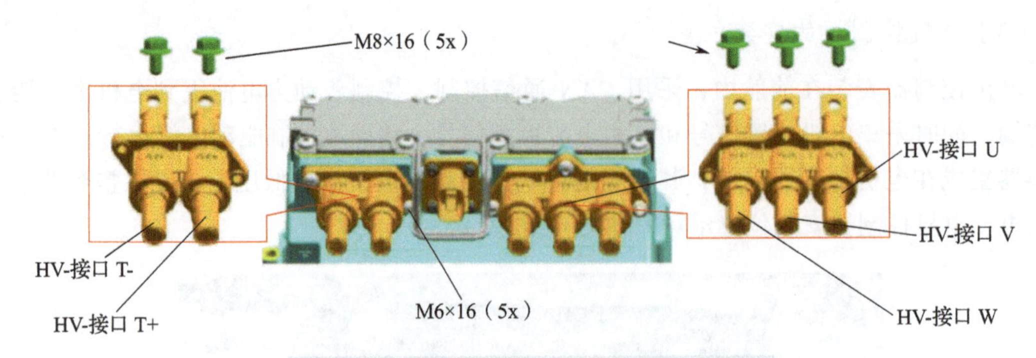

图 4-34　电机控制器 PEU 高压线束接口示意图

图 4-35 所示为电机控制器低压线束端口示意图，电机控制器低压线束端子定义见表 4-5。

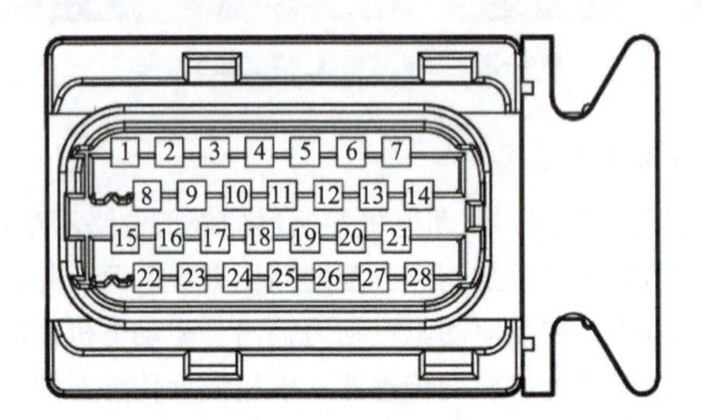

图 4-35　电机控制器低压线束端口示意图

表 4-5　电机控制器低压线束端子定义一览表

端子	颜色	端子定义	对接线束
1	Br	Interlock input	整车互锁线束输入
4	W	Interlock output	整车互锁线束输出
5	Br/W	Temperature sensor input	电机 R2+
6	R	Temperature sensor GND	电机 R1-
7	L/R	Temperature sensor input	电机 R1+
10	B	Shielding GND（屏蔽线）	屏蔽搭铁，与电机端屏蔽搭铁对接
11	B	搭铁	
13	W/G	Temperature sensor GND	电机 R2-
14	L/W	WAKEUP input	整车 wakeup 信号
15	G	Resovler +EXC	电机旋变励磁 +
16	P	Resovler COSLO	电机旋变 COSLO
17	W	Resovler SINLO	电机旋变 SINLO
20	Gr/O	Communication CAN high	整车动力 CANH
21	L/B	Communication CAN low	整车动力 CANL

（续）

端子	颜色	端子定义	对接线束
22	O	Resovler -EXC	电机旋变励磁 -
23	L	Resovler COSHI	电机旋变 COSHI
24	Y	Resovler SINHI	电机旋变 SINHI
25	G/Y	KL15	整车 key on
26	R/L	KL30	整车 12V 常电
27	P/W	Calibration CAN high	OBD CANH
28	B/W	Calibration CAN low	OBD CANL

（6）DC-DC 变换器

1）DC 和 AC 的含义。直流电，用英文字母 DC（Direct Current）来表示。电视遥控器里面的干电池、汽车中的铅酸电池等都属于直流电源，能够输出直流电。常用语中低压的便携式电器设备、车辆电子控制回路、各种电子仪器等也属于直流电源。

交流电，用英文字母 AC（Alternating Current）来表示。发电机发出的一般都是交流电，而且交流电易于变压、变流。因此，利用建立在电磁感应原理基础上的交流发电机（交流电动机）可以很经济、方便地把机械能转化为电能（电能转化为机械能）。

2）DC-DC 变换器的功能。电源变换器分为直流 - 直流（DC-DC）变换与直流 - 交流（DC-AC）变换两类。DC-DC 变换器有降压、升压、双向降 - 升压三种形式，它是满足新能源汽车电气系统电能变换和传输不可缺少的电器设备。在各种新能源汽车中，主要实现功能如下。

①不同电源之间的特性匹配。以燃料电池电动汽车为例，一般采用燃料电池组合动力电池的混合动力系统结构，在能量混合型系统中，采用升压 DC-DC 变换器；在功率混合系统中，采用双向 DC-DC 变换器。

②驱动直流功率。在小功率（低于 5kW）直流电机驱动的转向、制动灯辅助系统中，一般采用 DC-DC 电源变换器供电。

③给低压蓄电池充电。在电动汽车中，需要高压电源通过 DC-DC 变换器给蓄电池充电，一般采用隔离型的降压电路形式。

在电动汽车上 DC-DC 变换器一般有独立的部件形式（如北汽 EV160，如图 4-36 所示），或者采用在电机控制器 PEU 内部包含一个隔离的 DC-DC 变换器，完成从车辆的高压电池包取电、给 12V 蓄电池提供能量（充电）的功能（如吉利 EV450）。

3）DC-DC 变换器的技术参数。

①最大功率。在降压模式下，DC-DC

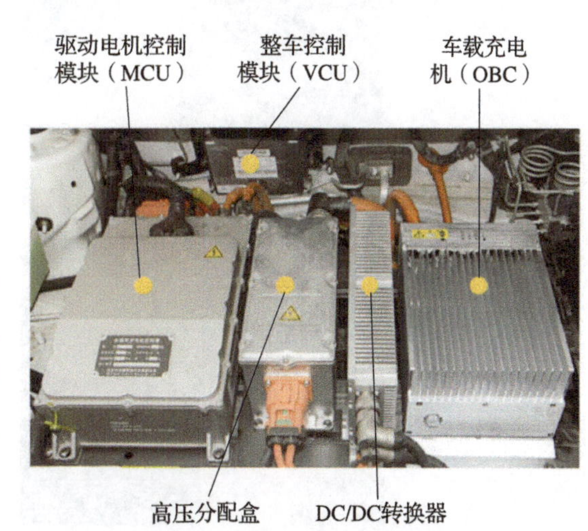

图 4-36 DC-DC 变换器的安装位置示意图

变换器的最大输出功率为 2kW。

②额定功率。在降压模式下，DC-DC 变换器的额定输出功率为 1.6kW。

③输入电压。在降压模式下，从高压变换为低压，DC-DC 变换器的输入电压额定值为直流 336V，电压范围应为直流 240 ~ 420V。

④输出电压。在降压模式下，从高压变换为低压，集成 DC-DC 变换器的额定输出电压，在低压端为直流 13.5V，要求 DC-DC 变换器输出的电压可调，范围应为 10 ~ 16V。

⑤输出控制。集成的 DC-DC 变换器能传递可调整的输出电压，并且能够限制高压端的输入电流。DC-DC 变换器的输出电压（如 10~16V）和高压端输入电流（如 0~10A）的控制设定点由 VCU 发送。

⑥延时断电功能。DC-DC 变换器具备延时断电功能，在检测到 VCU 运行结束命令及点火钥匙关闭信号后，还需保持 12V 的供电电压，支持 PEU 对故障码进行存储。

2. 驱动电机控制器的检查和维护要点

（1）准备前工作，高压断电操作流程

1）准备检查与维护驱动电机控制器前应关闭点火开关，拔下钥匙。

2）拆下低压蓄电池负极，断开整车低压控制电源。

3）断开动力电池维修开关。

4）当车辆举升到需要的高度时，举升机要锁止安全锁。

5）拆下动力电池总正、总负和低压线束插头。

备注： 断开或安装动力电池维修开关的操作要点如下所述。

①手动维修开关位置。手动维修开关位置示意图如图 4-37 所示。

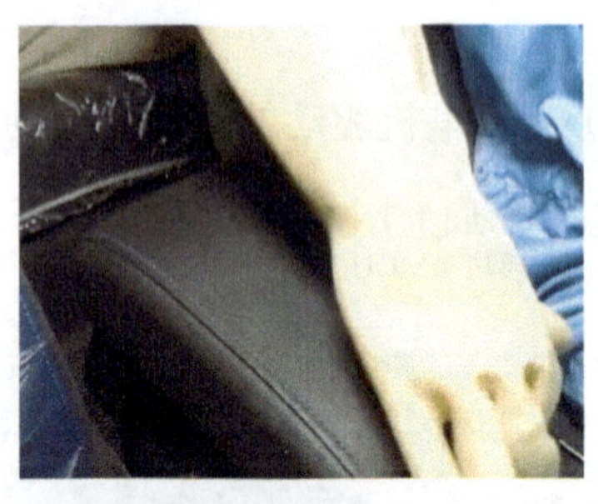

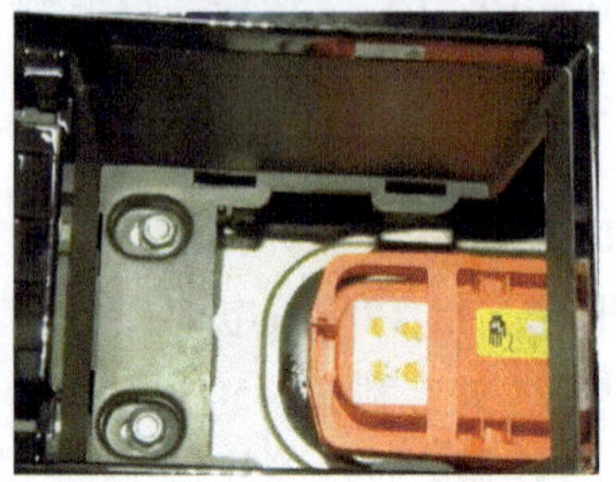

图 4-37　手动维修开关位置示意图

②手动维修开关拆卸方法。拆下维护开关时，需要用手向外方向掰着卡扣，同时向上提拉手，待拉手提到竖直位置时，将 MSD 取出。

注意：维修开关是有方向的，箭头方向为车辆行驶方向，即箭头是朝着车头方向的，如图 4-38 所示。

图 4-38　手动维修开关方向性示意图

③手动维修开关安装操作规范。

步骤 1：如图 4-39a 所示，用右手握住维修开关上盖的拉手，沿着Ⓐ箭头所示的方向将上盖轻轻地插入底座。

步骤 2：如图 4-39b 所示，使用左、右手的拇指沿着Ⓑ箭头所示的方向缓慢推动维护开关的拉手，直到听见“咔嚓”声后停止（如图 4-39c 所示），此时维修开关安装到位。

步骤 3：如图 4-39d 所示，用右手握住维修开关上盖沿着Ⓐ箭头所示的方向拉拔，以此确认维修开关的上盖是否安装到位。

图 4-39　手动维修开关操作流程图

（2）检查与清洁驱动电机控制器

1）检查驱动电机控制器表面是否有油液污渍，如图 4-40 所示。

2）检查驱动电机控制器冷却液管、接头处有无裂纹、有无渗漏，如图 4-41 所示。

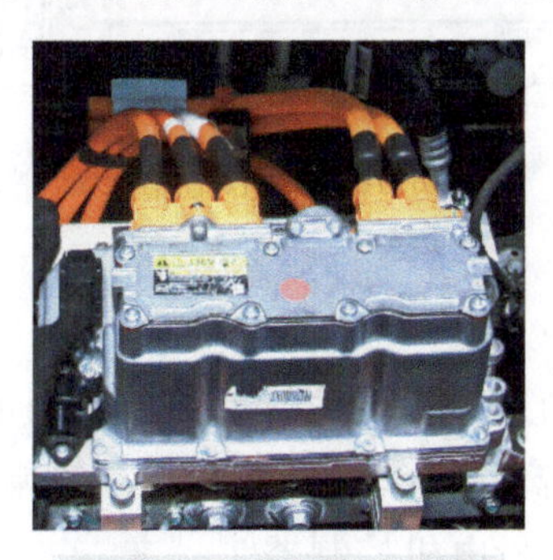

图 4-40　驱动电机控制器表面油液污渍检查示意图

图 4-41　驱动电机控制器冷却液管检查示意图

3）目测驱动电机控制器外观有无磕碰、变形或损坏，并使用压缩空气或干布对驱动电机控制器的外观进行清洁，如图 4-42 所示。

（3）检查驱动电机控制器端子电压及插接件

1）检查驱动电机控制器高压插接件是否连接到位，是否有退针现象，或存在触点烧蚀现象，如图 4-43 所示。

图 4-42　驱动电机控制器外观清洁示意图

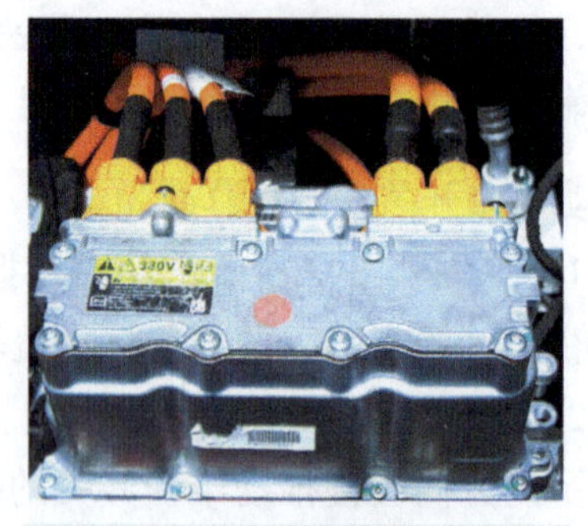

图 4-43　驱动电机控制器高压插接件检查示意图

2）检查驱动电机控制器低压插接件是否连接到位，是否有退针现象或触点烧蚀情况，如图 4-44 所示。

3）检测驱动电机控制器低压线束控制电源，图 4-45 所示为驱动电机控制器低压线束插接器端口示意图，26 号端子和 11 号端子为控制电源接口的 12V+ 和 12V-GND，使用万用表检查这两个端口电压，应在 9~14V 范围内。

图 4-44　驱动电机控制器低压插接件检查示意图

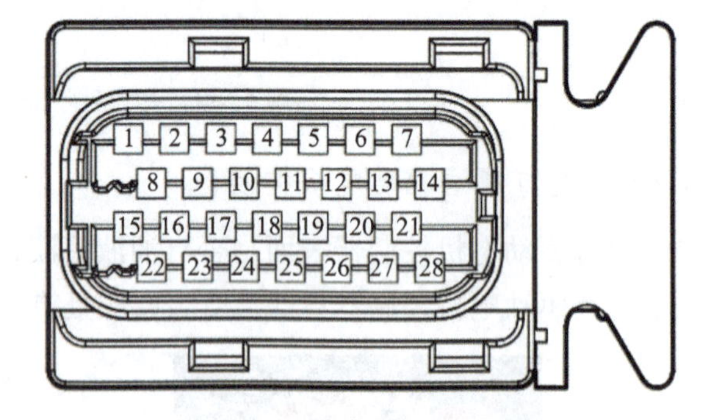

图 4-45　驱动电机控制器低压线束插接器端口示意图

（4）检查驱动电机控制器高压电缆绝缘性能

车辆在充电或行驶中动力电池报绝缘故障，在检测其他高压系统绝缘阻值正常的情况下，需检查驱动电机控制器和连接电机控制器的高压线缆绝缘阻值是否正常。如图 4-46 所示，使用绝缘表检测，档位选择 500V，分别测量电机控制器 T+、T-、U、V、W 端子与电机控制器外壳的绝缘阻值，测量结果应为 2.5MΩ 以上。

（5）检测 DC-DC 变换器输出电压

检测 DC-DC 变换器输出电压应与蓄电池电压一致，如图 4-47、图 4-48 所示；若根

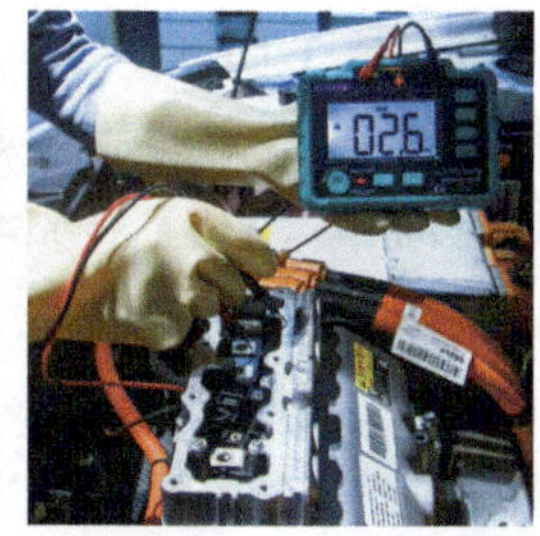

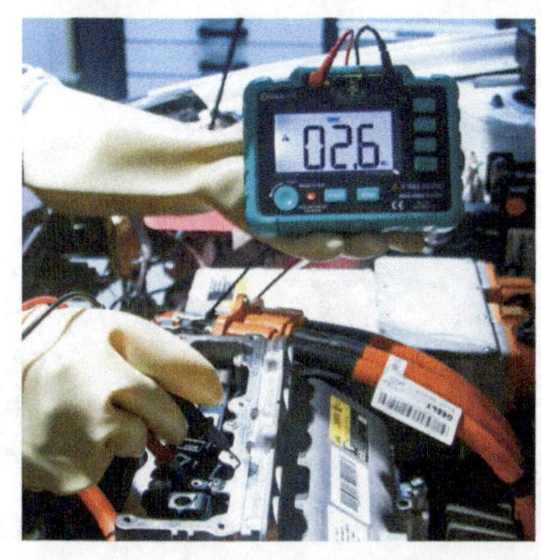
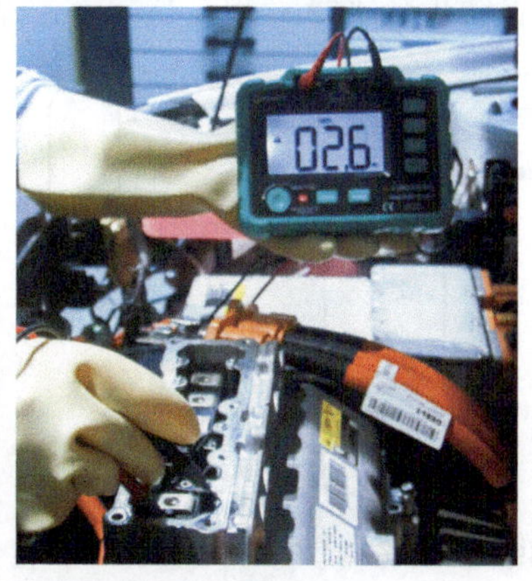

图 4-46 驱动电机控制器高压电缆绝缘性能检测示意图

据测量结果 DC-DC 变换器输出端电压为 0V，与蓄电池电压不一致，可判定相关线路断路或熔丝熔断，DC-DC 变换器不工作。

图 4-47 检测 DC-DC 变换器输出电压

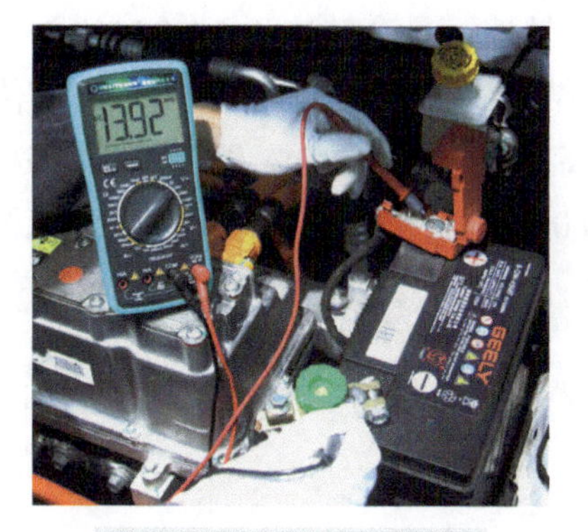

图 4-48 检测蓄电池电压

三 减速器检查与维护

1. 减速器认知

（1）减速器的功能

吉利 EV450 电动汽车减速器介于驱动电机和驱动半轴之间，驱动电机的动力输出轴通过花键直接与减速器输入轴齿轮连接（图 4-49）。减速器的功能与传统燃油车略有不同，一方面减速器将驱动电机的动力传给驱动半轴，起到降低转速、增大转矩作用；另一方面满足汽车转弯及在不平路面上行驶时，左、右驱动轮以不同转速进行转弯，起到差速作用。

吉利 EV450 电动汽车采用单速比减速器，只有一个前进档、一个倒车档、一个空档和一个驻车档，减速器的外形示意图如图 4-50 所示。当车辆处在驻车档时，减速器会通过一套锁止装置锁止减速器。

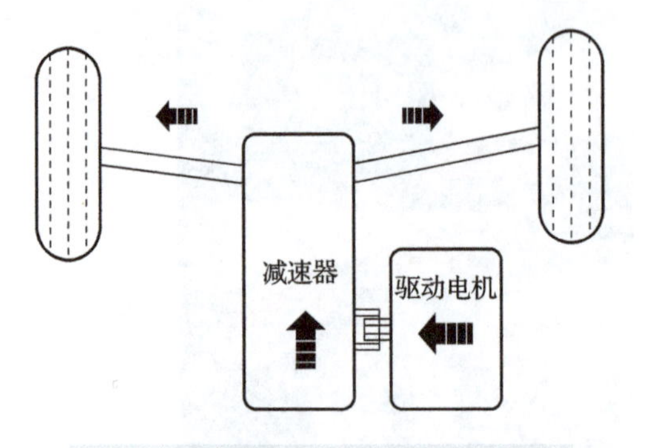

图 4-49　电动汽车动力传递路线示意图

图 4-50　减速器的外形示意图

吉利 EV450 的减速器具有如下三个特点。

1）高效。采用行业先进的单档减速器，无须换档，可实现更平顺的动力传递，无任何换档顿挫。

2）高转速。最高转速达 14 000r/min，是普通变速器的 2.5 倍，使车辆能够达到更高的车速；结构简单，更可靠，具有更高的传递效率。

3）高效率。效率 90% 以上的区域达 93% 以上，最高效率达 96%，高效区覆盖了 2 000~10 000r/min 范围，最大限度地降低消耗，提高能量利用率。

（2）减速器结构组成

减速器总成结构组成示意图如图 4-51 所示。

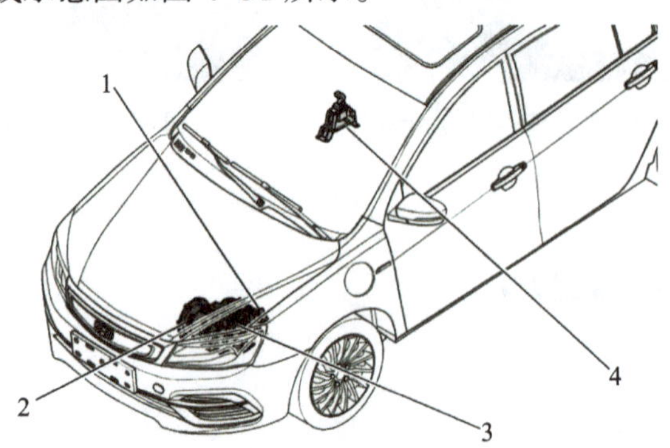

图 4-51　减速器总成结构组成示意图

1—减速器控制器（TCU）　2—减速器　3—驻车电机　4—电子换档器

吉利 EV450 电动汽车减速器最大转矩为 300N·m，传动比为 8.28。其结构组成示意图如图 4-52 所示，其技术参数见表 4-6。

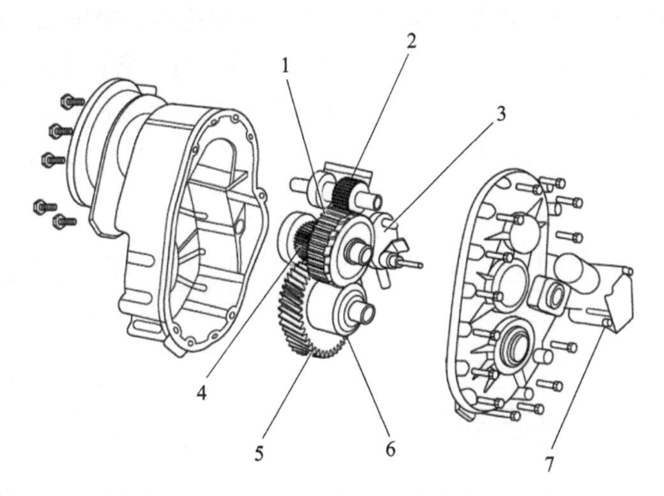

图 4-52　吉利 EV450 减速器结构组成示意图

1—中间轴输入齿轮　2—输入轴齿轮　3—驻车棘爪　4—中间轴输出齿轮　5—输出轴齿轮　6—差速器　7—驻车电机

表 4-6　减速器技术参数

项目	参数	单位
转矩容量	300	N·m
转速范围	≤ 14 000	r/min
减速器传动比	8.28 : 1	—
减速器油牌号	Dexron IV	—
减速器油量	1.7 ± 0.1	L
润滑方式	飞溅润滑	—
减速器最高输出转矩	2 500	N·m
效率	>95%	—

（3）减速器 P 位电子驻车的工作原理

1）减速器控制。驾驶人操作电子换档器进入 P 位，电子换档器将驻车请求信号发送到整车控制器（VCU），VCU 结合当前驱动电机转速及轮速情况判断是否符合驻车条件。当符合条件时，VCU 发送驻车指令到 TCU，TCU 控制驻车电机进入 P 位，锁止减速器。驻车完成后，TCU 将收到减速器发出的 P 位信号，并将此信号反馈给 VCU，从而完成换档过程。

驾驶人操作电子换档器退出 P 位，电子换档器将解除驻车请求信号发送给整车控制器（VCU），VCU 结合当前驱动电机转速及转速情况判断是否满足解除驻车条件，当符合条件时，VCU 发送解除驻车指令到 TCU，TCU 根据解锁条件判断是否进行解锁，TCU 控制电机解除 P 位锁止减速器。解除驻车完成后，TCU 将收到减速器发出的档位位置信号，并将此信号反馈给 VCU，从而完成换档过程。P 位电子驻车控制流程图如图 4-53a 所示。

TCU 控制减速器上的换档电机。驻车电机有一个编码器，输出 4bit 代码用来确定驻车电机位置。TCU 接口通过汽车 CAN 总线接收来自其他车辆系统的信息（驱动电机转速、车速、停车请求等）。TCU 接收相关的换档条件和换档请求，直接控制驻车电机驱动棘爪扣入或松开棘轮，达到驻车或解除驻车功能。减速器控制器（TCU）内部结构如图 4-53b 所示。

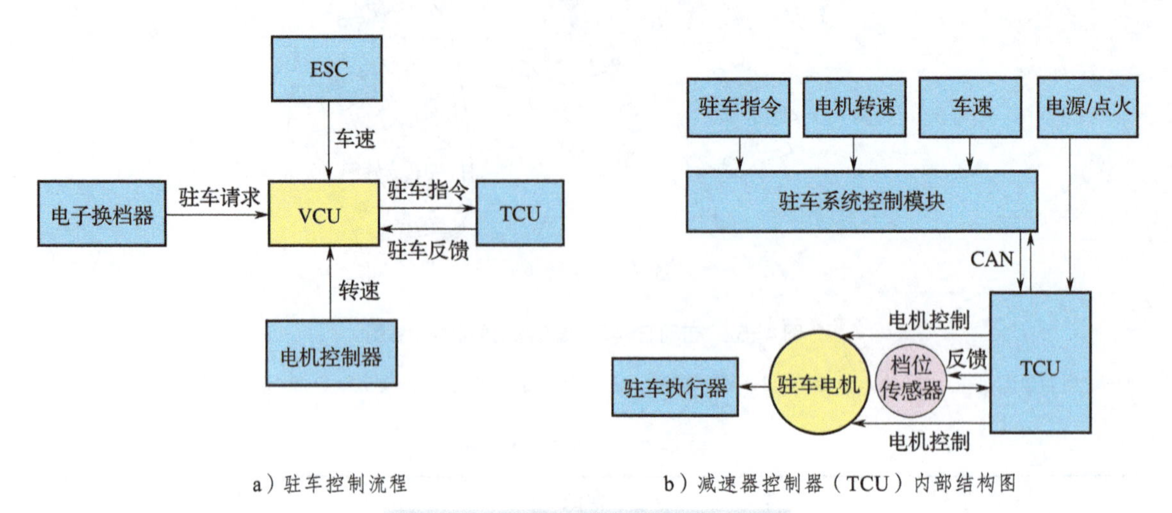

a）驻车控制流程　　b）减速器控制器（TCU）内部结构图

图 4-53　P 位电子驻车控制流程示意图

2）换档条件。

①驻车需要同时满足以下条件。

a）接收到驻车请求。

b）上一次的换档操作已完成。

c）供电电压处于 9~16V。

d）驻车电机和编码器无故障。

e）电机转速小于 344r/min。

f）ESC 车速小于 5km/h。

②驻车换档解除驻车条件。

a）接收到解锁请求。

b）上一次换档操作已完成。

c）供电电压在 9~16V 之间。

d）驻车电机和编码器无故障。

e）电机转速小于 7r/min。

f）ESC 车速小于 0.1km/h。

3）减速器端子含义及工作原理图。

P 位电子驻车时，电子换档器将驻车请求信号发送到整车控制器（VCU），VCU 发送驻车指令到TCU，TCU控制驻车电机进入P位，锁止减速器。驻车完成后TCU将收到减速器发出的P位信号，并将此信号反馈给VCU，完成电子驻车过程（图4-54）。减速器控制过程主要有TCU控制模块线束插接器、电子换档器线束插接器、减速器线束插接器等，三个插接器的端子含义分别为：

①电子换档器线束插接器端子含义。电子换档器线束插接器编号为IP53，其外形如图4-55所示，其端子含义见表4-7。

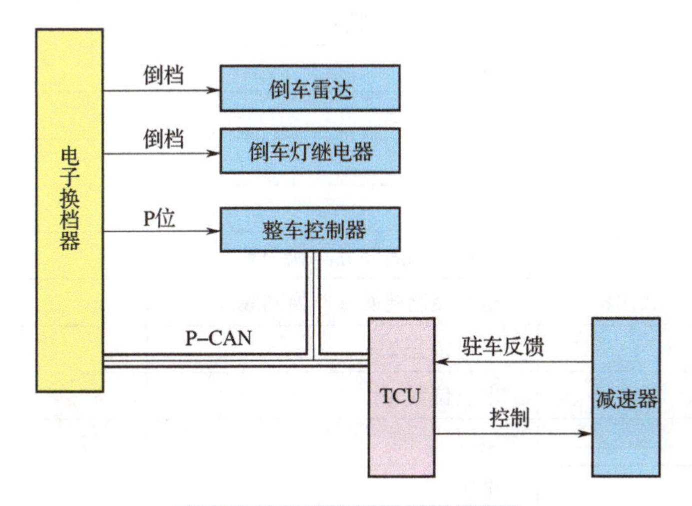

图4-54 减速器控制过程示意图

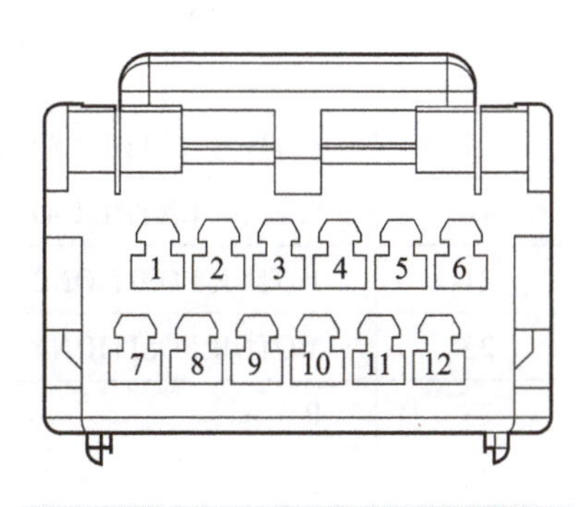

图4-55 电子换档器线束插接器端子

表4-7 IP53电子换档器线束插接器端子含义

端子号	端子定义	端子状态	规定条件（电压等）
1	KL30	电源	12V
2	KL15	电源	12V
3	P POSITION INDICATION OUTPUT		
4	CAN-H	总线高	
5	CAN-L	总线低	
6	LIN	数据线	
10	GND	搭铁	负极

② TCU控制模块线束插接器端子含义。

TCU控制模块线束插接器的编号为BV15，其端子排列顺序如图4-56所示，各端子的含义见表4-8。

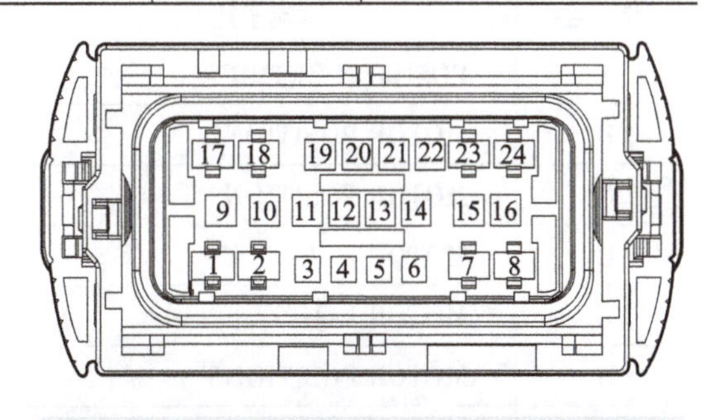

图4-56 TCU控制模块线束插接器端子排列顺序

表 4-8　BV15 TCU 控制模块线束插接器端子的含义

端子号	端子定义	端子状态	状态
1	MOTOR CNTRL PARK-UNPARK	电机控制驻车换到解除驻车	
2	MOTOR CNTRL PARK-UNPARK	电机控制驻车换到解除驻车	
7	GND	搭铁	负极
8	GND	搭铁	负极
11	MOTOR POSITION COMMON	驻车电机公共端	
12	MOTOR POSITION1	电机位置 1	
13	MOTOR POSITION3	电机位置 3	
14	P CAN-H	总线高	
15	P CAN-L	总线低	
17	MOTOR CNTRL PARK-UNPARK	电机控制解除驻车换到驻车	
18	MOTOR CNTRL PARK-UNPARK	电机控制解除驻车换到驻车	
21	MOTOR POSITION2	电机位置 2	
22	MOTOR POSITION4	电机位置 4	
23	B+	电源	12V
24	B+	电源	12V

③减速器线束插接器端子含义。减速器线束插接器编号为 BV07，其端子排列顺序如图 4-57 所示，各端子的含义见表 4-9。

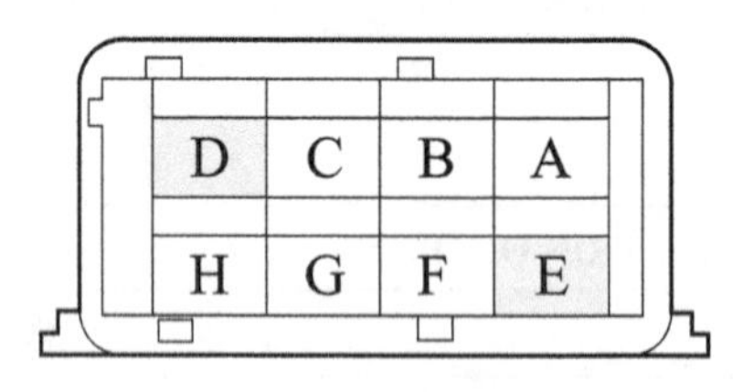

图 4-57　BV07 减速器线束插接器端子

表 4-9　BV07 减速器线束插接器端子的含义

端子号	端子定义	端子状态	状态
A	POSITION RETURN	驻车电机公共端	
B	MOTOR POSITION1	电机位置 1	
C	MOTOR POSITION2	电机位置 2	
D	MOTOR H-L	电机控制解除驻车换到驻车	
E	MOTOR L-H	电机控制驻车换到解除驻车	
H	MOTOR POSITION3	电机位置 3	
G	MOTOR POSITION4	电机位置 4	

④减速器控制原理图。减速器控制器与减速器之间的线路连接如图 4-58 所示。

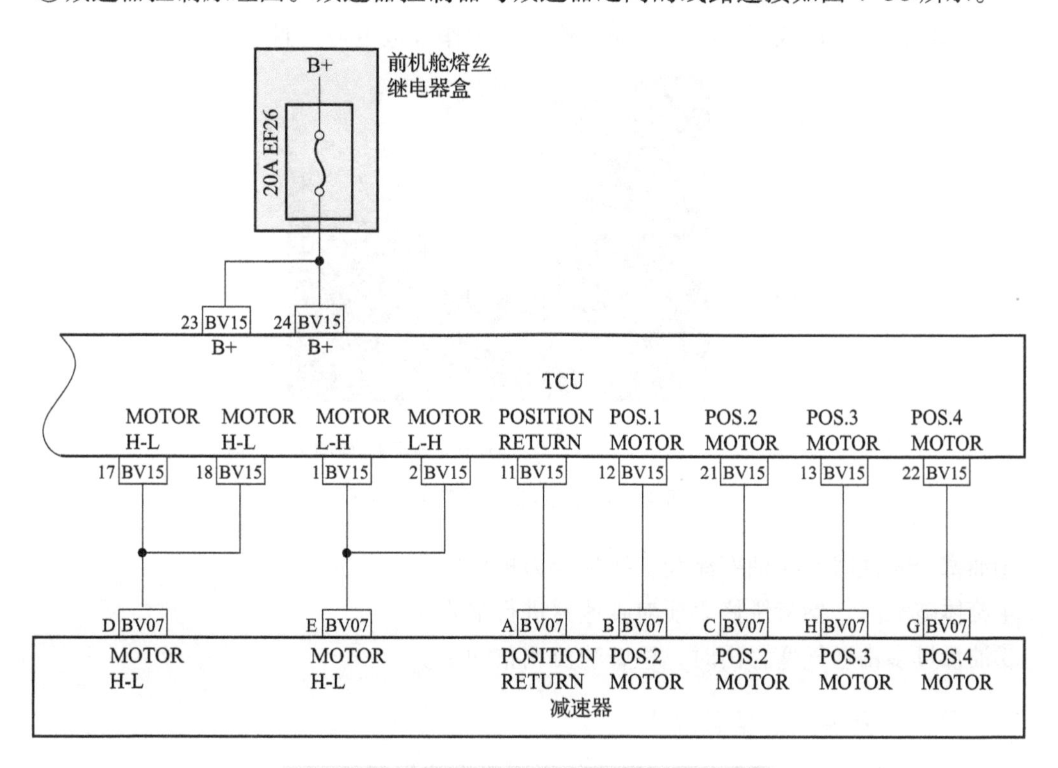

图 4-58 减速器控制器与减速器之间的线路连接

2. 减速器检查与维护要点

（1）减速器保养周期

减速器的保养同整车保养周期相同。对于初期维护，减速器磨合后，建议 3 000km 或者 3 个月更换润滑油，以后进行定期维护。减速器保养周期见表 4-10。4 次保养后，每间隔 6 个月或 10 000km（以先到者为限）到服务站进行定期的保养维护。

表 4-10 减速器保养周期

序号	保养次数	保养期限（时间和里程以先到者为限）
1	首次保养	购车 3 个月或行驶里程 3 000km 以内
2	第 2 次保养	购车 9 个月或行驶里程 13 000km 以内
3	第 3 次保养	购车 15 个月或行驶里程 23 000km 以内
4	第 4 次保养	购车 21 个月或行驶里程 33 000km 以内

（2）检查减速器外观

目测检查减速器外部有无磕碰、变形，有无渗油、漏油情况，如图 4-59 所示。

减速器产生渗漏油，主要原因有输入轴油封磨损或损坏、差速器油封磨损或损坏、油塞处漏油、箱体破裂、油量过多由通气塞冒出。这些问题的处置措施如下。

①输入轴油封磨损或损坏时，参照维修手册操作规范更换油封。

②差速器油封磨损或损坏时，参照维修手册操作规范更换油封。

图 4-59　检查减速器外观示意图

③油塞处漏油时，对油塞涂胶，按规定力矩拧紧。

④箱体破裂时，参考维修手册对减速器进行维修。

⑤油量过多由通气塞冒出时，检查油位调整油量。

（3）检查和更换减速器润滑油

1）减速器油位检查。减速器润滑油油位检查步骤如下。

①在换油前，必须停车断电，水平提升车辆。

②检查减速器油位。

a. 将车辆水平放置，待减速器润滑油冷却，拆卸加注孔塞并检查油位，如图 4-60 所示。

b. 减速器油面应该与加注孔下缘齐平。如果液面过低，则通过加注孔塞添加专用的减速器油，直到油液开始流出。

③重新安装并紧固加注孔塞，力矩为 19~30N·m。

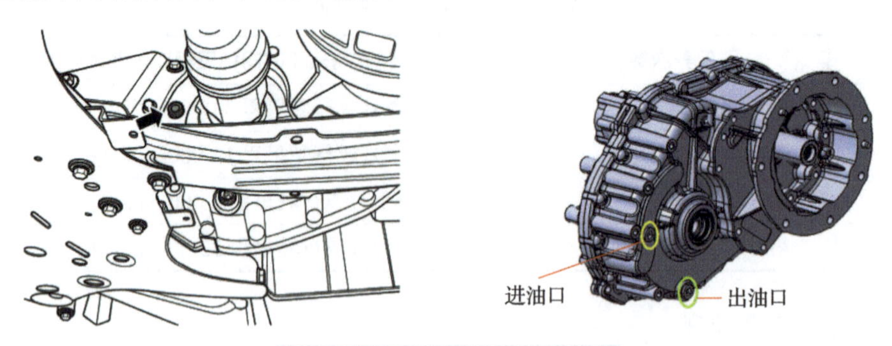

图 4-60　减速器漏油检查示意图

2）加注和更换减速器润滑油。加注和更换减速器润滑油步骤如下。

①在换油前，必须停车断电，水平提升车辆。

②拆卸机舱底部护板总成。

③加注和更换减速器润滑油，如图 4-61 所示。

a. 拆卸减速器加油螺塞 1。

b. 拆卸减速器放油螺塞 2，用回收容器接收放出的减速器油。

c. 安装减速器放油螺塞 2，力矩为 19~30N·m。

d. 加注孔塞添加专用的减速器润滑油，直到油液开始流出，参考用量为（1.7±0.1）L。

e. 重新安装并紧固加注孔塞 1，力矩为 19~30N·m。

④ 重新安装机舱底部护板总成并放下车辆。

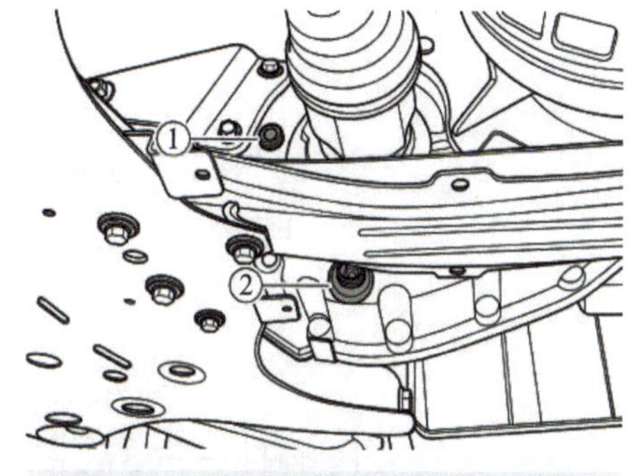

图 4-61 减速器润滑油加注和更换示意图

四 冷却系统检查与维护

1. 冷却系统认知

（1）冷却系统的作用

驱动电机转子高速旋转会产生高温，热量通过机体传递，如果不加以降温，则驱动电机无法正常工作，因此驱动电机机体内设置有冷却液道，通过冷却液的循环与外界进行热交换。这样能将驱动电机的工作温度保持在一定的范围内，防止驱动电机过热，如图 4-62 所示。

图 4-62 电机冷却液进、出口示意图

车载充电机（如配备）工作时将高压交流电转化成高压直流电，其转化过程中会产生大量的热量，因此车载充电机内部也有冷却液道，通过冷却液的循环降低车载充电机的工作温度。

电机控制器不但控制驱动电机的高压三相供电，还要将动力电池的高压直流电转化成低压直流电为铅酸蓄电池充电。在此过程中会产生热量，需要通过冷却液循环散热。

高压电池工作电流大，产生热量大，同时电池包处于一个相对封闭的环境中，会导致电池的温度上升，需要通过冷却液的循环降低动力电池的工作温度。

冷却系统的作用就是通过冷却液循环散热为驱动电机、车载充电机（如配备）、电机控制器和动力电池进行散热。

（2）冷却系统的组成

吉利 EV450 电动汽车由电机控制器、车载充电机、驱动电机、动力电池、驱动电机冷却水泵、动力电池冷却水泵、膨胀罐、散热器、散热器风扇、整车控制器、热管理控制模块、相关管路等组成，部分部件位置示意图如图 4-63 所示，冷却系统和相关管路分解图如图 4-64 所示。

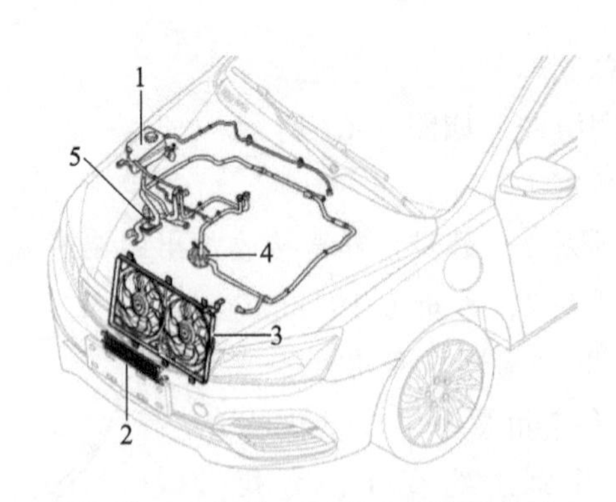

图 4-63　冷却系统部分部件位置示意图

1—膨胀罐　2—散热器　3—三通阀　4—散热器风扇　5—冷却水泵

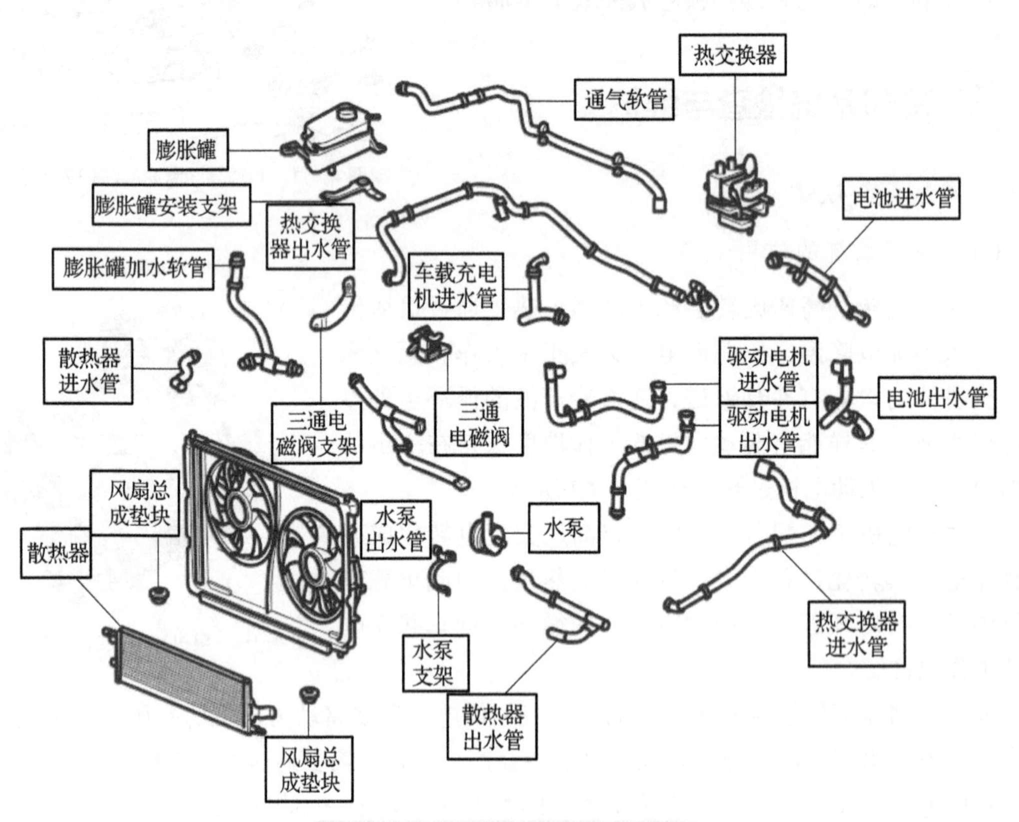

图 4-64　冷却系统和相关管路分解图

1）电动水泵。吉利 EV450 电动汽车的冷却系统（电机 / 电池）有两个电动水泵，电动水泵由低压电路驱动，为冷却液的循环提供压力。在电动水泵的驱动下，冷却液在管路中的流向如图 4-65 所示。在电动水泵的驱动下，冷却液经过电机控制器、车载充电机和驱动电机等热源时，热源通过热传导将热量传递给冷却液，高温冷却液通过电动水泵提供的动力，经过散热器时将热量通过热传导传递给散热器芯体，冷却空气通过热对流将热量带走，从而完成换热过程，如图 4-66 所示。冷却水泵的流量、压力性能曲线图如图 4-67 所示。

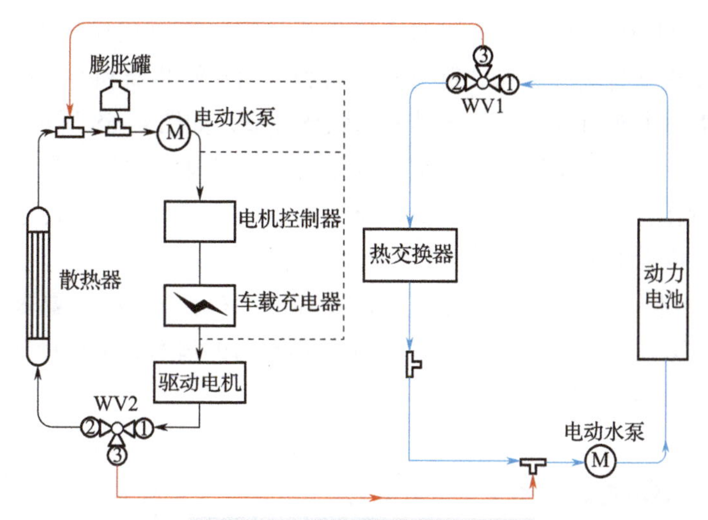

图 4-65　冷却液在管路中的流向

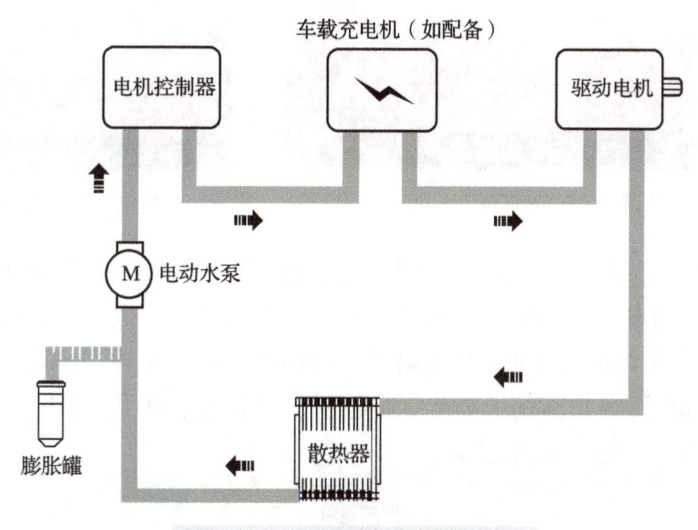

图 4-66　电动水泵工作原理示意图

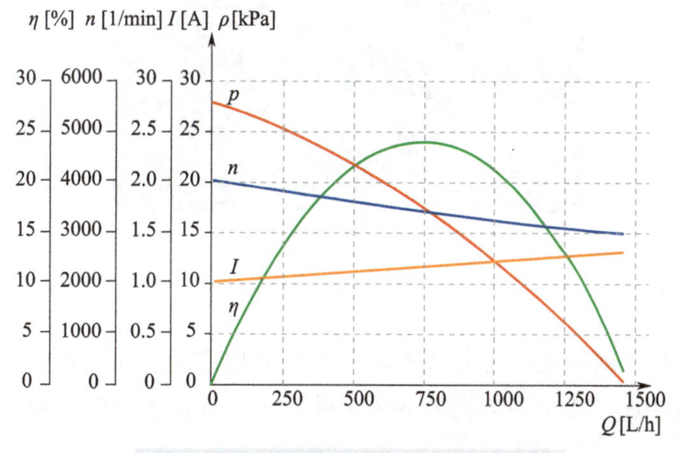

图 4-67　冷却水泵流量、压力性能曲线图

2）膨胀罐。膨胀罐总成是一个透明的塑料罐，膨胀罐总成通过水管与散热器连接，随着冷却液的温度逐渐升高并膨胀，部分冷却液膨胀而从散热器和驱动电机中流入膨胀罐总成，散热器和液道中滞留的空气也被排入膨胀罐总成，如图 4–68 所示。

车辆停止后，冷却液自动冷却并收缩，先前排出的冷却液被吸回散热器，从而使散热器中的冷却液保持在合适的液面，并提高冷却效率。当冷却系统处于冷态时，冷却液液面应保持在膨胀罐总成上的 L（最低）和 F（最高）标记之间。

3）冷却液。吉利 EV450 电动汽车采用的冷却液为符合 SH0521 要求的电机用乙二醇型电机冷却液（防冻液），冰点≤ –40℃，禁止使用普通的清水，电机冷却液不能混用，冷却液加注量 7L，如图 4–69 所示。

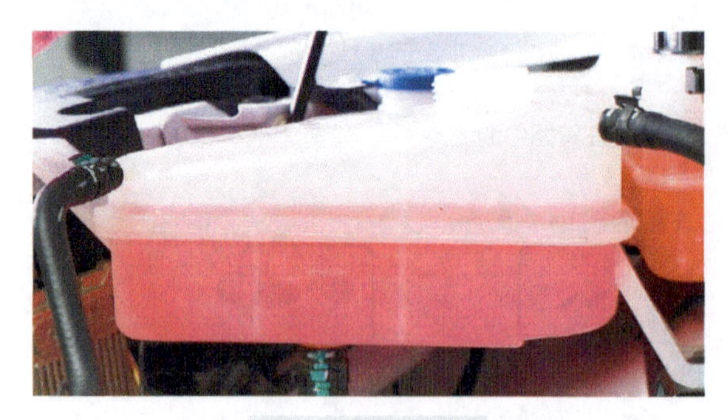

图 4–68　膨胀罐

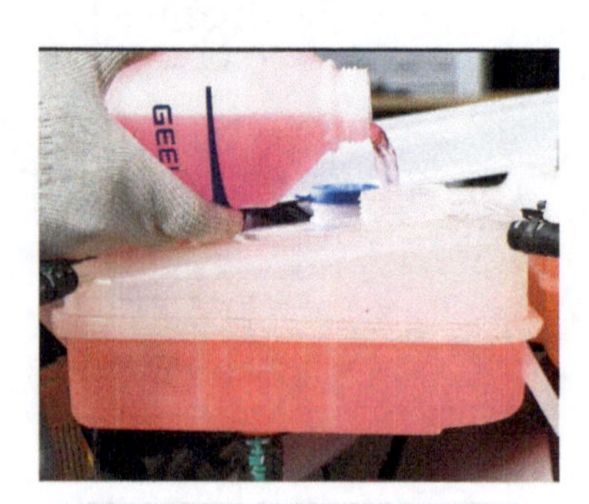

图 4–69　冷却液加注示意图

4）冷却风扇。冷却风扇总成安装在机舱内散热器的后部，它可增加散热器和空调冷凝器的通风量，从而有助于加快车辆低速行驶时的冷却速度。风扇采用双风扇、高 / 低速的控制模式，通过两个不同的电机驱动扇叶。冷却风扇由整车控制模块（VCU）利用冷却风扇低速继电器和冷却风扇高速继电器直接控制，在低速电路中，采用串联调速电阻的方式来改变风扇的转速，如图 4–70 所示。

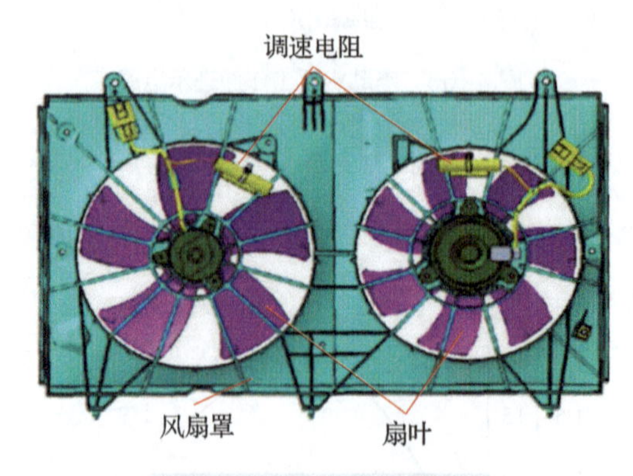

图 4–70　冷却风扇示意图

如果风扇叶片有任何程度的弯曲或损坏，不要修理或重复使用损坏的部件，必须更换弯曲或损坏的风扇叶片。这是因为损坏的风扇叶片不能保证正常的平衡，并在连续使用中可能出现故障和飞脱。

冷却风扇的基本参数见表 4-11。

表 4-11 冷却风扇的基本参数

项目	参数	单位
额定电压	12 ± 0.1	V（DC）
额定电流（高速档）	≤ 20	A
额定电流（低速档）	≤ 15	A
额定转速（高速档）	2300 ± 230	r/min
额定转速（低速档）	1900 ± 190	r/min
额定噪声	≤ 72+2.5	dB
额定风量	2500 ± 100	m^3/h
单侧风扇不平衡量	20	g · mm

2. 冷却系统检查与维护要点

（1）检查冷却系统管路及接口处有无泄漏、渗漏

检查冷却系统有无泄漏和渗漏情况，目测冷却系统各管路及各零部件接口处有无泄漏情况，环箍有无损坏，如图 4-71 所示。

（2）检查水泵工作是否正常

图 4-72 所示为冷却系统电动水泵的安装位置示意图。起动车辆，检查电动水泵有无泄漏情况，是否存在异响。检查电动水泵的线束是否有老化、破皮、电源线铜芯外露情况。

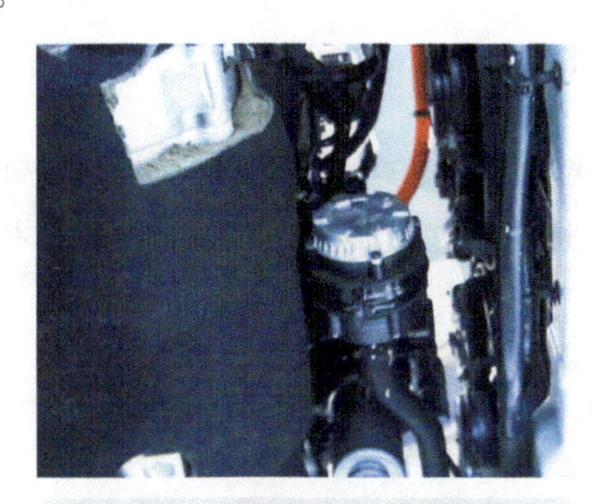

图 4-71 目测冷却系统管路及接口处

图 4-72 冷却系统电动水泵的安装位置示意图

（3）检查冷却液液位

电动汽车冷却液液位必须定期检查。检查高压电池冷却液液位时（图 4-73），要做到：

1）查看储液罐液面，液面高度应保持在 F 标志和 L 标志之间。

2）拧开加注口盖，查看冷却液颜色是否浑浊。

注意：

1）缓慢旋开加注口盖，散热时切勿揭开，以免烫伤。

2）如果冷却液不在规定的范围内，则应该予以添加；如果冷却液颜色浑浊，则应予以更换。

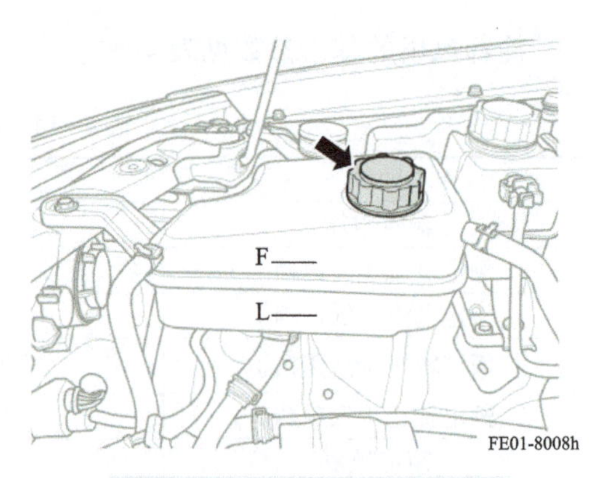

图 4–73　冷却液液位检查示意图

（4）更换冷却液

1）冷却液排放与回收。

①打开冷却液膨胀罐总成盖，如图 4–74 所示。

②断开散热器出水管，用回收容器接收放出冷却液，如图 4–75 所示。

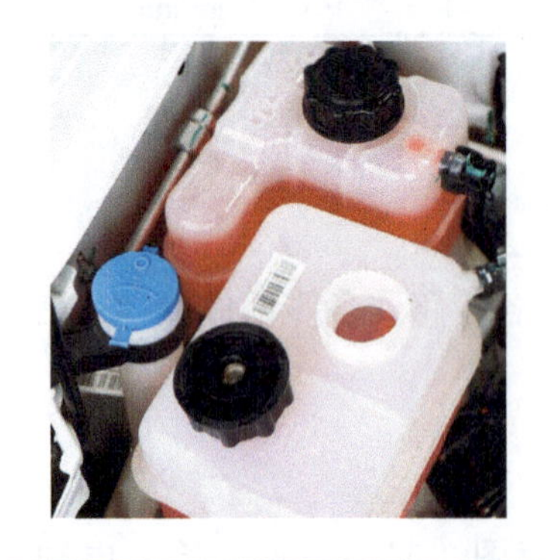
图 4–74　打开冷却液膨胀罐总成盖

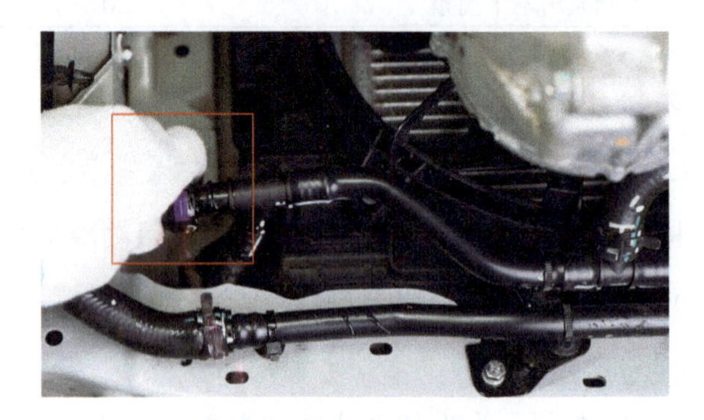
图 4–75　回收冷却液

2）加注冷却液。

①连接散热器出水管。

②管路检查。确保冷却管路连接完整，如图 4–75 所示。

③静态加注。将车辆起动至 ON 位且非充电状态，连接诊断仪，选择 FE.3ZA 车型—手工选择系统—空调控制器（AC）—特殊功能，选择加注初始化，车辆处于加注初始化状态。

④拧开膨胀罐盖，缓慢加注冷却液，直至膨胀罐内的冷却液液量达到 80% 左右，且液位不再下降，如图 4–76 所示。

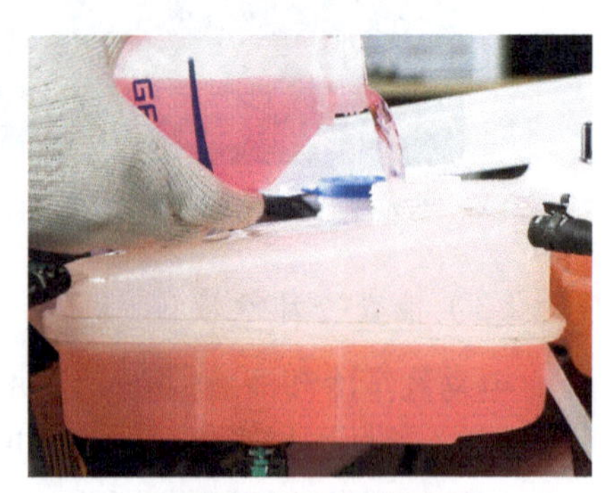
图 4–76　冷却液加注

⑤系统排气。控制诊断仪，使车辆处于排气状态，如果液位下降，则及时补充冷却液，排气过程时长不小于 10min。

⑥观察膨胀罐内冷却液下降，及时补充冷却液，保持冷却液液位处于 MAX 线和 MIN 线之间。

⑦加注完成。拧紧膨胀罐盖，控制诊断仪，使车辆恢复默认模式。

五 项目实施

实施准备

（1）安全防护：做好车辆安全防护与隔离（车辆挡块、警示隔离带、高压危险警示牌）。

（2）工具设备：数字万用表、示波器、解码器。

（3）实训车辆：吉利 EV450-2018 款。

（4）辅助资料：原厂维修手册、原厂电路图。

任务一　驱动电机检查与维护

1. 接收任务

一辆 2018 款吉利帝豪 EV450 电动汽车计划去 4S 店检修，此时需要你作为维修人员协助技师，按照规范流程对车辆进行夏季常规检查活动中驱动电机及其系统的检查与维护项目。你能安全、规范地检查和维护驱动电机系统吗？

2. 收集信息

1）执行高压下电，断电蓄电池负极后需等待________min。

2）断开直流母线，用万用表检测动力直流母线电压值需小于________V。

3）驱动电机三相交流电 U、V、W 端子，U 相、V 相、W 相的搭铁绝缘值应大于或等于________MΩ。

4）查询维修手册和电路图，电机低压线束插接器的编号为________，电机三相线束插接器的编号为________。

3. 任务实施

1）作业前准备（场地布置、防护装备检查穿戴、仪器设备检查、汽车防护三件套安装）。

2）记录车辆信息。

3）基本检查。

4）操作高压下电并验电。

5）检查驱动电机外观。

6）检查驱动电机绝缘性能。

7）检查驱动电机低压线束插接器。

8）检查驱动电机旋变传感器电阻值。

9）检查驱动电机温度传感器电阻值。

10）整理恢复场地。

4. 过程检查

5. 反馈总结

任务二 驱动电机控制器检查与维护

1. 接收任务

一辆 2018 款吉利帝豪 EV450 电动汽车计划去 4S 店检修，此时需要你作为维修人员协助技师，按照规范流程对车辆进行夏季常规检查活动中的电机控制器检查与维护项目。你能安全、规范地检查和维护驱动电机控制器吗？

2. 收集信息

1）执行高压下电，断电蓄电池负极后需等待________min。

2）断开直流母线，用万用表检测动力直流母线电压值需小于________V。

3）驱动电机控制器 U、V、W、T+、T– 端子，U 相、V 相、W 相、T+、T– 的搭铁绝缘值应大于或等于________MΩ。

4）查询维修手册和电路图，电机控制器低压线束插接器的编号为______________，电机控制器三相线束插接器的编号为______________，电机控制器高压直流线束插接器编号为________________。

3. 任务实施

1）作业前准备（场地布置、防护装备检查穿戴、仪器设备检查、汽车防护三件套安装）。

2）记录车辆信息。

3）基本检查。

4）操作高压下电并验电。

5）检查驱动电机控制器外观。

6）检查驱动电机控制器绝缘性能。

7）检查驱动电机控制器低压线束插接器。

8）整理恢复场地。

4. 过程检查

5. 反馈总结

任务三 减速器检查与维护

1. 接收任务

一辆 2018 款吉利帝豪 EV450 电动汽车减速器附近有渗油迹象。在 4S 店经服务顾问进行检查后，服务顾问认为需要先对减速器进行检查与维护。作为维修人员，你能安全、规范地检查和维护减速器吗？

2. 收集信息

1）执行高压下电，断电蓄电池负极后需等待________min。

2）断开直流母线，用万用表检测动力直流母线电压值需小于________V。

3）吉利 EV450 电动汽车采用________减速器，只有一个前进档、一个倒车档、一个空档和一个驻车档。当车辆处在驻车档时，减速器会通过一套________锁止减速器。

4）减速器最高转速可达________r/min，最高效率达________%。

5）减速器总成包括四部分，分别为减速器控制器（TCU）、________、驻车马达、电子换档器。

3. 任务实施

1）作业前准备（场地布置、防护装备检查穿戴、仪器设备检查、汽车防护三件套安装）。

2）记录车辆信息。

3）基本检查。

4）操作高压下电并验电。

5）检查减速器外观。

6）检查减速器油位。

7）加注和更换减速器润滑油。

8）整理恢复场地。

4. 过程检查

5. 反馈总结

任务四　冷却系统检查与维护

1. 接收任务

一辆 2018 款吉利帝豪 EV450 电动汽车在长时间行驶时出现“驱动电机过热”警告灯符号。在 4S 店经服务顾问进行检查后，服务顾问认为需要先对驱动电机冷却系统进行检查与维护。作为维修人员，你能安全、规范地检查和维护冷却系统吗？

2. 收集信息

1）执行高压下电，断电蓄电池负极后需等待________min。

2）断开直流母线，用万用表检测动力直流母线电压值需小于________V。

3）当冷却系统处于________时，冷却液液面应保持在膨胀罐总成上的 L（最低）和 F（最高）标记之间。

4）吉利 EV450 电动汽车采用的冷却液为符合 SH0521 要求的电机用________（防冻液），________≤ -40℃，禁止使用普通的清水，电机冷却液不能混用，冷却液加注量 7L。

5）冷却风扇由________利用冷却风扇低速继电器和冷却风扇高速继电器直接控制，在低速电路中，采用________的方式来改变风扇的转速。

3. 任务实施

1）作业前准备（场地布置、防护装备检查穿戴、仪器设备检查、汽车防护三件套安装）。

2）记录车辆信息。

3）基本检查。

4）操作高压下电并验电。

5）检查冷却系统管路及接口处有无泄漏、渗漏。

6）检查水泵工作是否正常。

7）检查冷却液液位。

8）更换冷却液。

9）整理恢复场地。

4. 过程检查

5. 反馈总结

复习题

1. 填空题

1）________是电动汽车三大核心件之一，是车辆行驶的动力系统的执行机构，是电能转化为机械能的载体。

2）电动机没有怠速，即使车辆由静止到起步的临界状态，电机也可产生________，可保证提供给车辆较好的加速度。

3）驱动电机不仅可以驱动车辆行驶，而且可以进行________。

4）纯电动汽车常用的驱动电机主要有直流电机、三相交流异步电机、________与开关磁阻电机等。

5）三相交流异步电机中的转子________永磁体，异步是指转子转速与定子旋转磁场的同步转速存在________。

6）永磁同步电机中的转子________永磁体，同步是指转子转速与定子旋转磁场的同步转速________。

7）SRM 的运行遵循“________原则”，即磁通总是沿磁阻最小的路径闭合。

8）驱动电机三相交流电 U、V、W 端子，U 相、V 相、W 相的搭铁绝缘值应大于或等于________。

9）驱动电机的定子绕组 U 和 V 之间、V 和 W 之间、W 和 U 之间的阻值在 20℃时的参考值为________MΩ。

10）查询维修手册和电路图，电机线束插接器的编号为________。

11）电机控制器将动力电池供给的________逆变成________给汽车驱动电机提供电源，以实现整车的怠速、前进、倒车、加速、减速、________以及驻坡。

12）电机控制器的工作原理简单来说，包括两方面的功能：其一是 PEU 控制单元，是将高压直流电变成高压交流电，控制________运行；其二是________，是将高压直流电变成低压直流电，提供整车低压系统供电。

13）吉利 EV450 电动汽车减速器介于________和________之间，驱动电机的动力输出轴通过________直接与________输入轴齿轮连接。

14）减速器的功能有两个：其一是______________，起到降低转速、增大转矩作用；其二是______________，起到差速作用。

15）吉利 EV450 电动汽车采用________减速器，只有一个________档、一个________档、一个________档和一个________档。当车辆处在驻车档时，减速器会通过一套________锁止减速器。

16）减速器最高转速可达________r/min，最高效率达________%。

17）减速器总成包括四部分，分别为减速器控制器（TCU）、________、驻车电机、电子换档器。

18）吉利 EV450 电动汽车减速器最大转矩________N · m，减速比为________。

19）减速器的保养同整车保养周期相同。对于初期维护，减速器磨合后，建议________km 或者________个月更换润滑油，以后进行定期维护。

20）________次保养后，每间隔 6 个月或________km（以先到者为限）到服务站进行定期保养维护。

21）冷却系统的作用是，通过冷却液循环散热为______、______、______和______进行散热。

22）吉利 EV450 电动汽车采用的冷却液为符合 SH0521 要求的电机用________电机冷却液（防冻液），冰点≤________℃，禁止使用普通的清水，电机冷却液不能混用，冷却液加注量为________L。

23）冷却风扇由________利用冷却风扇低速继电器和冷却风扇高速继电器直接控制，在低速电路中，采用________的方式来改变风扇的转速。

2. 简答题

1）简述驱动电机检查项目及注意事项。

2）简述驱动电机控制器检查项目及注意事项。

3）简述减速器检查项目及注意事项。

4）简述冷却系统检查项目及注意事项。

项目五　高压附件系统检查与维护

项目导入

一辆2018款吉利帝豪EV450电动汽车已经行驶了10 000km，根据厂家保修规定需要对车辆进行维护，在维护过程中需要对高压配电系统、充电系统等高压附件系统进行定期检查与维护，请你利用本学习任务所学知识，根据现场工作的作业规范，完成电动汽车高压配电系统、充电型等高压附件系统的检查与维护工作。

教学目标

知识目标

1）掌握吉利EV450高压配电系统的组成和工作原理。

2）理解直流充电系统的组成及工作原理。

3）理解交流慢充系统的组成及工作原理。

4）了解车载充电机的布置位置和结构。

能力目标

1）能完成高压配电系统的检查和维护。

2）能完成充电系统的检查和维护。

一 高压配电系统检查与维护

1. 高压配电系统概述

（1）高压配电系统的功能

纯电动汽车的高压配电系统，是由动力电池为电机控制器、驱动电机、电动压缩机、PTC 加热器等高压部件提供能量的。而且动力电池还有一套直流快充系统和一套交流慢充系统：直流快充系统通过高压线束将电能从直流充电桩输送给动力电池总成，为其充电；交流慢充系统将电能输送给车载充电机，车载充电机将交流电转化成直流电传递给分线盒（2017 款开始吉利 EV450 分线盒与车载充电机集成），分线盒经过直流母线将直流电传递到动力电池，为其充电。这些高压部件都由高压配电系统连接并输送电能。

（2）高压配电系统的组成

高压配电系统主要由车载充电机分线盒、直流充电接口、交流充电接口、直流母线和电机三相线组成（图 5-1）。所有的高压线缆均为橙色，车辆上电时不能触碰这些线缆和部件，高压线缆接插件拔出后，应立即用绝缘带包裹。

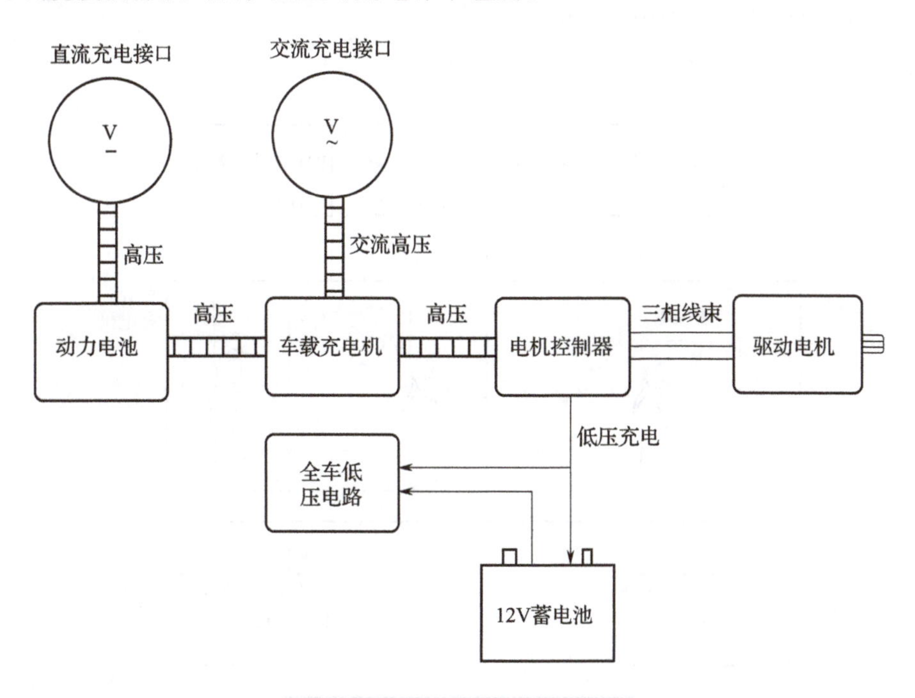

图 5-1　高压配电系统组成示意图

（3）高压配电系统部件位置

EV450 高压配电系统各组成部件在实车上的位置如图 5-2 所示。

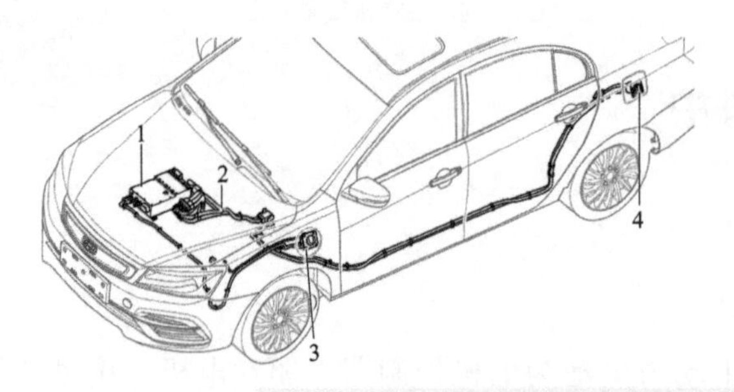

序号	部件名称
1	车载充电机（分线盒）
2	直流母线
3	交流充电接口
4	直流充电接口

图 5-2　EV450 高压配电系统各组成部件在实车上的位置

2. 高压配电系统的工作原理

（1）车载充电器分线盒

车载充电器分线盒的作用类似于低压供电系统中的熔丝盒，其功能为高压电能的分配、高压回路的过载和短路保护。

车载充电器分线盒将动力电池总成输送的电能分配给电机控制器、空调压缩机和 PTC 加热器，且采用交流慢充时，充电电流也会经过分线盒流入动力电池为其充电。因此，车载充电器分线盒内对电动压缩机回路、PTC 加热器回路、交流慢充回路各设一个 40A 的熔断器。当上述回路电路超过 90A 时，熔断器会在 15s 内熔断；当回路电流超过 150A 时，熔断器会在 1s 内熔断，保护相关回路。

车载充电器分线盒电路原理图如图 5-3 所示。

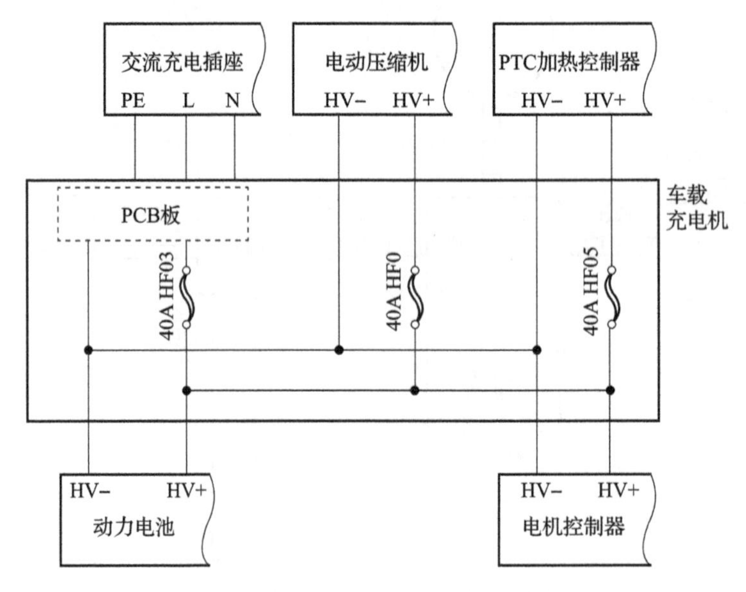

图 5-3　车载充电器分线盒电路原理图

（2）直流充电接口

直流充电接口能接收直流充电桩的电能，并通过高压线束将电能送给动力电池总成，为其充电，如图 5-4 所示。

图 5-4 直流充电

（3）交流充电接口、直流母线

交流充电口能接收交流充电桩的电能，并通过高压线束将电能输送给车载充电机，车载充电机将交流电转化成直流电再传给分线盒，分线盒经过直流母线将直流电传递给动力电池，为其充电。交流充电的能量传递路线如图 5-5 所示。

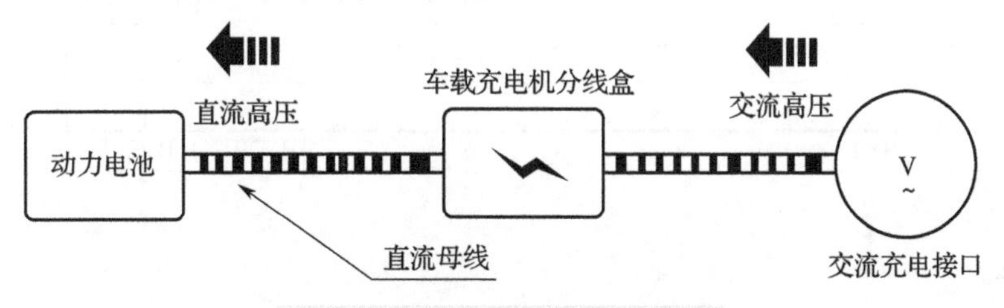

图 5-5 交流充电的能量传递路线

（4）电机三相线

车辆行驶时，电流从动力电池依次经过直流母线、车载充电机内的分线盒、电机控制器高压线、电机控制器、电机三相线到达驱动电机，产生驱动力。车辆行驶时的能量传递路线如图 5-6 所示，能量回收时的传递路线与之相反。

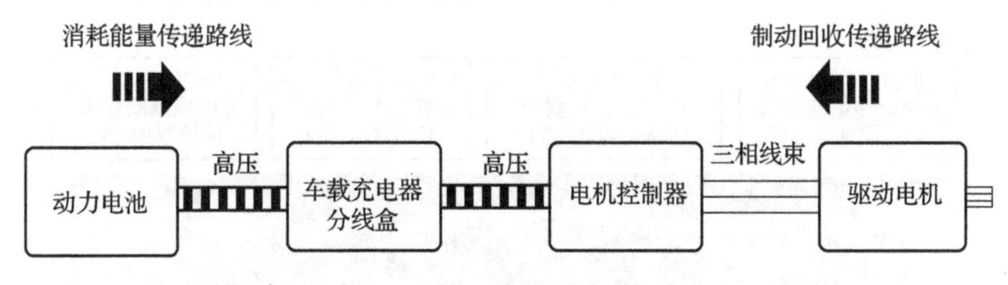

图 5-6 车辆行驶时的能量传递路线

3. 高压配电系统端子定义

（1）高压配电系统电气原理图

高压配电系统的线路连接图如图 5-7 所示。

（2）车载充电机（分线盒）的接线图

车载充电机（分线盒）与 PTC 加热器、电机控制器、交流充电插座等连接，其他（OBC 分线盒）还有接电机控制器线束插接器 BV28、PTC 加热器线束插接器 BV32、电动压缩机线束插接器 BV30、动力电池线束插接器 BV16 等，如图 5-7、图 5-8 所示。

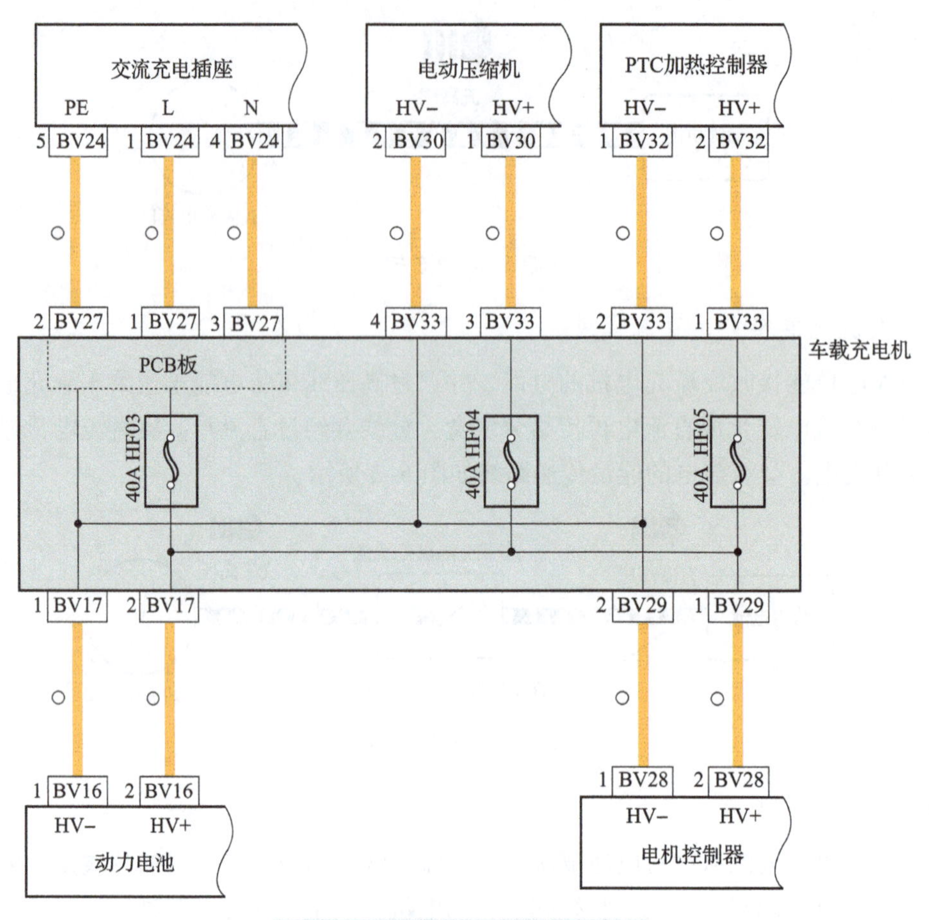

图 5-7　高压配电系统的线路连接图

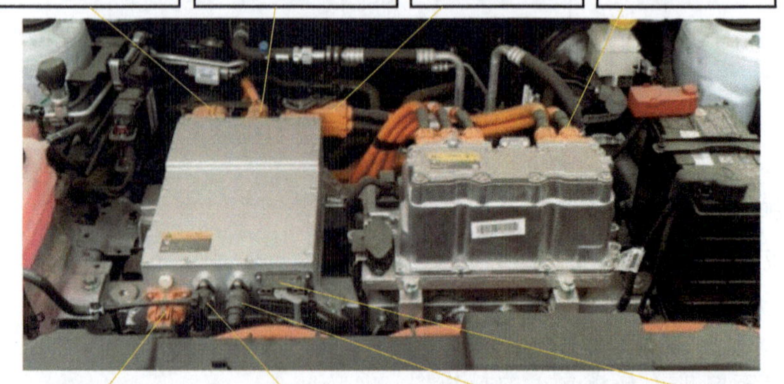

图 5-8　车载充电机（分线盒）的接线示意图

（3）（动力电池）接 OBC 分线盒线束插接器

（动力电池）接 OBC 分线盒线束插接器的编号为 BV17，其端子定义如图 5-9 所示。

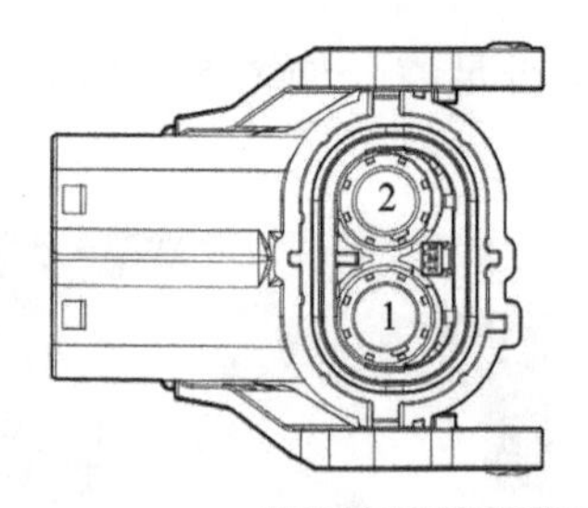

端子号	端子定义	端子状态
1	HV-	高压总负
2	HV+	高压总正

图 5-9　BV17 接 OBC 分线盒线束插接器端子定义

（4）（OBC 分线盒）接动力电池线束插接器

（OBC 分线盒）接动力电池线束插接器的编号为 BV16，其端子定义如图 5-10 所示。

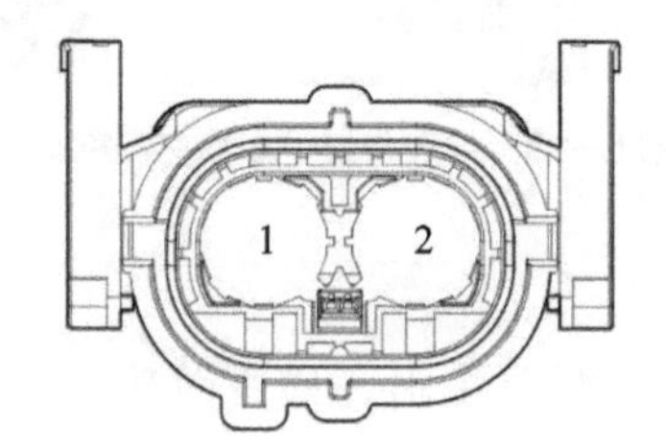

端子号	端子定义	端子状态
1	HV-	高压总负
2	HV+	高压总正

图 5-10　BV16 接动力电池线束插接器端子定义

（5）（压缩机 /PTC 加热器）接 OBC 分线盒线束插接器

（压缩机 /PTC 加热器）接 OBC 分线盒线束插接器的编号为 BV33，其端子定义如图 5-11 所示。

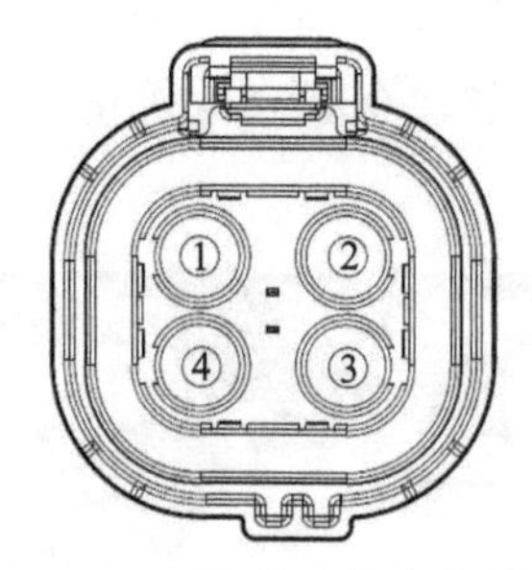

端子号	端子定义	端子状态
1	PTC-	
2	PTC+	
3	ACP-	
4	ACP+	

图 5-11　BV33 接 OBC 分线盒线束插接器端子定义

4. 高压配电系统检查与维护要点

在对电动汽车高压配电系统进行维护前，一定要做好高压安全防护准备。

（1）检查并维护车载充电机外观和连接线束

检查车载充电机（分线盒）外观，检查外壳是否有明显的碰撞痕迹，外壳有无变形及破损，必要时进行更换。检查车载充电机各连接线束有无破损、裂纹，高、低压接线端子连接是否可靠，有无松动，如图 5–12 所示。

（2）检查与维护车载充电机（分线盒）紧固螺栓

检查车载充电机紧固螺栓有无锈蚀，紧固力矩是否足够，如图 5–13 所示。车载充电机紧固螺栓的紧固力矩为 22 N·m。

图 5–12　检查与维护车载充电机连接线束

图 5–13　检查与维护车载充电机紧固螺栓

（3）检查车载充电机（分线盒）冷却管路

检查车载充电机冷却管路连接处是否出现液体泄漏及渗出，检查散热器总成左、右侧水室密封处，有无渗漏现象，如图 5–14 所示。如出现液体渗漏，则需立即进行维修。

（4）检查车载充电机的绝缘性能

检查车载充电机的绝缘性能，需要绝缘表笔测量绝缘电阻，将表笔负极与电缆外壳或车身搭铁点充分、有效地连接，正表笔分别测量端子 E、端子 F，单击测试键进行读数，测得绝缘电阻，与标准值进行比较，判断其绝缘性能是否正常，如图 5–15 所示。在工作温度为（23 ± 2）℃和相对湿度为（45%~75%）RH 时，车载充电机正、负极输出与车身（外壳）之间的绝缘电阻大于或等于 1000MΩ。

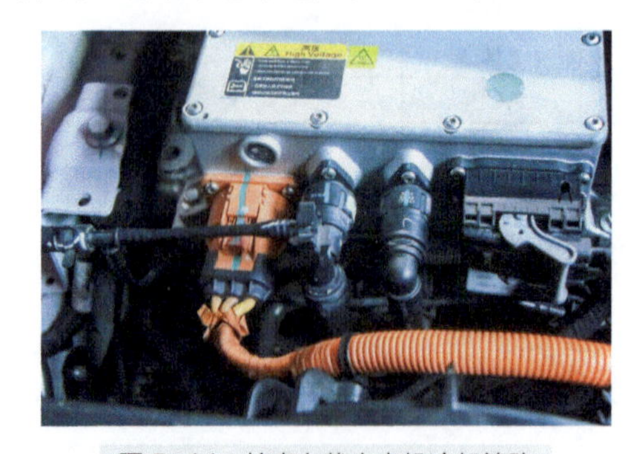

图 5–14　检查车载充电机冷却管路

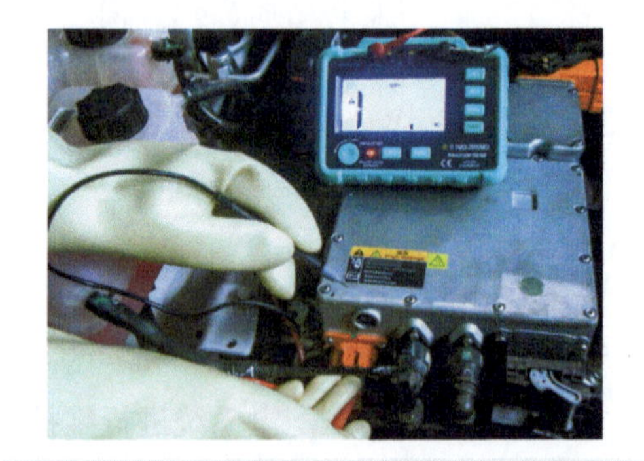

图 5–15　检查车载充电机（分线盒）的绝缘性能

（5）更换直流母线总成

直流母线是连接动力电池和车载充电机（分线盒）的一条高压线束，其更换流程为：

1）拆卸程序。

①打开前机舱盖。

②断开蓄电池负极电缆。

③车辆下电。

④拆卸直流母线总成，分三步：

第 1 步：断开直流母线总成线束插接器（动力电池侧）（图 5–16）。

第 2 步：断开直流母线总成线束插接器（车载充电机侧）。

第 3 步：脱开直流母线总成固定卡扣，取下直流母线总成（图 5–17）。

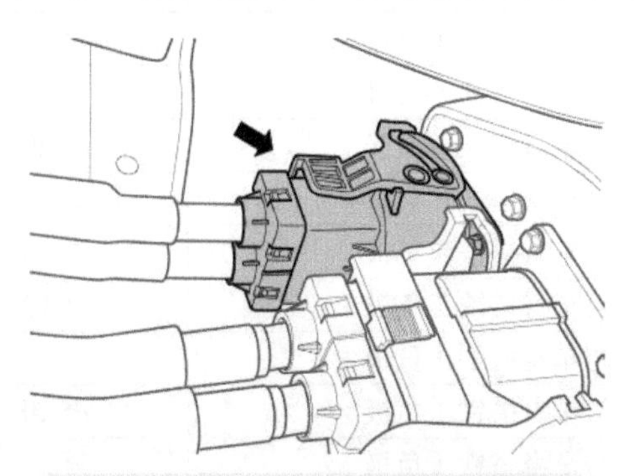

图 5–16 断开直流母线总成线束插接器

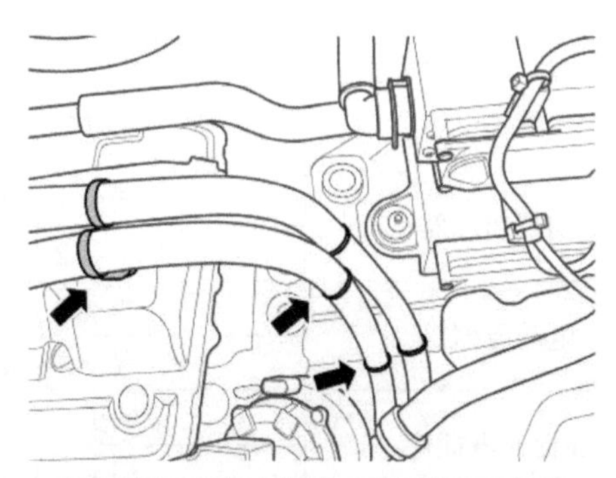

图 5–17 脱开直流母线总成固定卡扣

2）安装程序与拆卸程序相反，在插接直流母线总成线束插接器时，注意“一插、二响、三确认”。

（6）检查高压部件绝缘性

高压配电系统中的任何高压部件（动力电池、驱动电机、电机控制器、PTC 加热器、车载充电机和电动压缩机）发生绝缘故障（内部短路）均可引起整车绝缘故障，车载充电器分线盒均与这些高压部件相连，因为整车绝缘故障只有 BMS 检测，不管哪一个高压部件绝缘出现故障，都是 BMS 报故障，所以正确检查高压部件绝缘性是确认故障点的关键。

检查高压部件绝缘性的步骤如下。

1）车辆上 ON 位，连接诊断仪，读取故障码；如果存在绝缘故障，BMS 会报绝缘故障。

2）车辆下电，打开前机舱盖，拆下，盖板，拔下蓄电池负极，拔掉 MSD 开关。

3）目视检查。

①检查可能影响高压配电系统的售后加装装置。

②检查易于接触或能够看到的系统部件，以查明其是否有明显损坏或存在可能导致故障的情况。

③检查分线盒内部是否有水或者灰尘等异物。

④检查分线盒高压线束插接器是否松动，内部是否有锈蚀的迹象。

4）准备绝缘表。

①将测绝缘阻值的连接线接在相应的位置，打开电源后，档位转至1 000V。

②测试时，将黑色线一端接触12V蓄电池负极/车身可导电位置/任意不与所测试高压件连通的导电位置，红色线一端接触所测的位置，读取屏上显示的数据。

5）使用绝缘表，逐一对动力电池、车载充电机、PTC加热器、电动压缩机、交流充电插座和电机控制器、驱动电机与车身搭铁之间的绝缘电阻，见表5-1。

表5-1　高压部件对地绝缘电阻一览表

高压部件名称	测试端	正常阻值/MΩ
动力电池	端子1（正极）与车身搭铁（负极）	≥20
	端子2（正极）与车身搭铁（负极）	≥20
车载充电机	端子1（正极）与车身搭铁（负极）	≥20
	端子2（正极）与车身搭铁（负极）	≥20
PTC加热器	端子1（正极）与车身搭铁（负极）	≥20
	端子2（正极）与车身搭铁（负极）	≥20
电动压缩机	端子3（正极）与车身搭铁（负极）	≥10
	端子4（正极）与车身搭铁（负极）	≥10
交流充电插座	端子1（正极）与车身搭铁（负极）	≥20
	端子3（正极）与车身搭铁（负极）	≥20
电机控制器	端子1（正极）与车身搭铁（负极）	≥20
	端子2（正极）与车身搭铁（负极）	≥20
驱动电机	U相	≥20
	V相	≥20
	W相	≥20
电机控制器	U相	≥2.5
	V相	≥2.5
	W相	≥2.5

二　充电系统检查与维护

1. 充电系统的组成

（1）充电系统功能及对应的组成

充电系统从功能上分为快充、慢充、低压充电、制动能量回收，各自的组成分别为：

1）快充：由直流充电口（带高压线束）和动力电池组成。

2）慢充：由交流充电口（带高压线束）、交流充电插座、交流充电插头、动力电池和车载充电机组成。

3）低压充电：由12V铅酸蓄电池、电机控制器、分线盒和动力电池组成。

4）能量回收：由制动开关、动力电池、驱动电机、整车控制器和高压线束等组成。

（2）充电接口

交流充电口（图 5-18）安装在车上左前翼子板上，直流充电口（图 5-19）安装在车身左后侧。充电时，根据选择的充电类型，连接交流充电插头或者直流充电插头到相应的充电插座，连接正确后开始充电。充电口连接后形成检测回路，当出现连接故障时，系统可以检测该故障。

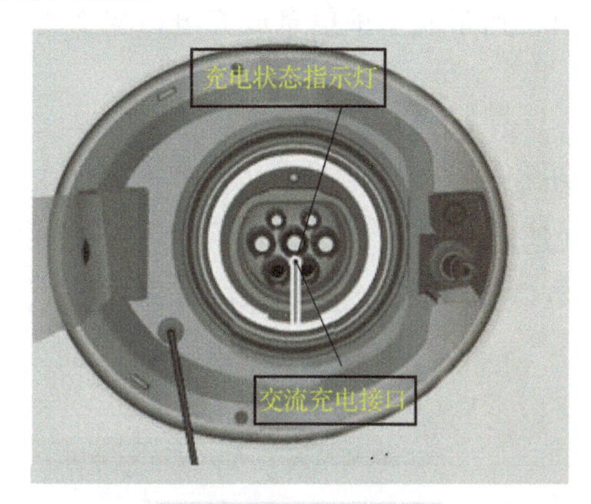

图 5-18　交流充电口

图 5-19　直流充电口

（3）充电指示灯

充电指示灯位于车辆充电接口上方，用于指示不同的充电状态。在任意电源档位，当 BCM 收到 BMS 的充电状态信息时，驱动充电指示灯工作，显示充电状态。充电指示灯状态显示的定义见表 5-2。

表 5-2　交流充电指示灯显示的定义

颜色	状态	说明
白色	常亮 2min	充电照明
黄色	常亮 2min	充电加热
绿色	闪烁 2min	充电过程
绿色	常亮 2min	充电完成
红色	常亮 2min	充电故障
蓝色	闪烁 2min	放电过程

上述显示信号中“正在充电”状态显示为即时显示，“充电完成、充电故障”显示为延时关闭——即收到相应的状态信号时，显示相应的状态 15min 后自动熄灭，期间若充电状态发生变化（如由“充电故障”变为“正在充电”状态），则立即切换为相应的状态。

（4）充电口照明灯

充电照明灯为白色，直接由 BCM 控制。充电口照明灯控制逻辑为：

1）当高压电池处于未充电的状态时，充电口盖打开，BCM 立即驱动充电口照明灯工作 3min，工作期间如检测到充电枪插入 7s 后停止驱动或充电口盖关闭，则立即停止驱动充电口照明灯。

2）当充电口盖为打开状态，车门状态由关闭变为打开状态时，BCM 立即驱动充电口照明灯工作 3min，工作期间如高压电池转变为充电状态 3s 后停止驱动或充电口盖关闭，则立即停止驱动充电口照明灯。

3）在 OFF 位时，当充电口盖为打开状态，BCM 接收到 PEPS 发送的解锁信息时，则立即驱动充电口照明灯工作 3min，工作期间如收到车辆上锁信息或充电口盖变为关闭状态，则立即驱动充电口照明灯熄灭。

4）在 OFF 位时，当充电口盖为打开状态，BCM 接收到 PEPS 发送的遥控寻车信息时，则立即驱动充电口照明灯工作 3min，工作期间如收到车辆上锁信息延迟 3s 后熄灭或充电口盖变为关闭状态，则立即驱动充电口照明灯熄灭。

5）任意情况下，当充电口盖关闭或车速大于 2km/h 时，则立即停止驱动充电口照明灯。

图 5-20 家用随车充电接口

1—三脚充电插头 2—充电枪指示灯
3—充电枪 4—充电线缆

（5）家用随车充电接口

随车配备的家用随车充电接口，用于家用随车充电包交流充电（应急充电），如图 5-20 所示。

充电枪指示灯，可以通过不同的充电指示灯显示状态反映当前的充电信息，其分布及指示含义如图 5-21 所示。

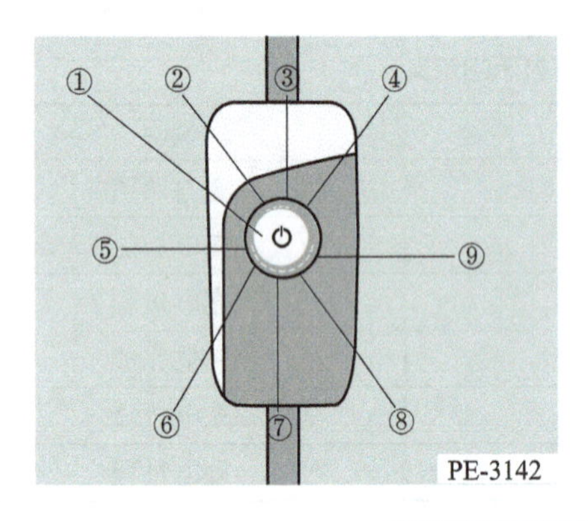

显示区域	显示状态	状态说明
①	蓝色常亮	电源指示
②~④	绿色循环闪烁	正在充电
②~④	全部绿色常亮	充电完成
②~④	全部绿色闪烁闪烁	未连接
⑤	红色闪烁	漏电保护
⑥	红色闪烁	过电流保护
⑦	红色闪烁	过电压/欠电压保护
⑧	红色闪烁	通信异常
⑨	红色常亮	未搭铁
⑤~⑨	红色常亮	电源故障

图 5-21 充电指示灯分布及指示含义

2. 充电系统的工作原理

（1）快充（直流高压充电）

当直流充电设备接口连接到整车直流充电口，直流充电设备发送充电唤醒信号给 BMS，BMS 根据动力电池的可充电功率，向直流充电设备发送充电电流指令。同时，BMS 吸合系统高压正极继电器和高压负极继电器，动力电池开始充电。充电时间为 48min 可充电 80%。

直流高压充电流量传递路线如图 5-22 所示。

图 5-22　直流高压充电流量传递路线

（2）慢充（交流高压充电）

当车辆处于交流充电模式下，车载充电机检测交流充电接口的CC、CP信号（充电枪插入、导通信号）并唤醒BMS，BMS唤醒车载充电机并发送指令充电，同时闭合主继电器，动力电池开始充电。充电时间为预估13~14h可充满。

交流高压充电流量传递路线如图 5-23 所示。

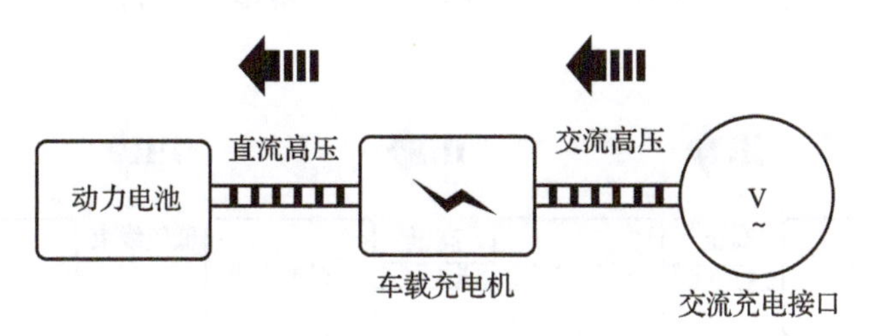

图 5-23　交流高压充电流量传递路线

（3）充电锁功能

为防止车辆充电过程中充电枪丢失，车辆具有充电枪锁功能。充电枪插入充电接口后，只要驾驶人按下智能钥匙闭锁按钮，充电枪防盗功能将开启；BCM 收到智能钥匙的闭锁信号后通过 CAN 总线将该信号传递到车载充电机，车载充电机将控制充电枪锁止电机锁止充电枪，此时充电枪无法拔出（图 5-24）。

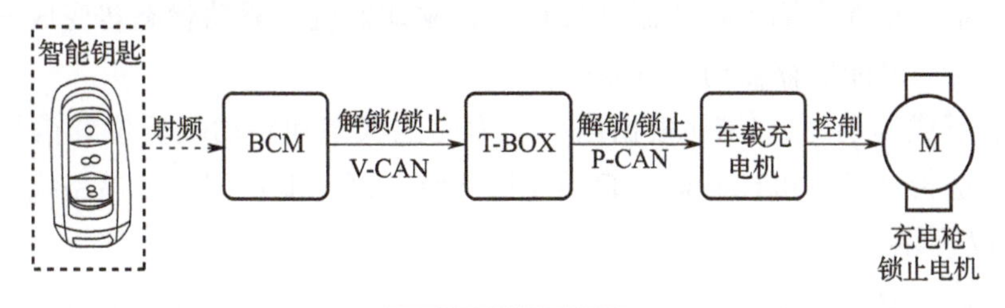

图 5-24　充电锁

如要拔出充电枪，需先按下智能钥匙解锁按钮，解锁充电枪。如果电动解锁失效，可通过机舱左前照灯附近的机械解锁拉索解锁。

（4）低压充电

高压上电前，低压电路系统依赖 12V 铅酸蓄电池供电，当高压上电后，电机控制器将动力电池的高压直流电转化成低压直流电为 12V 铅酸蓄电池充电，如图 5-25 所示。

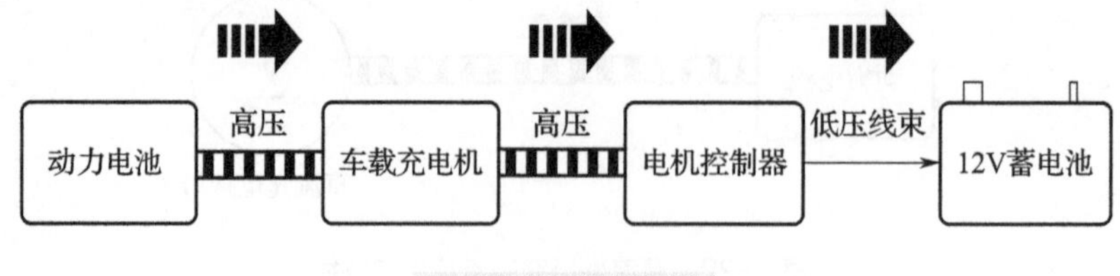

图 5-25　低压充电

（5）智能充电

长期停放的车辆容易造成低压蓄电池馈电，当低压蓄电池严重馈电将导致车辆无法起动上电。为避免这一问题，吉利 EV450 电动汽车具有智能充电功能。车辆停放过程中 VCU 将持续对电源蓄电池电压进行监控，当电压低于设定值时，VCU 将唤醒 BMS，同时 VCU 也将控制电机控制器通过 DC-DC 变换器对低压蓄电池进行充电，防止低压蓄电池亏电（图 5-26）。

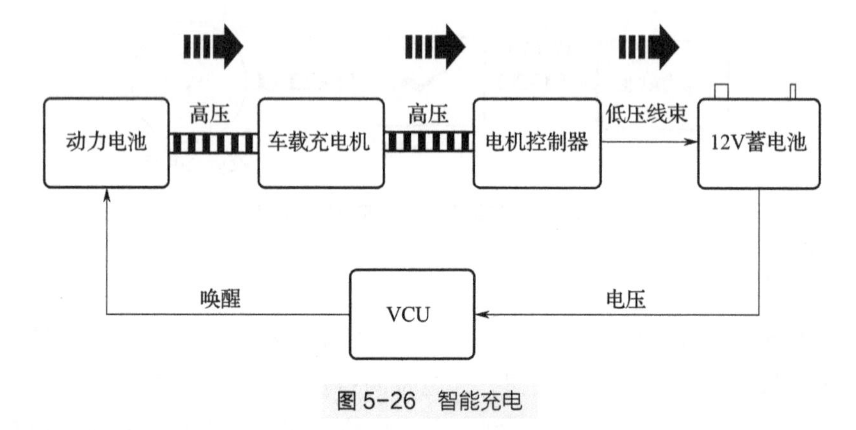

图 5-26　智能充电

（6）制动能量回收

能量回收系统是在车辆滑行或制动过程中，驱动电机从驱动状态转变成发电状态，将车辆的动能转化为电能储存在动力电池中。

车辆在滑行或制动时，VCU 根据当前动力电池状态和制动踏板位置信号，计算能量回收转矩并发送指令给电机控制器，起动能量回收。制动能量回收传递路线与能量消耗相反，如图 5-27 所示。

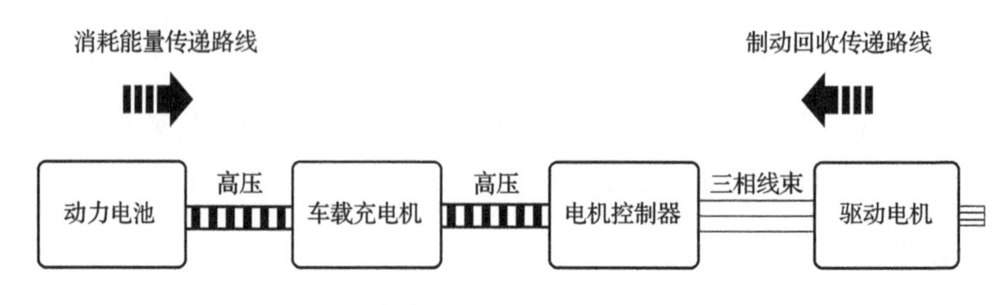

图 5-27　制动能量回收

3. 车载充电机

（1）车载充电机的功能

1）充电功能。通过家用插头和交流充电桩接入交流充电口，通过车载充电机将家用220V交流电转变为直流高压电给动力电池进行充电。

2）保护功能。车载充电机具有保护功能，如搭铁、断电、短路、过/欠电压、过电流、过温、高压输出反接、低压输入反接等。

3）冷却功能。车载充电机的冷却方式为水冷，冷却液温度在－40～85℃之间（60℃满功率），车载充电机应能正常工作。

4）CC/CP检测。车载充电机有CC、CP检测功能。

5）CAN通信。车载充电机与整车其他控制模块通过CAN通信进行交互，被动执行BMS的充电控制指令实现充电功能，并支持CAN唤醒。

6）互锁检测。车载充电机具备高压互锁检测功能，将电池包输出高压插接件的互锁信号和开盖检测开关通过低压线束串联起来，通过CAN网络上报给整车。

7）插座温度检测。车载充电机通过温度传感器检测交流充电插座的实时温度并上报给整车，从而实现交流插座过温保护功能。

8）带电休眠。车载充电机的12V供电线与整车低压蓄电池直连，充电机能够支持带电休眠，静态电流不超过300μA。

9）电子锁功能。车载充电机驱动充电口电子锁功能，驱动充电插座电子锁锁止车辆插头并通过电子锁反馈的开关信号判断是否上锁或解锁成功。

10）充电指示灯。车载充电机能满足充电时点亮充电状态指示灯，根据当前充电的状态按定义要求输出信号点亮不同的颜色灯。

其车载充电机的性能参数见表5-3。

表5-3 吉利EV450车载充电机性能参数

项目	参数	单位
输入电压	90~264	V
输入频率	50±2%	Hz
输入最大电流	16	A
输出电压	直流200~450	V
输出最大功率	6.6	kW
输出最大电流	32	A
效率	≥93%	—
质量	10.5	kg
工作温度	-40~80	℃
冷却液类型	50%水+50%乙二醇（体积分数）	—
冷却液流量要求	2~6	L/min

（2）车载充电机安装位置

吉利 EV450 纯电动汽车的车载充电机布置在机舱内的动力总成托架上，处于电机控制器旁边，如图 5-28 所示。2017 款车载充电机采用充电机与分线盒集成一体式方案，取消了原来充电机与分线盒之前的高压线束，采用水冷结构，具备 4 个安装点。

北汽 EV160 车载充电机安装在前机舱动力总成上面的二层支架上面，如图 5-29 所示。

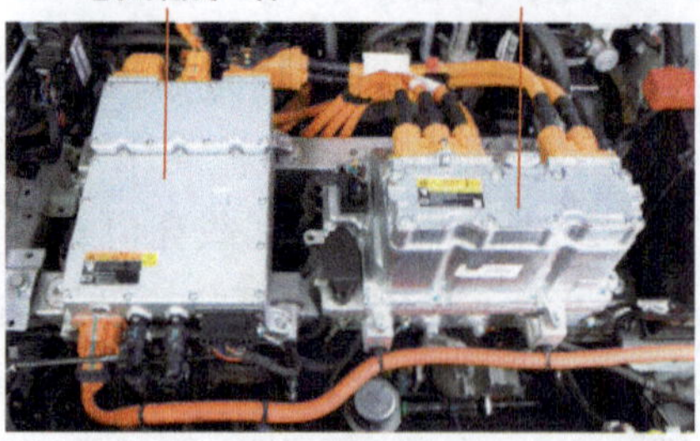

分线盒、车载充电机集成一体　电机控制器、DC/DC变换器集成一体

图 5-28　EV450 车载充电机安装布置图

（3）连接车载充电机的高压线束及接口定义

1）北汽 EV160 电动汽车车载充电机线束接口及接口定义。北汽 EV160 电动汽车车载充电机的线束接口如图 5-30 所示。

图 5-29　北汽 EV160 车载充电机位置示意图

图 5-30　北汽 EV160 电动汽车车载充电机的线束接口

车载充电机的线束接口分别为低压通信端、直流输出端和交流输入端。低压通信端接口定义如图 5-31 所示。

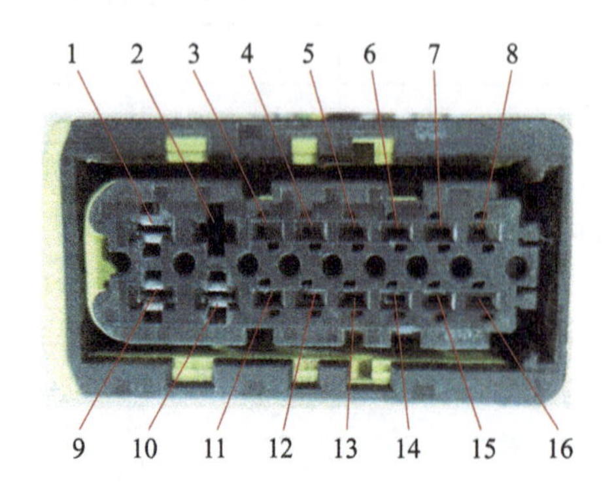

1–CAN-L
2–CAN-GND
3、4、6、7、10、12、14–空脚
5–互锁输出（到高压控制盒低压插件）
8–GND
9–CAN-H
11–CC信号输出
13–互锁输入（到空调压缩机低压插件）
15–12V+OUT
16–12V+IN

图 5-31　低压通信端接口定义

2）吉利 EV450 车载充电机低压线束插接件端口定义。吉利 EV450 车载充电机低压线束定义接口见图 5-32 所示。

	产品端引脚	线束端引脚	引脚定义
充电机低压接插件	1	57	电子锁负极
	3	55	HB CAN-H
	4	54	HB CAN-L
	8	50	CP信号检测
	9	49	LED_B
	11	47	LED_G
	13	44	电子锁正极
	16	41	KED_R
	18	39	CC信号检测
	23	34	充电口温度检测信号
	26	30	电子锁状态
	29	27	高压互锁输出
	30	26	高压互锁输入
	38	17	充电口温度检测地
	49	6	搭铁
	51	4	常电12V+

低压插件

1
13
25
37

低压接口定义（产品端）

低压接口定义（线束端）

图 5-32　EV450 车载充电机低压线束插接件端口定义

4. 高压线束

（1）电动汽车高压线束设计原则

1）双线制。电动汽车高压部件一般有动力电池、空调压缩机、电动暖风和驱动电机、充电机和 DC-DC 变换器。由于高压部件多为大功率器件，为保证运转良好，安全无漏电，高压电气系统设计采用双线制，也就是用导线将电源和用电设备连接起来并使电流通过的回路。这样，电流从电源的正极出发，通过导线到用电设备，再由导线回到电源负极所构成的回路。因此，电源到用电设备之间就必须采用两根导线，即双线。这与传统汽车单线制电路有显著的区别。

2）高 / 低压系统分离式设计。将高、低压线束分离开来，避免将高压系统产生的电磁干扰引入低压系统，保证低压系统通信、控制信号不受干扰。

3）线束的保护套包括波纹管、热缩套管，波纹管的颜色采用橙色（GB30）。采用不同颜色的热缩套管对极性进行区分，正极为红色，负极为蓝色，U 相为黄色，V 相为绿色，W 相为红色。

（2）电动汽车高压线束分布

电动汽车整车共分为六种高压线束，分别为动力电池高压线束、驱动电机高压线束、电机控制器高压线束、快充线束、慢充线束、高压附件线束。动力电池高压线束是连接动力电池到车载充电器分线盒之间的高压线束，电机控制器高压线束是连接分线盒到电机控制器之间的高压线束，驱动电机高压线束是连接电机控制器到驱动电机之间的高压线束，快充线束是连接快充口动力电池之间的高压线束，慢充线束是连接慢充口到车载充电机之间的高压线束，高压附件线束是连接分线盒到空调压缩机、PTC 加热控制器之间的高压线束，如图 5-33 所示，图中的橙色线束均是高压线束。

图 5-33　电动汽车高压线束分布示意图

5. 充电系统检查与维护要点

（1）检查高压线束外观

检查高压线束外观，如图 5-34 所示。目测检查高压线束过线孔、过线护套等防护是否完好，线束是否出现磨损，底盘高压线缆保护套有无进水、老化、破损、高压线束固定卡子有无损坏。

（2）检查高压线束电缆与插接器插件之间是否松动

目测检查高压线束电缆与插接器插件之间是否松动，线束根部有无过热、变形、松脱现象，如图 5-35 所示。

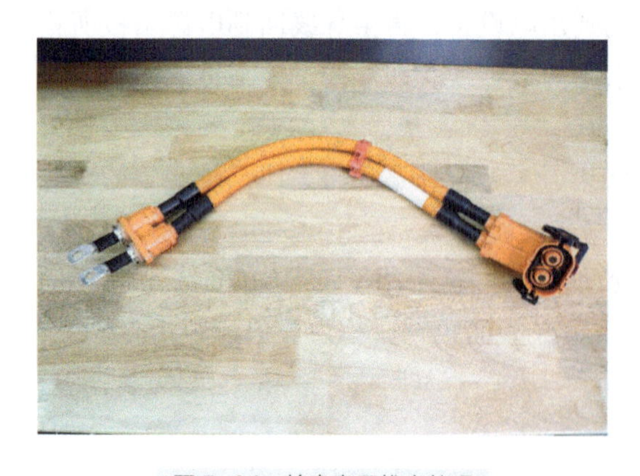

图 5-34　检查高压线束外观

图 5-35　检查高压线束电缆与插接器插件之间的线束

（3）检查充电线

检查充电线功能、外观以及插头状态。目测充电线外观是否有破损、裂痕，检查充电枪接触锁止按钮是否卡滞，是否能完全复位，同时进行充电测试，检测充电线是否导通。

判断充电线是否导通的方法：使用万用表分别测量充电桩端充电枪的 N、L、PE、CC、CP 脚和相对应的车辆充电枪 N、L、PE、CC、CP 脚是否导通，测量阻值应小于

0.5Ω，否则需要更换充电线总成，如图 5-36 所示。

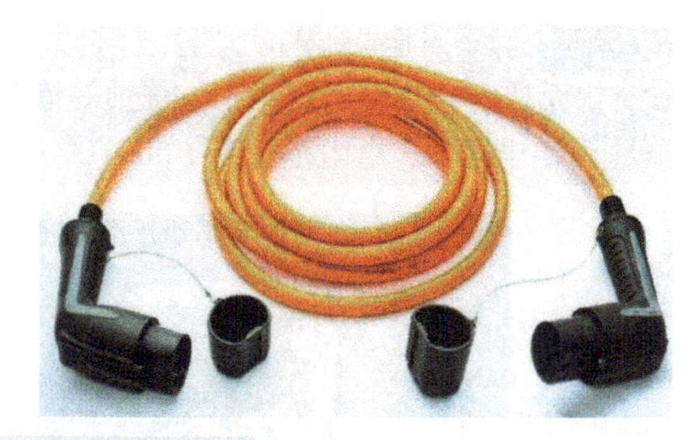

图 5-36 检查充电线

（4）检查充电口盖开关状态

检查方法：

1）当充电口盖打开时，仪表充电指示灯应常亮；当关闭充电口盖时，仪表充电指示灯应熄灭。

2）检查充电口盖能否正常开启或关闭，如图 5-37 所示。

（5）检查电动汽车高压线束的绝缘性能

电动汽车较高的工作电压对高压系统与车辆底盘之间的绝缘性能提出了更高的要求。为了消除高压系统对人员和车辆的潜在威胁，需要检测其绝缘性能，才能保证电动汽车的高压电气安全性。

1）绝缘电阻要求。在最大工作电压下，直流电路绝缘电阻的最小值应至少大于 100Ω/V，交流电路应至少大于 500Ω/V。整个电路为满足以上要求，依据电路的结构和组件的数量，每个组件应有更高的绝缘电阻。

2）高压线束绝缘性能检测方法。以检测电机控制器高压线束为例，检测其绝缘性能。检查方法为使用绝缘表笔测量绝缘电阻，将表笔正极与线束内芯接触，表笔负极与线束外壳或车身搭铁点有效连接，单机测试键进行读数，测得绝缘电阻与标准值进行比较，判断其绝缘性能是否正常，如图 5-38 所示。

图 5-37 检查充电口盖开关状态

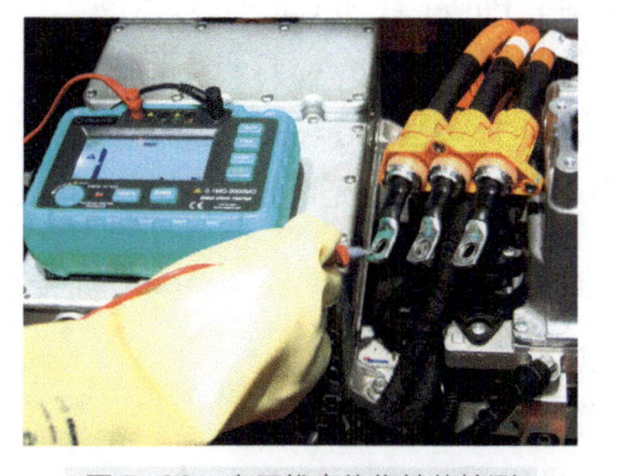

图 5-38 高压线束绝缘性能检测

高压线束绝缘性检测

（6）直流充电桩端的检查与维护

检查方法如下，参见图 5-39。

1）检查快充插座 CC1 是否有磨损、烧蚀等情况，如有，建议更换快充插座线束。

2）测量 CC1 电阻值，电阻范围为 1 000Ω 左右。如阻值不正常，建议更换快充线束。

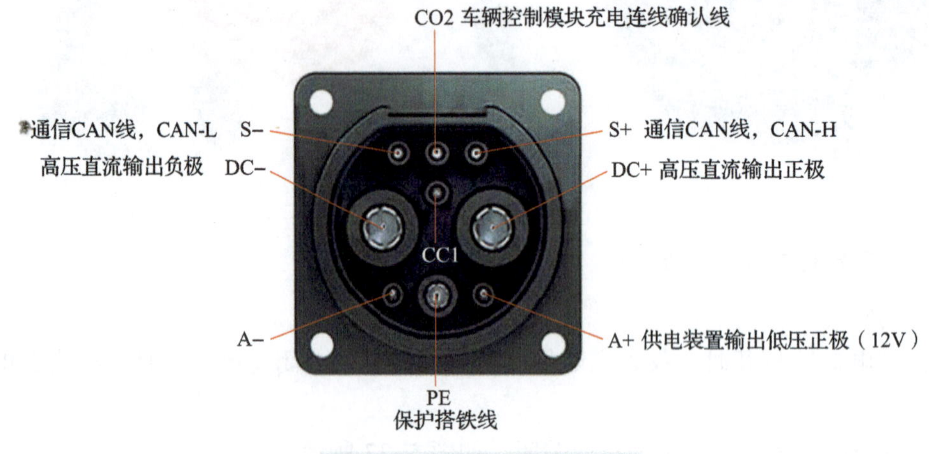

图 5-39 直流充电桩端的检测

（7）检查随车充电枪工作状态

检查随车充电枪的工作状态需要对车辆进行充电，查看指示灯是否正常，图 5-40 所示为随车充电枪指示灯。其含义分别为：

1）Power 灯即电源指示灯，当接通交流电后，电源指示灯亮起。

2）Charge 灯即充电指示灯，当充电机接通动力电池进入充电状态后，充电指示灯亮起。

3）Error 灯即警告灯，当充电机内部有故障时亮起。

图 5-40 随车充电枪指示灯

检测并查看随车充电枪工作状态是否正常的方法如下。

1）当充电正常时，Power 灯和 Charge 灯点亮。

2）当启动半分钟后仍只有 Power 灯点亮时，有可能为动力电池无充电请求或已充满。

3）当 Error 灯点亮时，说明充电系统出现异常。

4）当充电灯都不亮时，检查充电桩、车载充电机以及充电线束及插接件。

（8）更换车载充电机

1）拆卸车载充电机。

①打开前机舱盖。

②断开蓄电池负极电缆，拔掉 MSD 开关。

高职高专新能源汽车专业“1+X”课证融通新形态教材

新能源汽车安全作业规范与维护保养

实训工单》

NEW ENERGY VEHICLE

吴海东 周广春 樊永强 主编

班　　级：________________　　学　　号：________________

姓　　名：________________　　指导老师：________________

机械工业出版社
CHINA MACHINE PRESS

目　录 Contents

实训工单一　高压电安全防护

一、接收任务

新能源汽车存在故障，实训老师安排你完成下电操作标准流程与上电操作标准流程，你是否能够完成这项任务？

二、收集信息

知识准备

1）新能源汽车维修必须双人操作，一人操作，一人监督，严格遵守操作规程。

□ 对　　　　□ 错

2）高压上下电操作流程。

作业项目	操作步骤	备注
场地防护	□ 检查设置隔离栏 □ 设置安全警示牌 □ 检查灭火器压力值（水基、干粉） □ 安装车辆挡块 □ 安装车外三件套安装位置必须正确 □ 操作中翼子板布、格栅布不得自行脱落 □ 车内四件套（转向盘、座椅、脚垫、变速杆）	
设备准备	□ 检查绝缘测试仪 □ 检查万用表 □ 检查诊断仪 □ 检查绝缘垫	
个人防护	□ 检查绝缘手套的密封性 □ 检查绝缘防护手套的耐压等级 □ 检查防电池电解液酸碱性手套外观损伤 □ 护目镜外观损伤 □ 安全帽外观损伤 □ 穿戴绝缘鞋（进入工位前提前穿戴好）	
高压下电操作流程	□ 连接诊断仪 □ 车辆通电 □ 确认车辆是否存在故障码 □ 关闭点火开关 □ 将钥匙放置于安全位置 □ 测量蓄电池电压	

（续）

作业项目	操作步骤	备注
高压下电操作流程	□ 断开蓄电池负极 □ 静止等待 5min □ 断开动力母线 □ 验电 □ 包裹动力母线端口	
高压上电操作流程	□ 连接动力母线端口 □ 连接蓄电池负极 □ 取出钥匙，车辆上电 □ 通过解码器验证车辆是否有故障 □ 恢复现场场地	

三、制定计划

1）根据任务要求制定实训计划。

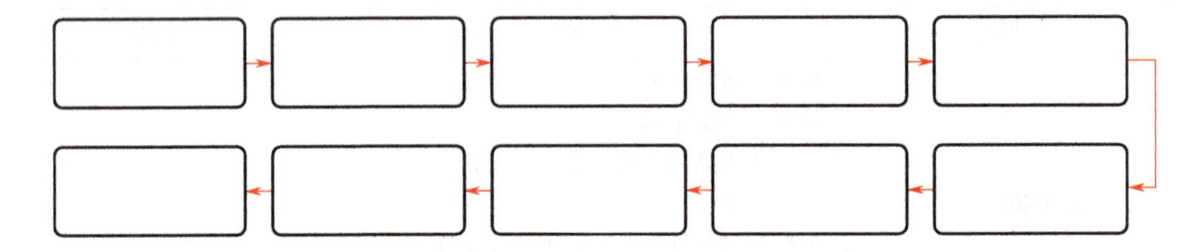

2）请根据操作计划，完成小组成员的任务分工。

主操作人		记录员	
监护人		展示员	

四、任务实施

1）作业前准备。

作业图例	作业内容	完成情况
	作业前现场环境检查	□ 规范着装 □ 拉设安全围挡 □ 放置安全警示牌 □ 检查灭火器 □ 检查测量终端状态 □ 铺设防护四件套

（续）

<table>
<tr><th>作业图例</th><th>作业内容</th><th colspan="3">完成情况</th></tr>
<tr><td>安全帽　护目镜
绝缘鞋　绝缘手套</td><td>防护用具检查</td><td colspan="3">□ 检查绝缘手套
□ 检查护目镜
□ 检查安全帽
□ 检查绝缘鞋</td></tr>
<tr><td>诊断仪　放电工装
万用表　绝缘测试仪</td><td>仪表工具检查</td><td colspan="3">□ 检查万用表、绝缘检测仪是否正常
□ 检查故障诊断仪是否正常
□ 检查绝缘工具是否齐全、正常
□ 检查放电工装是否正常
□ 检查维修手册、电路图是否完备</td></tr>
<tr><td rowspan="2"></td><td rowspan="2">测量绝缘地垫绝缘电阻</td><td>测量值</td><td>标准值</td><td>判别</td></tr>
<tr><td>____Ω</td><td>____Ω</td><td>□ 正常
□ 异常</td></tr>
</table>

2）登记车辆基本信息。

项目	内容	完成情况
品牌		□是　□否
VIN		□是　□否
生产日期		□是　□否
动力电池	型号：　　额定容量：	□是　□否
驱动电机	型号：　　额定功率：	□是　□否
行驶里程	km	□是　□否

3）下电操作流程。

作业图例	作业内容	完成情况
	连接诊断仪	□是 □否
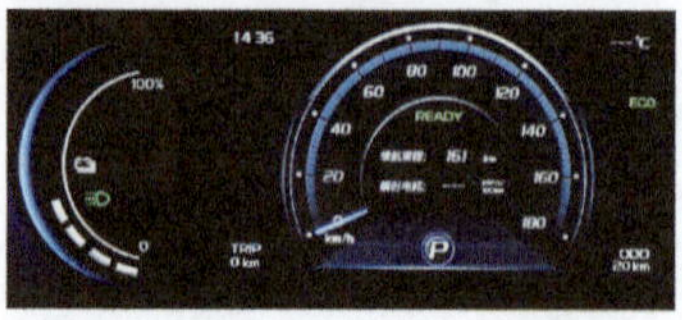	车辆通电	□是 □否
	确认车辆是否存在故障码	□是 □否
	关闭点火开关	□是 □否
	将钥匙放置安全位置	□是 □否
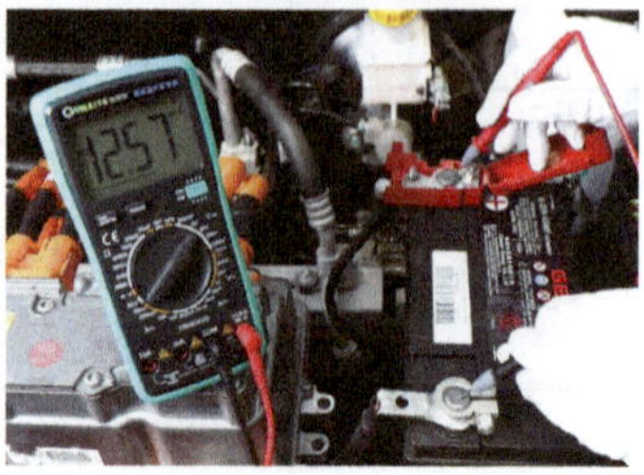	测量蓄电池电压	□正常 □异常

（续）

作业图例	作业内容	完成情况
	断开蓄电池负极	□是　□否
	静止等待 5min	□是　□否
	断开动力母线	□是　□否
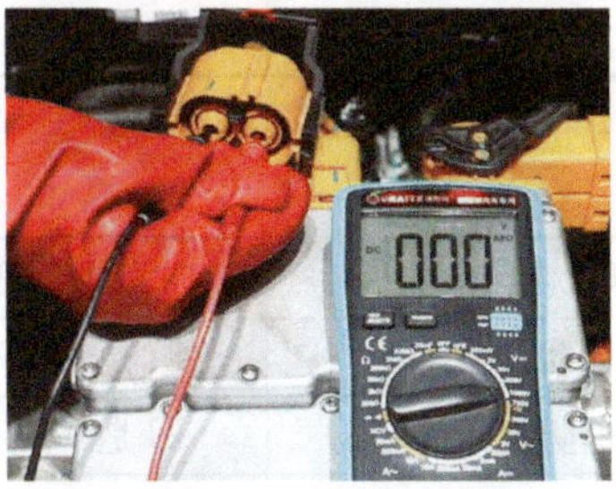	验电	□是　□否
	包裹动力母线端口	□是　□否

4）上电操作流程。

作业图例	作业内容	完成情况
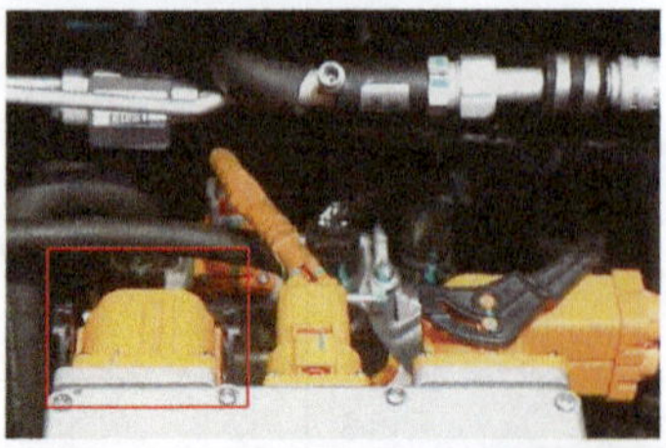	连接动力母线端口	□是 □否
	连接蓄电池负极	□是 □否
	取出钥匙，车辆上电	□是 □否
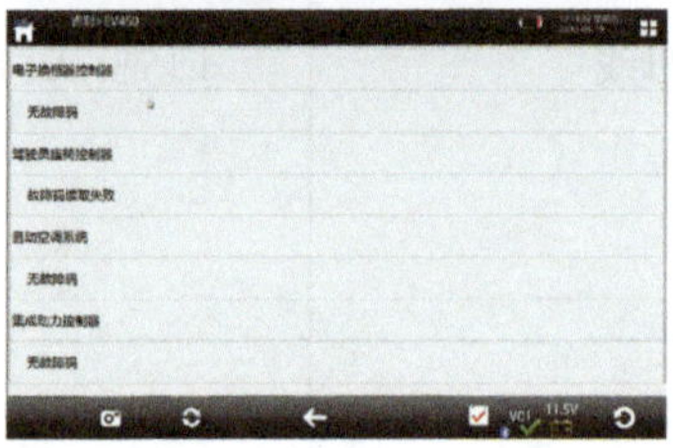	通过解码器验证车辆是否有故障	□是 □否

5）整理恢复场地。

作业图例	作业内容	完成情况
	关闭车辆起动开关	□是 □否
	收起并整理防护四件套	□是 □否
	关闭测量平台一体机	□是 □否
	关闭测量平台电源开关	□是 □否
	清洁并整理测量平台	□是 □否
	清洁防护用具并归位	□是 □否
	清洁整理仪器设备与工具	□是 □否
	清洁实训场地	□是 □否
	收起安全警示牌	□是 □否
	收起安全围挡	□是 □否

五、过程检查

1）自我评价或小组评价。

序号	检查项目	权重	自我评价
1	信息收集完成情况	20	
2	制定计划的合理性	10	
3	实施过程完成的正确性	45	
4	学生在实施过程的参与程度	15	
5	安全防护与 6S 操作	10	
总成绩			

2）自我反思或小组反思：根据自己在课堂上的实际表现进行自我反思。

六、反馈总结

1. 实训过程评分

项目	内容	评分标准	得分
知识点（30 分）	认知高压电对人的危害（10 分）	视操作情况扣分	
	识别高压电（10 分）	正确表述动力电池加热与冷却策略，不熟悉视情扣分	
	认识安全防护用具（10 分）	端子错误每项扣 3 分	
技能点（45 分）	正确选择安全防护用具（10 分）	视完成情况扣分	
	正确检查安全防护用具（20 分）	视完成情况扣分	
	正确使用安全防护用具（15 分）	测量点每错误一项扣 5 分	
素质点（25 分）	严格执行操作规范（10 分）	视不规范情况扣分	
	任务完成的熟练程度（10 分）	视完成情况扣分	
	6S 管理（5 分）	视完成情况扣分	
总分			

2. 改进与提升

实训指导教师检查本组作业结果，针对实训过程出现的问题提出改进措施与提升训练计划。

1）改进措施：

2）提升训练计划：

实训工单二　检测仪器设备的使用

<table>
<tr><td>姓名</td><td colspan="2"></td><td>学号</td><td></td></tr>
<tr><td>小组成员</td><td colspan="2"></td><td>学时</td><td></td></tr>
<tr><td rowspan="3">实训目标</td><td>知识目标</td><td colspan="3">能够了解诊断仪的组成结构
能够识别诊断仪的功能</td></tr>
<tr><td>能力目标</td><td colspan="3">能够演示诊断仪的连接检查
能够演示诊断仪的功能测试方法</td></tr>
<tr><td>素质目标</td><td colspan="3">严格执行企业检修标准流程
严格执行企业 6S 管理制度
培养严谨求实的工匠精神、热爱劳动的好品质</td></tr>
</table>

一、接收任务

你熟悉诊断仪的外部结构及按键功能含义，并且能够在实际维修过程中熟练地使用诊断仪进行检测分析吗？

二、收集信息

知识准备

1）将诊断仪名称标注在对应位置。

诊断仪	部件名称
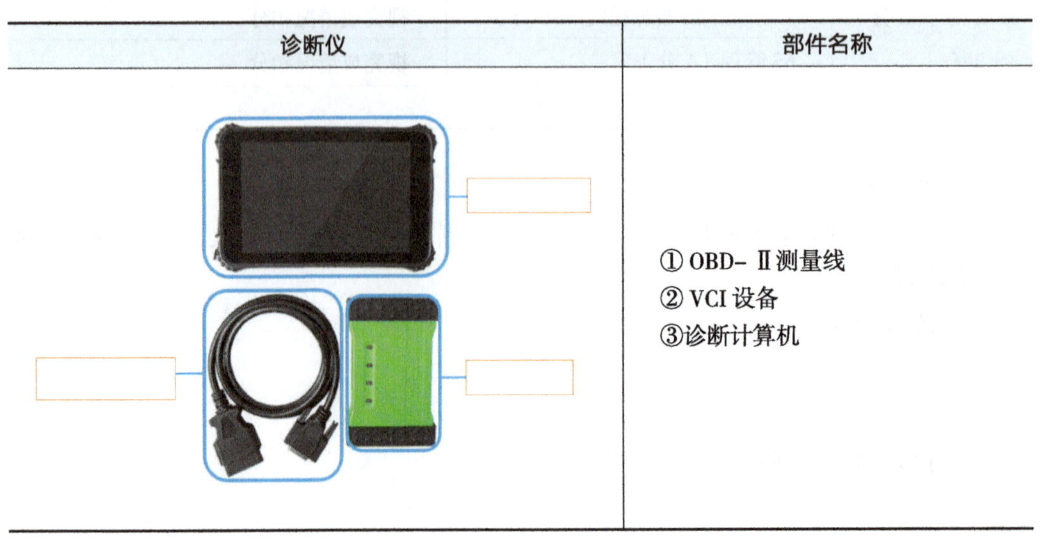	① OBD- Ⅱ测量线 ② VCI 设备 ③诊断计算机

2）诊断仪功能包含。

诊断仪	功能
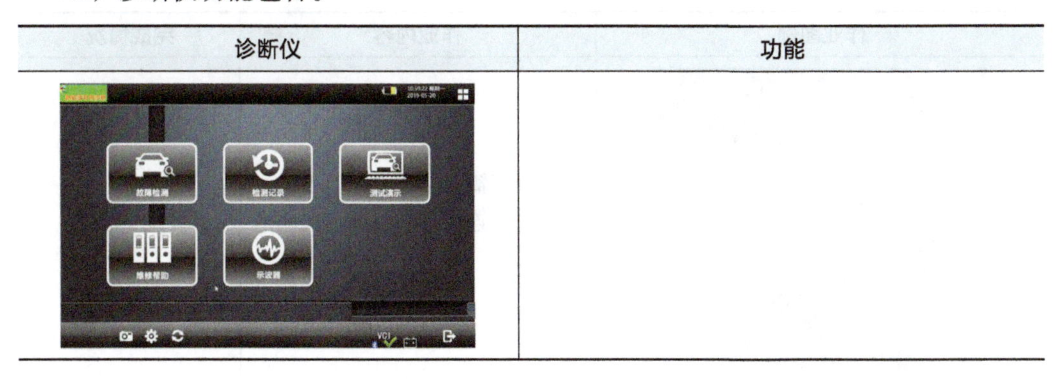	

三、制定计划

1）根据任务要求制定实训计划。

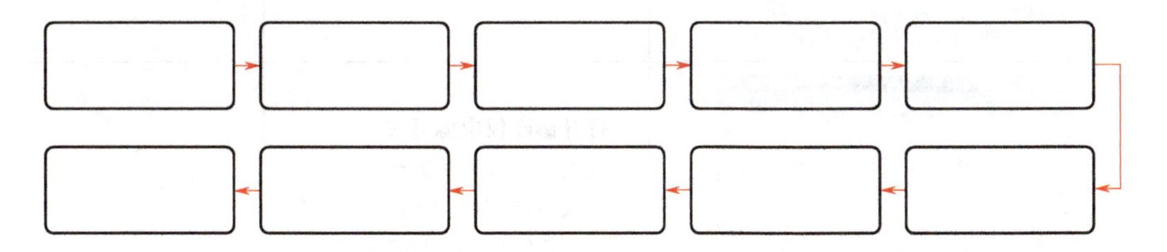

2）请根据操作计划，完成小组成员的任务分工。

主操作人		记录员	
监护人		展示员	

四、任务实施

1. 诊断仪连接检查

作业图例	作业内容	完成情况
	将 OBD－Ⅱ测量线连接至 VCI 设备	□是　□否

（续）

作业图例	作业内容	完成情况
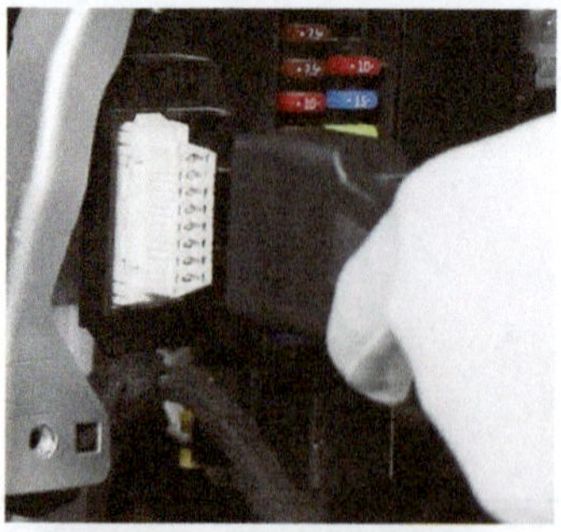	连接车辆 OBD 诊断座 注意：连接诊断仪前需关闭点火开关	□是 □否
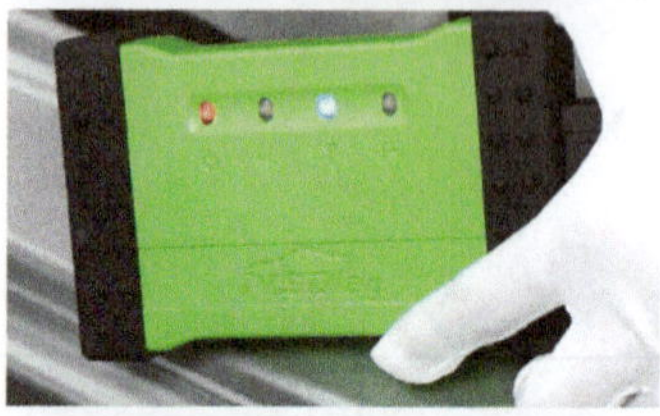	VCI 设备电源指示灯亮起	□是 □否
 VCI	打开诊断仪电源开关 双击汽车故障诊断仪 进入诊断程序，VCI 有一个“对号”诊断仪与 VCI 设备通信正常	□是 □否
 吉利>EV450 电源管理系统(BMS) 车辆声学警示系统(AVAS) 多媒体系统(MMI) 远程信息处理控制器(TBOX) 驾驶模式开关(DMS) 充电控制器(OBC) 电子换档控制器(EGSM) 自动空调系统(AC) 集成动力控制器(IPU) 助力转向系统(EPS) VCI 13.2	选择对应车型，吉利帝豪、EV450	□是 □否

检测分析：

2. 读取动力电池管理系统故障码及数据流

作业图例	作业内容	完成情况	
吉利>EV450>电源管理系统(BMS) 基本诊断 数据写入 ECU复位 特殊功能 VCI 13.2	选择相应的车型并读取故障码	故障码	含义
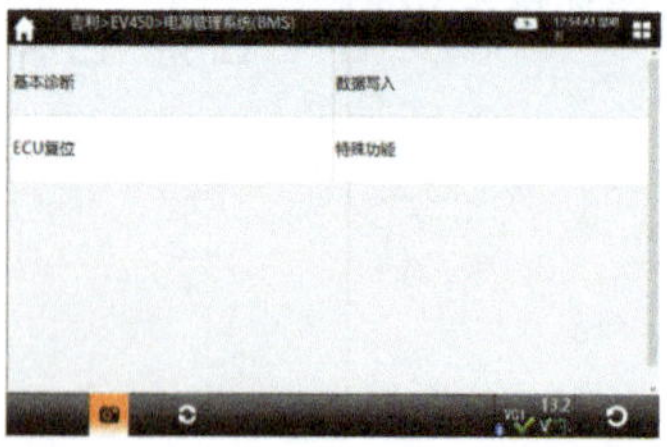			

（续）

作业图例	作业内容	完成情况	
吉利>EV450>电源管理系统(BMS)>电源管理系统 电池包标称容量 150.0 Ah 电池包标称能量 51.9 KWh 标称电压 346 V 电池总数 95 电池包单次放电容量 0.0 Ah 电池包单次充电容量 0.0 Ah 电池包累计放电容量 77343 Ah 电池包累计充电容量 78360 Ah 数据捕捉 数据比较 数据选择	读取与故障相关数据流	数据流名称	数据值

3. 读取充电系统故障码及数据流

作业图例	作业内容	完成情况	
读版本信息 读取故障码 清除故障码 读取数据流	选择相应的车型并读取故障码	故障码	含义
数据捕捉 数据比较 数据选择	读取与故障相关数据流	数据流名称	数据值

4. 执行元件测试

作业图例	作业内容	完成情况		
14:22 100% 20 40 60 80 100 120 140 160 180 km/h TRIP 0 km P	打开点火（ON 位）	□是　□否		
低速风扇使能信号 使能 非使能 退出	通过诊断仪，进入整车控制器 VCU、执行元件测试、低速风扇使能信号	□是　□否		
	测量整车控制器 CA67/128 号与搭铁电压	测量值	标准值	判断
		____V	____V	□正常 □异常

（续）

作业图例	作业内容	完成情况		
	将起动开关打至ON位	□是 □否		
	测量整车控制器CA67/128号与搭铁电压	测量值	标准值	判断
		____V	____V	□正常 □异常

检测分析：

五、过程检查

1）自我评价或小组评价。

序号	检查项目	权重	自我评价
1	信息收集完成情况	20	
2	制定计划的合理性	10	
3	实施过程完成的正确性	45	
4	学生在实施过程的参与程度	15	
5	安全防护与6S操作	10	
总成绩			

2）自我反思或小组反思：根据自己在课堂上的实际表现进行自我反思。

六、反馈总结

1. 实训过程评分

项目	内容	评分标准	得分
知识点（30分）	诊断仪的结构认知（15分）	视操作情况扣分	
	诊断仪的功能认知（15分）	视操作情况扣分	
技能点（45分）	正确演示诊断仪连接检查（10分）	视完成情况扣分	
	正确演示诊断仪功能检测（35分）	视完成情况扣分	

（续）

项目	内容	评分标准	得分
素质点（25分）	严格执行操作规范（10分）	视不规范情况扣分	
	任务完成的熟练程度（10分）	视完成情况扣分	
	6S管理（5分）	视完成情况扣分	
总分			

2. 改进与提升

实训指导教师检查本组作业结果，针对实训过程出现的问题提出改进措施与提升训练计划。

1）改进措施：

2）提升训练计划：

实训工单三　动力电池系统检查与维护

一、接收任务

一辆 2018 款吉利帝豪 EV450 电动汽车的仪表动力电池故障指示灯亮，车主驱车到 4S 店咨询售后顾问。售后顾问查看车辆状态后，建议对动力电池内部进行检查。

作为一名维修技师，在接到这个任务后应该如何做好动力电池的内部检查与维护呢？

二、收集信息

1．知识准备

1）锂离子电池是一种______，主要依靠______在正极和负极之间移动来工作。

2）松下的 18650 三元锂离子电池中，18 代表______18mm，65 代表______65mm，0 代表动力电池是______。

3）看图填空。

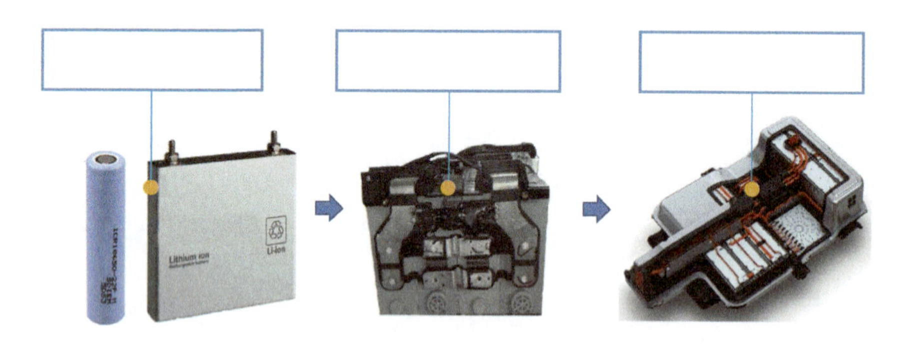

4）帝豪 EV450 动力电池包内部共______个单体电池、______个模组串联，单体电池标称电压______V，额定容量______A·h，每个模组______个温度传感器，每个单体电池都有______个电压采样。

5）动力电池包由______、结构系统、电气系统、________、________组成。

6）电池控制单元（BMU）是将单体电池______、______、______及整车绝缘等信号上报________，并根据其指令完成对动力电池的控制。

7）电池高压分配单元（B-BOX）由______、总主 / 总负继电器、______、充电继电器、电流传感器（CSU）和______等组成。

8）将动力电池箱内部高压控制盒插头打开，用数字绝缘表DC 1000V档测试总正、总负搭铁组织，若阻值≥______Ω/V，则绝缘性能良好。

9）预充电阻的阻值为______Ω 左右。

10）每个模组有______个 CSC 采集系统，以监测其中每个电池单体______和模组信息，并将电池单体电压及模组温度信息上报给______。

2. 技能准备

1）找出车载充电机和 BMS 动力电池线束插接器 BV16 的电路图。

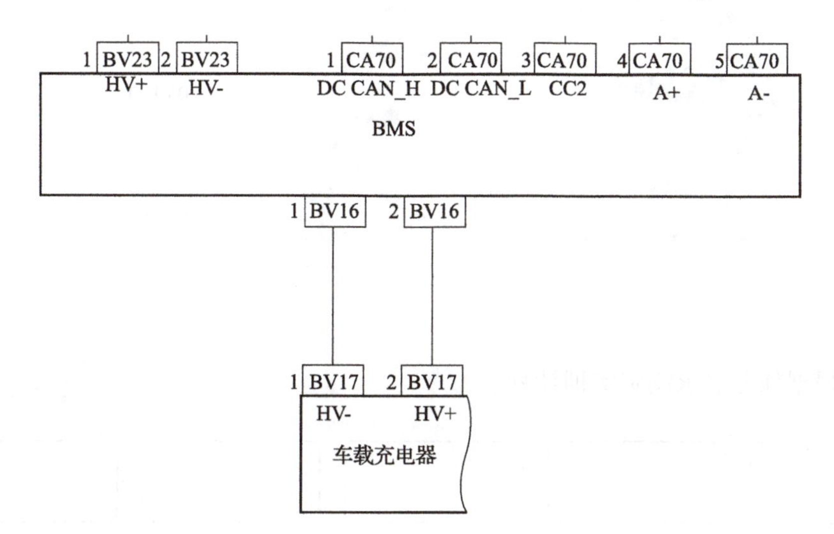

2）查阅维修手册，找出 BV16 插头端子的含义，BV16 插头端子 1 与端子 2 之间的标准电压为______V。

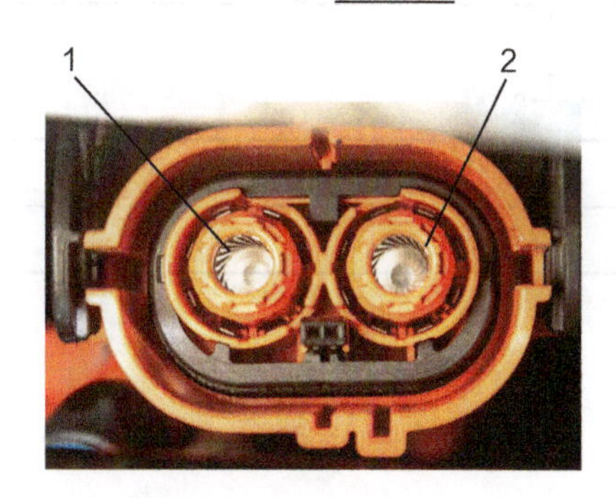

端子号	端子定义	端子状态
1	HV−	高压总负
2	HV+	高压总正

3）查阅维修手册，找出 BV17 插头端子的含义：

端子号	端子定义	端子状态
1	HV−	高压总负
2	HV+	高压总正

4）在实车上找出上述两插头的四个端子。

BV16/1

BV16/2

BV17/1

BV17/2

三、制定计划

1）根据任务要求制定实训计划。

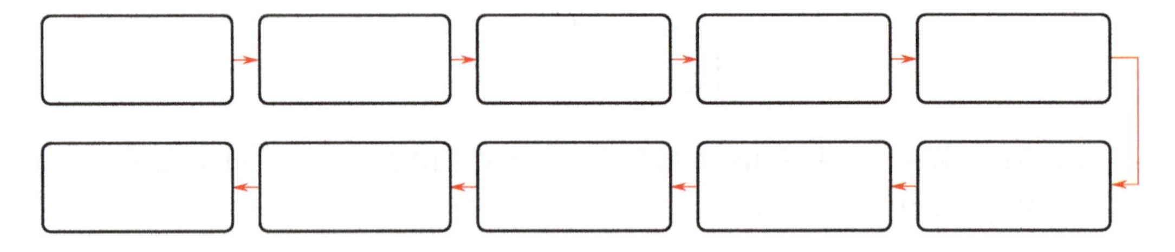

2）请根据操作计划，完成小组成员的任务分工。

主操作人		记录员	
监护人		展示员	

四、任务实施

1. 作业前准备

作业图例	作业内容	完成情况
	作业前现场环境检查	□ 规范着装 □ 拉设安全围挡 □ 放置安全警示牌 □ 检查灭火器 □ 检查测量终端状态 □ 铺设防护四件套

（续）

作业图例	作业内容	完成情况		
安全帽　护目镜　绝缘鞋　绝缘手套	防护用具检查	□ 检查绝缘手套 □ 检查护目镜 □ 检查安全帽 □ 检查绝缘鞋		
诊断仪　放电工装　万用表　绝缘测试仪	仪表工具检查	□ 检查万用表、绝缘检测仪是否正常 □ 检查故障诊断仪是否正常 □ 检查绝缘工具是否齐全、正常 □ 检查放电工装是否正常 □ 检查维修手册、电路图是否完备		
	测量绝缘地垫绝缘电阻	测量值	标准值	判别
		____Ω	____Ω	□ 正常 □ 异常

2. 登记车辆基本信息

项目	内容	完成情况
品牌		□是　□否
VIN		□是　□否
生产日期		□是　□否
动力电池	型号：　　　额定容量：	□是　□否
驱动电机	型号：　　　额定功率：	□是　□否
行驶里程	km	□是　□否

3. 断开动力电池高压连接器插头 BV16

作业图例	作业内容	完成情况
	操作起动开关使电源模式切换至 OFF 位	□是 □否
	拆下低压蓄电池负极，使用绝缘胶带包好，断开整车低压控制电源	□是 □否
	断开动力电池高压线束插接器 BV16，并做好绝缘防护	□是 □否

4. 起动车辆

作业图例	作业内容	完成情况
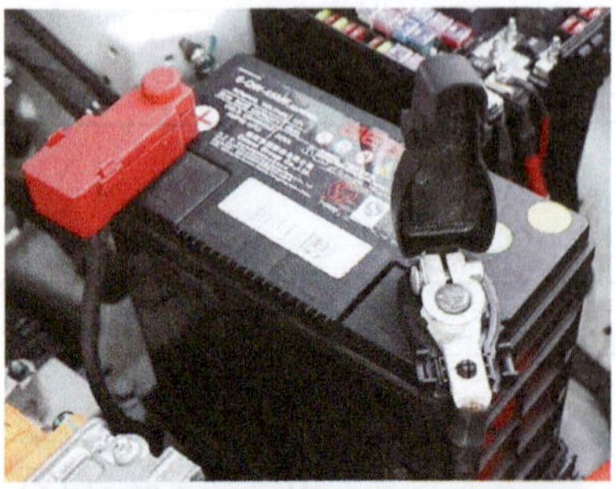	连接蓄电池负极	□是 □否
	打开点火开关	□是 □否

5. 动力电池绝缘检测

<table>
<tr><th>作业图例</th><th>作业内容</th><th colspan="3">完成情况</th></tr>
<tr><td rowspan="6">+ 万用表 V+ −
+ 万用表 V− −</td><td rowspan="6">用万用表分别测量动力电池正、负极和动力电池箱体的电压值V +、V −。</td><td colspan="3">V +</td></tr>
<tr><td>测量值</td><td>标准值</td><td>判断</td></tr>
<tr><td></td><td></td><td></td></tr>
<tr><td colspan="3">V −</td></tr>
<tr><td>测量值</td><td>标准值</td><td>判断</td></tr>
<tr><td></td><td></td><td></td></tr>
<tr><td rowspan="3">− + 万用表 V_1
+ 万用表 并联一个100kΩ电阻 V_2</td><td rowspan="3">比较V +和V −，选择电压值大的进行下一步。如V +大于V −，在V +与电池箱体间并联一个100kΩ的电阻R，测量V +与电池箱体间的电压值V_2，未并联100kΩ的电阻R时测得V +与电池箱体电压值为V_1</td><td>测量项目</td><td>测量值</td><td>判断</td></tr>
<tr><td>V_1</td><td>____V</td><td></td></tr>
<tr><td>V_2</td><td>____V</td><td></td></tr>
</table>

检测分析：将V_1、V_2电压值代入公式，计算动力电池绝缘阻值（V_1=V +）

$$\frac{\frac{V_1-V_2}{V_2}R}{V_{总}} > 500\Omega/V \text{ 不漏电} \qquad \frac{\frac{V_1-V_2}{V_2}R}{V_{总}} \leqslant 500\Omega/V \text{ 漏电}$$

6. 恢复场地

作业图例	作业内容	完成情况
	关闭车辆起动开关	□是 □否
	收起并整理防护四件套	□是 □否
	关闭测量平台一体机	□是 □否
	关闭测量平台电源开关	□是 □否
	清洁并整理测量平台	□是 □否
	清洁防护用具并归位	□是 □否
	清洁整理仪器设备与工具	□是 □否
	清洁实训场地	□是 □否
	收起安全警示牌	□是 □否
	收起安全围挡	□是 □否

五、过程检查

1）自我评价或小组评价。

序号	检查项目	权重	自我评价
1	信息收集完成情况	20	
2	制定计划的合理性	10	
3	实施过程完成的正确性	45	
4	学生在实施过程的参与程度	15	
5	安全防护与 6S 操作	10	
总成绩			

2）自我反思或小组反思：根据自己在课堂上的实际表现进行自我反思。

六、反馈总结

1. 实训过程评分

实训指导教师按下述评分标准检查本组作业结果。

项目	内容	评分标准	得分
知识点（30 分）	认知动力电池的结构（10 分）	正确表述	
	理解单体电池、模组和包的关系（10 分）	正确表述	
	熟悉动力电池总成的内部组成（10 分）	正确表述	

（续）

项目	内容	评分标准	得分
技能点（45分）	正确完成环境检查（5分）	视完成情况扣分	
	正确完成防护用具和工具检查（5分）		
	正确完成车辆断电（5分）		
	正确断开动力电池高压插接器插头 BV16（10分）	视完成情况扣分	
	正确完成车辆通电（5分）		
	正确完成动力电池绝缘检测并判断是否漏电（15分）		
素质点（25分）	严格执行操作规范（10分）	视不规范情况扣分	
	任务完成的熟练程度（10分）	视完成情况扣分	
	6S 管理（5分）	视完成情况扣分	
总分			

2. 改进与提升

实训指导教师检查本组作业结果，针对实训过程出现的问题提出改进措施与提升训练计划。

1）改进措施：

2）提升训练计划：

实训工单四　驱动电机系统检查与维护

一、接收任务

王先生的一辆2018款吉利帝豪EV450电动汽车计划去4S店检修，此时需要你作为维修人员协助技师，按照规范流程对车辆进行夏季常规检查活动中的电机控制器检查与维护项目。你能安全、规范地检查和维护驱动电机控制器吗？

二、收集信息

1）电机控制器将动力电池供给的______逆变成______给汽车驱动电机提供电源，以实现整车的怠速、前进、倒车、加速、减速、______以及驻坡。

2）电机控制器的工作原理简单来说，包括两方面的功能：其一是PEU控制单元，即将高压直流电变成高压交流电，控制______运行；其二是______，即将高压直流变成低压直流，给整车低压系统供电。

3）看图填空。

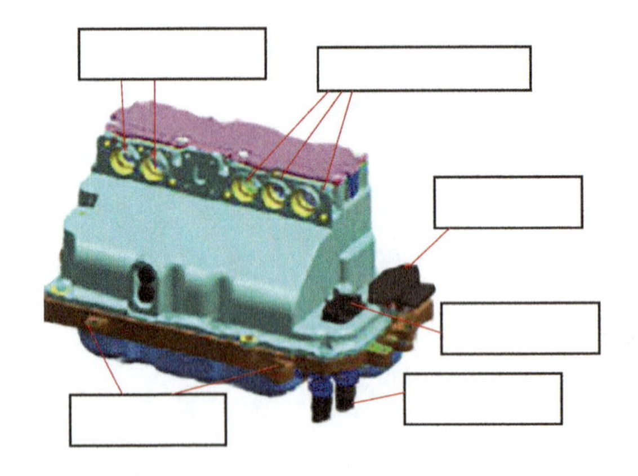

4）熟悉电机控制器低压线束插接器关键端子定义。

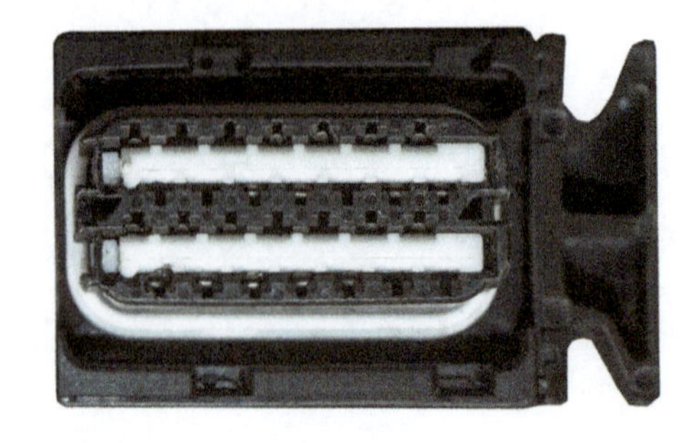

端子	颜色	端子定义	对接线束
1	Br		整车互锁线束输入
4	W		整车互锁线束输出
5	Br/W		电机 R2+
6	R		电机 R1–
7	L/R		电机 R1+
10	B		屏蔽搭铁，与电机端屏蔽搭铁对接
11	B		
13	W/G		电机 R2–
14	L/W		整车 wakeup 信号
15	G	Resovler +EXC	
16	P	Resovler COSLO	
17	W	Resovler SINLO	
20	Gr/O	Communication CAN high	整车动力 CANH
21	L/B	Communication CAN low	整车动力 CANL
22	O		电机旋变励磁 –
23	L		电机旋变 COSHI
24	Y		电机旋变 SINHI
25	G/Y	KL15	整车 key on
26	R/L	KL30	整车 12V 常电
27	P/W	Calibration CAN high	OBD CANH
28	B/W	Calibration CAN low	OBD CANL

三、制定计划

1）根据任务要求制定实训计划。

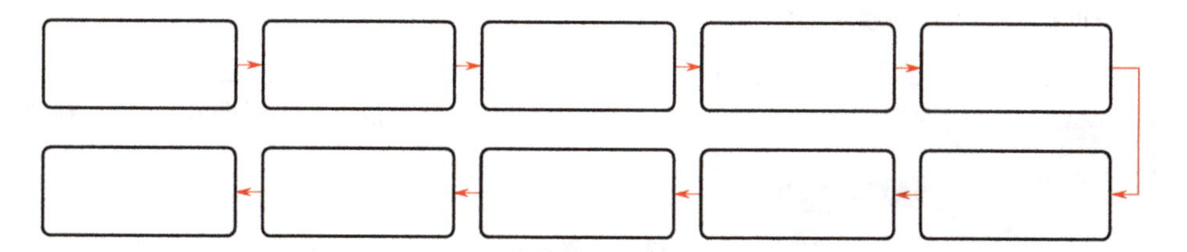

2）请根据操作计划，完成小组成员的任务分工。

主操作人		记录员	
监护人		展示员	

四、任务实施

1. 作业前准备

<table>
<tr><th>作业图例</th><th>作业内容</th><th colspan="3">完成情况</th></tr>
<tr><td></td><td>作业前现场环境检查</td><td colspan="3">☐ 规范着装
☐ 拉设安全围挡
☐ 放置安全警示牌
☐ 检查灭火器
☐ 检查测量终端状态
☐ 铺设防护四件套</td></tr>
<tr><td>安全帽 护目镜
绝缘鞋 绝缘手套</td><td>防护用具检查</td><td colspan="3">☐ 检查绝缘手套
☐ 检查护目镜
☐ 检查安全帽
☐ 检查绝缘鞋</td></tr>
<tr><td>诊断仪 放电工装
万用表 绝缘测试仪</td><td>仪表工具检查</td><td colspan="3">☐ 检查万用表、绝缘检测仪是否正常
☐ 检查故障诊断仪是否正常
☐ 检查绝缘工具是否齐全、正常
☐ 检查放电工装是否正常
☐ 检查维修手册、电路图是否完备</td></tr>
<tr><td rowspan="2"></td><td rowspan="2">测量绝缘地垫绝缘电阻</td><td>测量值</td><td>标准值</td><td>判别</td></tr>
<tr><td>____Ω</td><td>____Ω</td><td>☐ 正常
☐ 异常</td></tr>
</table>

2. 登记车辆基本信息

项目	内容	完成情况
品牌		□是　□否
VIN		□是　□否
生产日期		□是　□否
动力电池	型号：　　　　额定容量：	□是　□否
驱动电机	型号：　　　　额定功率：	□是　□否
行驶里程	km	□是　□否

3. 电机控制器检查与维护前的准备工作

作业图例	作业内容	完成情况
	关闭点火开关，拔下钥匙	□是　□否
断开蓄电池负极	拆下低压蓄电池负极，使用绝缘胶带包好，断开整车低压控制电源	□是　□否
	佩戴绝缘手套，断开动力电池高压维修开关	□是　□否
	当车辆举升到需要的高度时，举升机要锁止安全锁	□是　□否

（续）

作业图例	作业内容	完成情况
	拆下动力电池总正、总负和低压线束插头	□是 □否

4. 检查与清洁驱动电机控制器

作业图例	作业内容	完成情况
	检查驱动电机控制器表面是否有油液污渍	□是 □否
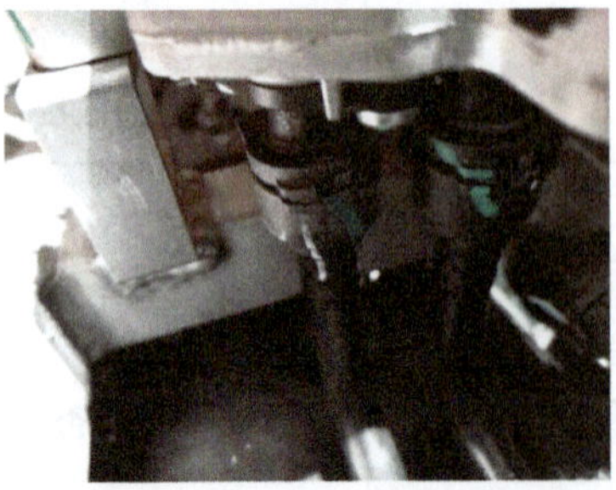	检查驱动电机控制器冷却水管、接头处有无裂纹、有无渗漏	□是 □否
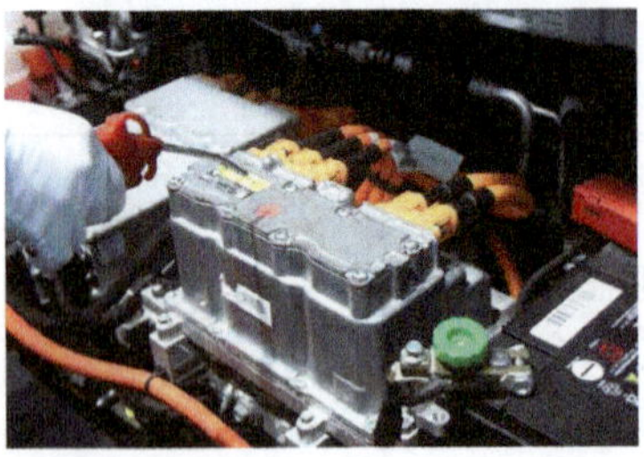	目测驱动电机控制器外观有无磕碰、变形或损坏，并使用压缩空气或干布对驱动电机控制器的外观进行清洁	□是 □否

5. 检查驱动电机控制器端子电压及插接件

作业图例	作业内容	完成情况
	检查驱动电机控制器高压插接件是否连接到位，是否有退针现象，或存在触点烧蚀现象	□是 □否
	检查驱动电机控制器低压插接件是否连接到位，是否有退针现象或触点烧蚀情况	□是 □否
	检测驱动电机控制器低压线束控制电源，26号端子和11号端子为控制电源接口的12V+和12V-GND，使用万用表检查这两个端口电压，应在9~14V内	□是 □否

6. 检查驱动电机控制器高压电缆的绝缘性能

作业图例	作业内容	完成情况
	使用绝缘表检测，档位选择500V，分别测量电机控制器T+、T-、U、V、W端子与电机控制器外壳的绝缘阻值，测量结果应在2.5MΩ以上	□是 □否

7. 检测 DC–DC 变换器的输出电压

作业图例	作业内容	完成情况
	检测 DC–DC 变换器输出电压，测量值为____V	□是 □否
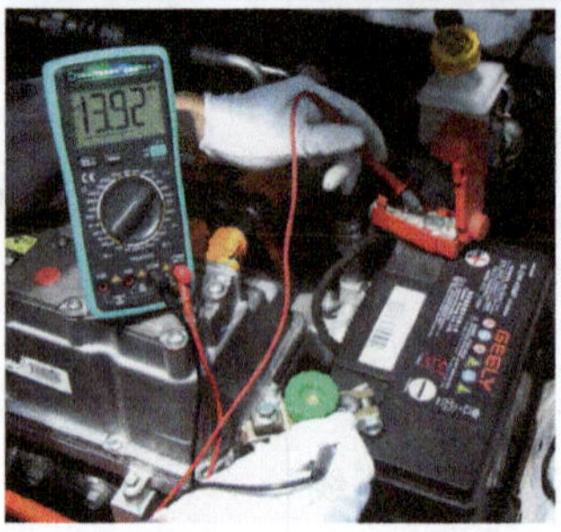	检测低压蓄电池电压，测量值为____V	□是 □否
结论：DC–DC 变换器输出电压应与低压蓄电池电压（一致、不一致）		

8. 检查 CAN 终端电阻

<table>
<tr><th>作业图例</th><th>作业内容</th><th colspan="3">完成情况</th></tr>
<tr><td rowspan="3">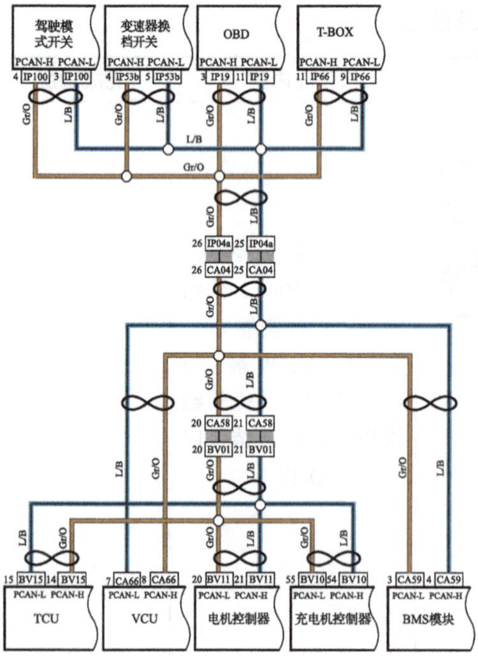</td><td rowspan="3">测量 OBD 诊断座 IP19/3 与 IP/11 之间的电阻值</td><td colspan="3">□是 □否</td></tr>
<tr><td>测量点</td><td>测量值</td><td>标准值</td></tr>
<tr><td>IP19/3 与 IP/11</td><td></td><td>55~67.5Ω</td></tr>
</table>

9. 恢复场地

作业图例	作业内容	完成情况
	关闭车辆起动开关	□是 □否
	收起并整理防护四件套	□是 □否
	关闭测量平台一体机	□是 □否
	关闭测量平台电源开关	□是 □否
	清洁并整理测量平台	□是 □否
	清洁防护用具并归位	□是 □否
	清洁整理仪器设备与工具	□是 □否
	清洁实训场地	□是 □否
	收起安全警示牌	□是 □否
	收起安全围挡	□是 □否

五、过程检查

1）自我评价或小组评价。

序号	检查项目	权重	自我评价
1	信息收集完成情况	20	
2	制定计划的合理性	10	
3	实施过程完成的正确性	45	
4	学生在实施过程的参与程度	15	
5	安全防护与6S操作	10	
总成绩			

2）自我反思或小组反思：根据自己在课堂上的实际表现进行自我反思。

六、反馈总结

1. 实训过程评分

实训指导教师按下述评分标准检查本组作业结果。

项目	内容	评分标准	得分
知识点（30分）	掌握电机控制器的功能、结构组成（10分）	正确表述种类和名称	
	了解电机控制器的工作原理（10分）	正确描述动力电池箱的结构	

（续）

项目	内容	评分标准	得分
知识点（30分）	理解高压能量流动及低压线束控制过程（10分）	正确表述动力电池的标称电压和EV450动力电池总成的性能参数，错一项扣2分	
技能点（45分）	正确完成准备工作（5分）	视完成情况扣分	
	正确搜集车辆信息（5分）		
	正确检查与清洁驱动电机控制器（10分）		
	正确检查驱动电机控制器高压电缆的绝缘性能（10分）	视完成情况扣分	
	正确检测DC-DC变换器的输出电压（10分）		
	正确检查CAN终端电阻（5分）		
素质点（25分）	严格执行操作规范（10分）	视不规范情况扣分	
	任务完成的熟练程度（10分）	视完成情况扣分	
	6S管理（5分）	视完成情况扣分	
总分			

2. 改进与提升

实训指导教师检查本组作业结果，针对实训过程出现的问题提出改进措施与提升训练计划。

1）改进措施：

2）提升训练计划：

实训工单五　高压附件系统检查与维护

一、接收任务

一辆 2018 款吉利帝豪 EV450 电动汽车已经行驶了 13 000km，根据厂家保修规定需要对车辆进行维护，在维护过程中需要对高压配电系统进行定期检查与维护，请你利用本学习任务所学知识，根据现场工作的作业规范，完成电动汽车高压配电系统的检查与维护工作。

二、收集信息

1）看图填空。

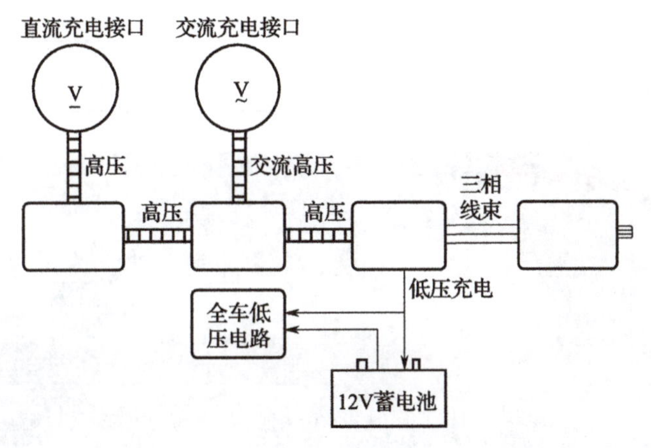

2）高压配电系统主要由______、直流充电接口、交流充电接口、______和电机三相线组成。

3）看图填表。

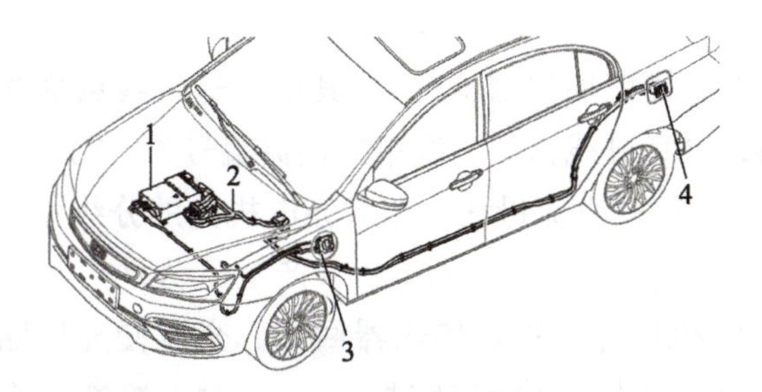

序号	部件名称
1	
2	
3	
4	

4）______的作用类似于低压供电系统中的熔丝盒，其功能为：高压电能分配、高压回路过载和短路保护。

5）看图填空。

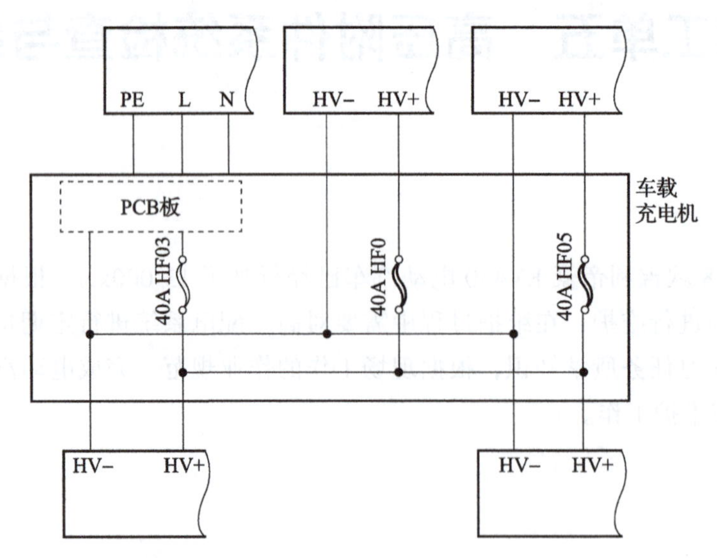

6）看图按示例格式填空，并说明含义。

上图中，（动力电池）接 OBC 分线盒线束插接器 BV17，其中，这个线束插接器是在 OBC 分线盒侧，是动力电池连接 OBC 分线盒的，线束插接器编号为 BV17。

7）车辆行驶时，电流从动力电池依次经过直流母线、车载充电机内的分线盒、电机控制器高压线、电机控制器、______到达驱动电机，产生驱动力。

8）车载充电器分线盒内对电动压缩机回路、PTC 加热器回路、交流慢充回路各设一个______A 的熔断器。当上述回路电路超过______A 时，熔断器会在______s 内熔断；当回路电流超过 ______A 时，熔断器会在______s 内熔断，保护相关回路。

三、制定计划

1）根据任务要求制定实训计划。

	→	→	→	→
←	←	←	←	

2）请根据操作计划，完成小组成员的任务分工。

主操作人		记录员	
监护人		展示员	

四、任务实施

1. 作业前准备

作业图例	作业内容	完成情况
	作业前现场环境检查	□ 规范着装 □ 拉设安全围挡 □ 放置安全警示牌 □ 检查灭火器 □ 检查测量终端状态 □ 铺设防护四件套
安全帽　护目镜 绝缘鞋　绝缘手套	防护用具检查	□ 检查绝缘手套 □ 检查护目镜 □ 检查安全帽 □ 检查绝缘鞋
诊断仪　放电工装 万用表　绝缘测试仪	仪表工具检查	□ 检查万用表、绝缘检测仪是否正常 □ 检查故障诊断仪是否正常 □ 检查绝缘工具是否齐全、正常 □ 检查放电工装是否正常 □ 检查维修手册、电路图是否完备

（续）

<table>
<tr><th rowspan="2">作业图例</th><th rowspan="2">作业内容</th><th colspan="3">完成情况</th></tr>
<tr><th>测量值</th><th>标准值</th><th>判别</th></tr>
<tr><td></td><td>测量绝缘地垫的绝缘电阻</td><td>____Ω</td><td>____Ω</td><td>□ 正常
□ 异常</td></tr>
</table>

2. 登记车辆基本信息

项目	内容	完成情况
品牌		□是 □否
VIN		□是 □否
生产日期		□是 □否
动力电池	型号： 额定容量：	□是 □否
驱动电机	型号： 额定功率：	□是 □否
行驶里程	km	□是 □否

3. 高压配电系统检查与维护前的准备工作

作业图例	作业内容	完成情况
	关闭点火开关，拔下钥匙	□是 □否
断开蓄电池负极	拆下低压蓄电池负极，使用绝缘胶带包好，断开整车低压控制电源	□是 □否

（续）

作业图例	作业内容	完成情况
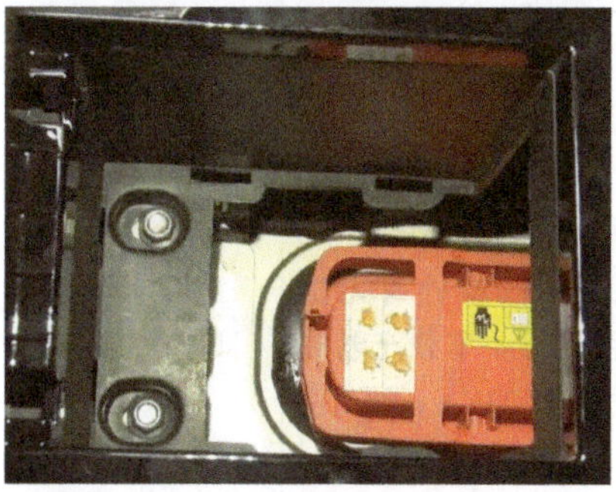	佩戴绝缘手套，断开动力电池高压维修开关	□是　□否
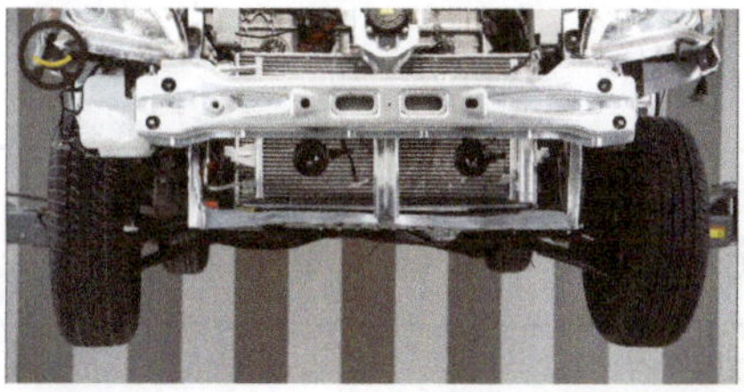	当车辆举升到需要的高度时，举升机要锁止安全锁	□是　□否
	断开车载充电机处的直流母线	□是　□否

4. 检查车载充电机外观

作业图例	作业内容	完成情况
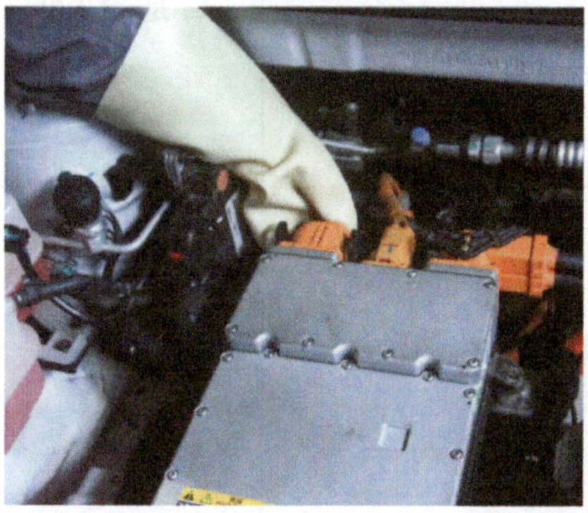	检查车载充电机（分线盒）外观，检查外壳是否有明显的碰撞痕迹，外壳有无变形及破损，必要时进行更换。检查车载充电机各连接线束有无破损、裂纹，高、低压接线端子连接是否可靠，有无松动	□是　□否

5. 检查车载充电机（分线盒）紧固螺栓

作业图例	作业内容	完成情况
	检查车载充电机紧固螺栓有无锈蚀，紧固力矩是否足够。车载充电机紧固螺栓的紧固力矩为22N·m	□是 □否

6. 检查检查车载充电机（分线盒）冷却管路

作业图例	作业内容	完成情况
	检查车载充电机冷却管路连接处是否出现液体泄漏及渗出，检查散热器总成左、右侧水室密封处，有无渗漏现象，如出现液体渗漏，需立即进行维修。	□是 □否

7. 更换直流母线总成

作业图例	作业内容	完成情况
	断开直流母线总成线束插接器（动力电池侧）	□是 □否
	断开直流母线总成线束插接器（车载充电机侧）	□是 □否

（续）

作业图例	作业内容	完成情况
	脱开直流母线总成固定卡扣，取下直流母线总成	□是　□否

8. 检查高压部件绝缘性

<table>
<tr><th>作业图例</th><th>作业内容</th><th colspan="3">完成情况</th></tr>
<tr><td rowspan="6"></td><td rowspan="6">使用绝缘表，对动力电池与车身搭铁之间的绝缘电阻</td><td colspan="3">□是　□否</td></tr>
<tr><td>测试端</td><td>测量值</td><td>标准值</td></tr>
<tr><td>总正与电池包壳体</td><td></td><td>≥ 20MΩ</td></tr>
<tr><td>总负与电池包壳体</td><td></td><td>≥ 20MΩ</td></tr>
<tr><td>快充正与电池包壳体</td><td></td><td>≥ 20MΩ</td></tr>
<tr><td>快充负与电池包壳体</td><td></td><td>≥ 20MΩ</td></tr>
<tr><td rowspan="4">接PEU　接压缩机、PTC　接动力电池
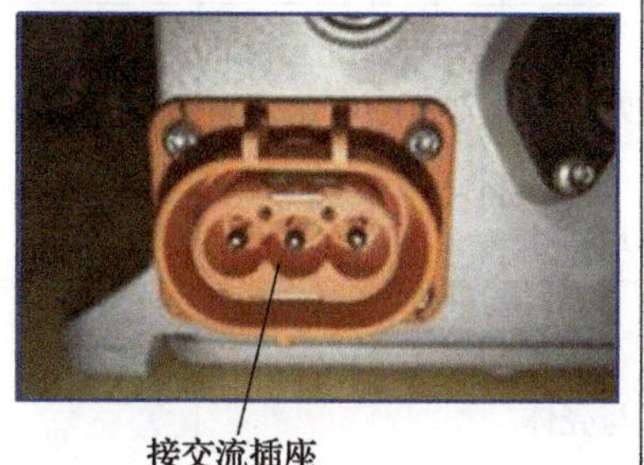
</td><td rowspan="4">依次测量充电机侧接PEU、接PTC和压缩机、接交流插座的绝缘性能。黑表笔接于充电机壳体，红表笔逐个测量上述充电机侧的正、负极</td><td colspan="3">□是　□否</td></tr>
<tr><td>测试端</td><td>测量值</td><td>标准值</td></tr>
<tr><td>充电机正极与壳体</td><td></td><td>≥ 10MΩ</td></tr>
<tr><td>充电机负极与壳体</td><td></td><td>≥ 10MΩ</td></tr>
</table>

（续）

<table>
<tr><th>作业图例</th><th>作业内容</th><th colspan="3">完成情况</th></tr>
<tr><td rowspan="5"> 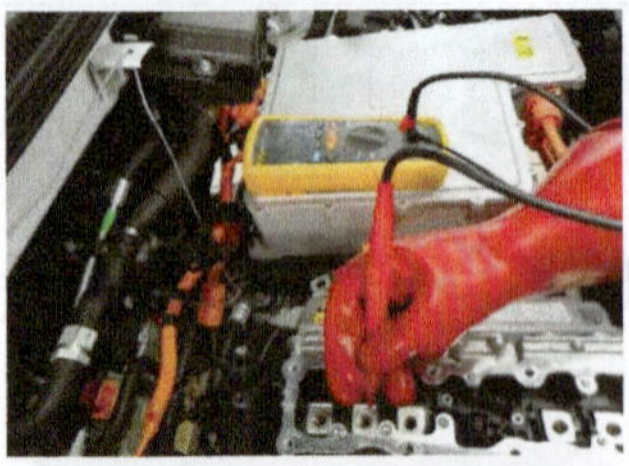 </td><td rowspan="5">PEU U 相、V 相、W 相绝缘性测试。黑表笔接于车身，红表笔逐个测量 U 相、V 相、W 相绝缘值</td><td colspan="3">□是 □否</td></tr>
<tr><td>测试端</td><td>测量值</td><td>标准值</td></tr>
<tr><td>PEU U 相与壳体</td><td></td><td>≥ 2.5MΩ</td></tr>
<tr><td>PEU V 相与壳体</td><td></td><td>≥ 2.5MΩ</td></tr>
<tr><td>PEU W 相与壳体</td><td></td><td>≥ 2.5MΩ</td></tr>
<tr><td rowspan="5">  </td><td rowspan="5">电机 U 相、V 相、W 相绝缘性测试。黑表笔接于车身，红表笔逐个测量 U 相、V 相、W 相绝缘值</td><td colspan="3">□是 □否</td></tr>
<tr><td>测试端</td><td>测量值</td><td>标准值</td></tr>
<tr><td>电机 U 相与壳体</td><td></td><td>≥ 20MΩ</td></tr>
<tr><td>电机 V 相与壳体</td><td></td><td>≥ 20MΩ</td></tr>
<tr><td>电机 W 相与壳体</td><td></td><td>≥ 20MΩ</td></tr>
<tr><td rowspan="6"> 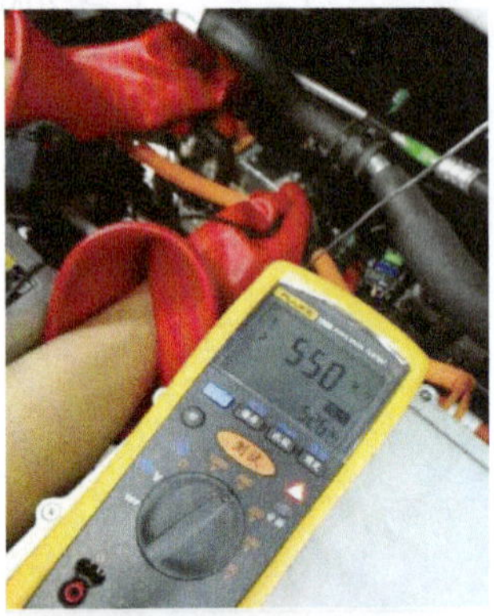 </td><td rowspan="6">PTC 加热器、电动压缩机绝缘性测试。黑表笔接于车身，红表笔逐个测量 PTC 加热器正 / 负极、电动压缩机正 / 负极绝缘值</td><td colspan="3">□是 □否</td></tr>
<tr><td>测试端</td><td>测量值</td><td>标准值</td></tr>
<tr><td>PTC 正极与壳体</td><td></td><td>≥ 20MΩ</td></tr>
<tr><td>PTC 负极与壳体</td><td></td><td>≥ 20MΩ</td></tr>
<tr><td>压缩机正极与壳体</td><td></td><td>≥ 10MΩ</td></tr>
<tr><td>压缩机负极与壳体</td><td></td><td>≥ 10MΩ</td></tr>
</table>

9. 恢复场地

作业图例	作业内容	完成情况
	关闭车辆起动开关	□是　□否
	收起并整理防护四件套	□是　□否
	关闭测量平台一体机	□是　□否
	关闭测量平台电源开关	□是　□否
	清洁并整理测量平台	□是　□否
	清洁防护用具并归位	□是　□否
	清洁整理仪器设备与工具	□是　□否
	清洁实训场地	□是　□否
	收起安全警示牌	□是　□否
	收起安全围挡	□是　□否

五、过程检查

1）自我评价或小组评价。

序号	检查项目	权重	自我评价
1	信息收集完成情况	20	
2	制定计划的合理性	10	
3	实施过程完成的正确性	45	
4	学生在实施过程的参与程度	15	
5	安全防护与6S操作	10	
总成绩			

2）自我反思或小组反思：根据自己在课堂上的实际表现进行自我反思。

六、反馈总结

1. 实训过程评分

实训指导教师按下述评分标准检查本组作业结果。

项目	内容	评分标准	得分
知识点（30分）	掌握吉利EV450高压配电系统的组成和工作原理（10分）	正确表述组成和工作原理	
	了解高压配电系统端子定义（10分）	正确描述高压配电系统端子含义	
	理解高压配电系统检查与保养的操作要点（10分）	正确表述尤其是高压部件绝缘检测的操作要领	

（续）

项目	内容	评分标准	得分
技能点（45分）	正确完成准备工作（5分）	视完成情况扣分	
	正确搜集车辆信息（5分）		
	正确检查车载充电机及分线盒外观（5分）		
	正确检查车载充电机（分线盒）紧固螺栓（5分）		
	正确检查车载充电机（分线盒）冷却管路（5分）		
	正确更换直流母线总成（5分）		
	正确检查高压部件的绝缘性（15分）		
素质点（25分）	严格执行操作规范（10分）	视不规范情况扣分	
	任务完成的熟练程度（10分）	视完成情况扣分	
	6S管理（5分）	视完成情况扣分	
总分			

2. 改进与提升

实训指导教师检查本组作业结果，针对实训过程出现的问题提出改进措施与提升训练计划。

1）改进措施：

2）提升训练计划：

策划编辑电话：010-88379160

ISBN 978-7-111-70941-1

策划编辑◎**齐福江**／封面设计◎**张静**

③断开车载充电机处直流母线 BV17。

④排放冷却液。

⑤拆卸车载充电机（图 5-41）。

a）断开（压缩机 /PTC 加热器）接 OBC 分线盒线束插接器 BV33。

b）断开（电机控制器）接 OBC 分线盒线束插接器 BV29。

c）断开（交流充电插座）接车载充电机线束插接器 BV27。

d）断开（驱动电机总成）接车载充电机连接水管。

e）断开（驱动电机控制器）接车载充电机连接水管。

f）断开车载充电机低压插接器 BV10。

g）拆卸分线盒电机控制器高压线束插接器 4 个固定螺栓（图 5-42）。

车载充电机
拆卸

车载充电机
安装

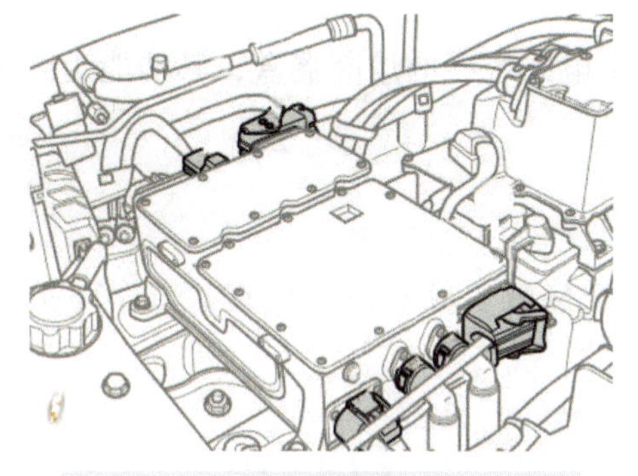
图 5-41 拆卸车载充电机线束插接器

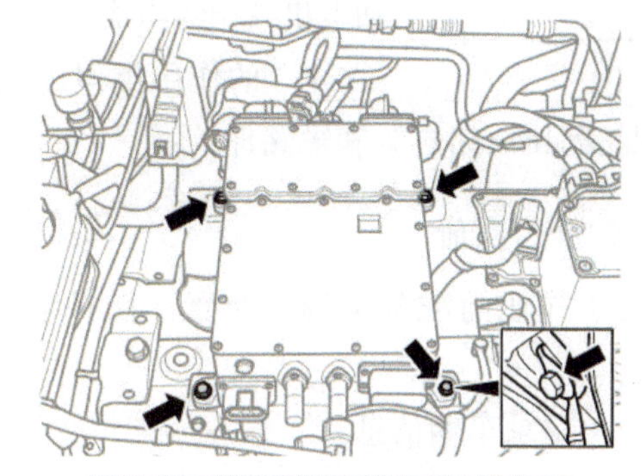
图 5-42 拆卸车载充电机固定螺栓

h）拆卸车载充电机搭铁线。

i）取出车载充电机。

2）安装车载充电机的顺序与拆卸相反，不再赘述。插接器插接时，要注意“一插、二响、三确认”。

三 项目实施

实施准备

1）安全防护：做好车辆安全防护与隔离（车辆挡块、警示隔离带、高压危险警示牌）。

2）工具设备：数字万用表、示波器、解码器。

3）实训车辆：吉利 EV450。

4）辅助资料：汽车原厂维修手册、原厂电路图。

任务一　高压配电系统检查与维护

1. 接收任务

一辆 2018 款吉利帝豪 EV450 电动汽车已经行驶了 13 000km，根据厂家保修规定需要对车辆进行维护，在维护过程中需要对高压配电系统进行定期检查与维护，请你利用本学习任务所学的知识，根据现场工作的作业规范，完成电动汽车高压配电系统的检查与维护工作。

2. 收集信息

1）执行高压下电，断电蓄电池负极后需等待________min。

2）断开直流母线，用万用表检测动力直流母线电压值需小于________V。

3）高压配电系统主要由________________、直流充电接口、交流充电接口、_____________和电机三相线组成。

4）_______________的作用类似于低压供电系统中的熔断器盒，其功能为高压电能分配、高压回路过载和短路保护。

3. 任务实施

1）作业前准备（场地布置、防护装备检查穿戴、仪器设备检查、汽车防护三件套安装）。

2）记录车辆信息。

3）基本检查。

4）操作高压下电并验电。

5）检查车载充电机外观。

6）检查车载充电机紧固螺栓。

7）检查车载充电机冷却管路。

8）检查更换直流母线总成。

9）检查高压部件的绝缘性。

10）整理恢复场地。

4. 过程检查

5. 反馈总结

任务二　充电系统检查与维护

1. 接收任务

一辆 2018 款吉利帝豪 EV450 电动汽车已经行驶了 13 000km，根据厂家保修规定需要对车辆进行维护，在维护过程中需要对充电系统进行定期检查与维护，请你利用本学习任务所学的知识，根据现场工作的作业规范，完成充电系统的检查与维护工作。

2. 收集信息

1）充电系统从功能上分为________、________、________、________四种。

2）当直流充电设备接口连接到整车直流充电口时，直流充电设备发送________给BMS，BMS根据________的可充电功率，向直流充电设备发送________。同时，BMS吸合系统和________，动力电池开始充电。充电时间为48min可充电________%。

3）当车辆处于________模式下，________检测交流充电接口的CC、CP信号（充电枪插入、导通信号）并唤醒BMS，BMS唤醒________并发送指令充电，同时闭合________，动力电池开始充电。充电时间为预估13~14h可充满。

4）车辆停放过程中，VCU将持续对电源________电压进行监控，当电压低于设定值时，VCU将唤醒BMS，同时VCU也将控制________通过DC-DC变换器对________进行充电，防止低压蓄电池亏电。

5）车载充电机的功能有充电功能、保护功能、冷却功能、________、CAN通信、________、插座温度检测、带电休眠、电子锁功能、充电指示灯等。

6）电动汽车整车共分为六种高压线束，分别为________、驱动电机高压线束、电机控制器高压线束、________、慢充线束、高压附件线束。

7）判断充电线是否导通的方法是，使用万用表分别测量充电桩端充电枪的N、L、PE、CC、CP脚和相对应的车辆充电枪N、L、PE、CC、CP脚是否导通，测量阻值应小于________Ω。

8）在最大工作电压下，直流电路绝缘电阻的最小值应至少大于________Ω/V，交流电路应至少大于________Ω/V。

3. 任务实施

1）作业前准备（场地布置、防护装备检查穿戴、仪器设备检查、汽车防护三件套安装）。

2）记录车辆信息。

3）基本检查。

4）操作高压下电并验电。

5）检查高压线束外观。

6）检查高压线束插接器是否松动。

7）检查充电线束。

8）检查高压线束的绝缘性能。

9）更换车载充电机。

10）整理恢复场地。

4. 过程检查

5. 反馈总结

复习题

1. 填空题

1）高压配电系统主要由________、直流充电接口、交流充电接口、________和电机三相线组成。

2）________的作用类似于低压供电系统中的熔断器盒，其功能为高压电能分配、高压回路过载和短路保护。

3）充电系统从功能上分为________、________、________、________四种。

4）当直流充电设备接口连接到整车直流充电口时，直流充电设备发送________给BMS，BMS根据________的可充电功率，向直流充电设备发送________。同时，BMS吸合系统________和________，动力电池开始充电。充电时间为48min可充电________%。

5）当车辆处于________模式下，________检测交流充电接口的CC、CP信号（充电枪插入、导通信号）并唤醒BMS，BMS唤醒________并发送指令充电，同时闭合________，动力电池开始充电。充电时间为预估13~14h可充满。

6）车辆停放过程中VCU将持续对电源蓄电池电压进行监控，当电压低于设定值时，VCU将唤醒BMS，同时VCU也将控制________通过DC-DC变换器对________进行充电，防止低压蓄电池亏电。

7）车载充电机的功能有充电功能、保护功能、冷却功能、________、CAN通信、________、插座温度检测、带电休眠、电子锁功能、充电指示灯等。

8）电动汽车整车共分为六种高压线束，分别为________、驱动电机高压线束、电机控制器高压线束、________、慢充线束、高压附件线束。

9）判断充电线是否导通的方法是，使用万用表分别测量充电桩端充电枪的N、L、PE、CC、CP脚和相对应的车辆充电枪N、L、PE、CC、CP脚是否导通，测量阻值应小于________Ω。

10）在最大工作电压下，直流电路绝缘电阻的最小值应至少大于________Ω/V，交流电路应至少大于________Ω/V。

2. 看图填空

1）根据图5-43写出高压部件的名称。

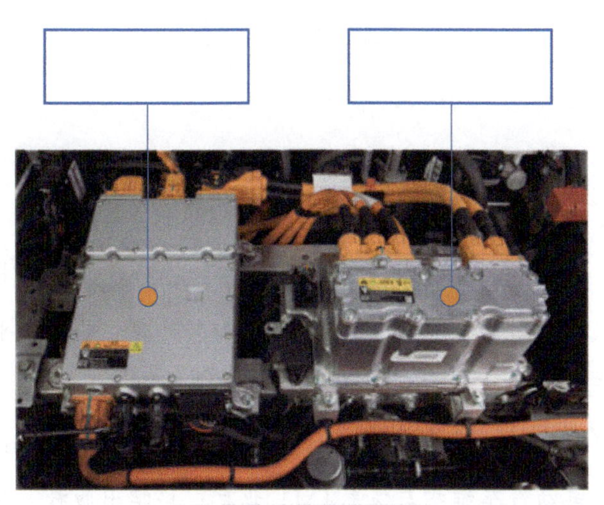

图 5-43 前舱部件位置

2）看图 5-44 按示例格式填空，并说明含义。

图 5-44 车载充电机（分线盒）的接线示意图

3. 简答题

1）简述高压配电系统检查项目及注意事项。

2）简述充电系统检查项目及注意事项。

参考文献

[1] 景平利，敖东光，薛非. 电动汽车检查与维护 [M]. 北京：机械工业出版社，2017.

[2] 景平利，敖东光，薛非. 电动汽车检查与维护工作页 [M]. 北京：机械工业出版社，2017.

[3] 吴海东. 新能源汽车动力电池及管理系统检修 [M]. 北京：机械工业出版社，2022.

[4] 黎永键. 电动汽车检查与维护 [M]. 北京：机械工业出版社，2021.

[5] 包丕利. 新能源汽车维护与保养 [M]. 北京：机械工业出版社，2018.

[6] 陈仁波，方作棋. 电动汽车维护与保养 [M]. 北京：科学出版社，2021.